La Magia de
Pensar
en
Grande

Aprenda los secretos
del éxito y alcance
lo que siempre ha querido

David J. Schwartz

TALLER DEL ÉXITO

LA MAGIA DE PENSAR EN GRANDE
Copyright © 2021 - David J. Schwartz

Título en inglés: The Magic of Thinking Big
Traducción: Copyright © Taller del Éxito Inc.

Reservados todos los derechos. Ninguna parte de esta publicación puede ser reproducida, distribuida o transmitida, por ninguna forma o medio, incluyendo: fotocopiado, grabación o cualquier otro método electrónico o mecánico, sin la autorización previa por escrito del autor o editor, excepto en el caso de breves reseñas utilizadas en críticas literarias y ciertos usos no comerciales dispuestos por la Ley de Derechos de Autor.

Publicado por:
Taller del Éxito, Inc.
1669 N.W. 144 Terrace, Suite 210
Sunrise, Florida 33323
Estados Unidos
www.tallerdelexito.com

Editorial dedicada a la difusión de libros y audiolibros de desarrollo y crecimiento personal, liderazgo y motivación.

Diseño de carátula y diagramación: Diego Cruz
Primera edición publicada por Taller del Éxito en 2006
Segunda edición publicada por Taller del Éxito en 2011

ISBN: 978-1607387824

25 26 27 28 29   R|GIN   55 54 53 52 51

Para David III

*David, nuestro hijo de seis años, se sintió muy fuerte
cuando se gradúo en el kindergarten.
Yo le pregunté qué quería ser cuando
terminara de crecer.*

*Él me miró atentamente durante un momento y
luego respondió: "Papá, deseo ser profesor." ¿Profesor
de qué? –Le pregunté–.
"Bueno, papá" –contestó–. "Creo que quiero
ser profesor de felicidad".*

*¡Profesor de felicidad! Esta es una bella
y maravillosa ambición.
¿No creen ustedes?*

*Le dedico este libro a David, un hijo maravilloso
que tiene una meta muy grande.
Y a su madre.*

CONTENIDO

Prefacio 9

1. Crea que puede tener éxito y lo tendrá................................17

2. Cúrese de la "excusitis", enfermedad del fracaso 33

3. Construya la confianza y destruya el miedo 55

4. Cómo pensar en grande...79

5. Cómo pensar y soñar creativamente................................103

6. Usted es lo que piensa que es 127

7. Maneje su entorno: vaya en primera clase 145

8. Haga de sus actitudes sus aliadas....................................163

9. Piense con rectitud acerca de las personas 187

10. Consiga el hábito de la acción..205

11. Cómo convertir la derrota en victoria 225

12. Emplee metas que le ayuden a crecer 241

13 Cómo pensar a la manera de un dirigente......................261

PREFACIO

¿Por qué este libro? ¿Por qué "*La magia de pensar en grande*"? Este año se publicarán miles de libros. ¿Por qué uno más?

Hace algunos años presencié una impresionante reunión de ventas. El vicepresidente a cuyo cargo se hallaban los mercados de esta compañía estaba muy emocionado. Deseaba aclarar terminantemente un punto. Se encontraba con él en la tarima el principal representante de la organización, un individuo de apariencia sencilla, quien consiguió finalizar el año con una cifra superior en ventas en más de $20.000 dólares al resto del grupo. Los demás representantes no habían pasado de un promedio de ganancias de $5.000.

El ejecutivo desafió al grupo diciendo: "Deseo que le den una ojeada a Harry. ¡Mírenlo bien! Ahora, ¿a qué se debe que Harry haya logrado lo que el resto de ustedes no logró? Ganó cinco veces el promedio, pero ¿ustedes creen acaso que es cinco veces más listo? No, de acuerdo con nuestras pruebas de personal, no lo es. Lo he comprobado. Dichas pruebas demuestran que figura en el término medio del rendimiento de este departamento.

¿Es que Harry trabajó cinco veces más duro que ustedes, amigos? No, no según los informes. De hecho, se le descontó más tiempo que a la mayoría de ustedes.

¿Cuenta Harry con un radio de acción mejor? Otra vez debo manifestar que no. Las cuentas se hallan equilibradas. ¿Harry posee una mejor educación? ¿Tiene mayor salud? Tampoco. Harry se halla en esto aproximadamente a la altura de todos, excepto en una cosa.

La diferencia entre Harry y el resto de ustedes —siguió diciendo el vicepresidente— es que él piensa cinco veces más en grande".

A continuación, el ejecutivo procedió a demostrar que el éxito lo determina no tanto el volumen del cerebro de cada uno sino el volumen de los pensamientos individuales.

Este era el pensamiento que me intrigaba. Y se grabó en mí. Cuanto más observaba al mayor número de personas y hablaba con ellas, más profundamente ahondaba en lo que se halla detrás del éxito y más clara era la respuesta. Muchos casos en la historia demuestran que el volumen de las cuentas bancarias, el volumen de la felicidad y la satisfacción general de cada individuo, dependen del volumen de los pensamientos propios. Esta es la magia de pensar en grande.

Si al pensar en grande se consiguen tantas cosas, ¿por qué no piensa todo el mundo de esta manera? Esta pregunta me la formulé muchas veces. Creo que la respuesta está en que todos nosotros, más de lo que reconocemos, somos producto de los pensamientos que nos rodean. Y muchos de esos pensamientos son pequeños, no grandes. Todo alrededor de usted es un entorno que trata de remolcarlo y tirarlo a una calle de segunda clase. Usted oye decir casi todos los días que "hay muchos jefes y no bastantes indios". En otros términos, que las oportunidades para dirigir ya no existen, que hay un exceso de jefes, y que, por lo tanto, debe contentarse con ser un tipo insignificante.

Pero "demasiados jefes" es una idea simplista que no corresponde a la verdad. El manejar personal, en todas las ocupaciones, le revelará, como a mí, que "el conflicto estriba en que hay demasiados indios y no bastantes jefes".

Este juicio mínimo del medio que lo rodea también le dice otras cosas. Le dice: "Cualquier cosa que quiera ser, será", que su destino se halla fuera de su propio control, que el "hado" no tiene un control completo. Por consiguiente, olvide sus sueños, olvídese de poseer un hogar excelente, un colegio especial para los niños, o una vida mejor. Acuéstese a dormir y espere la muerte.

¿Y quién no ha oído la afirmación: "El éxito no vale su precio", como si usted debiera vender su alma, la vida de su familia, su conciencia y sus valores para alcanzar la cima? Pero, de verdad, el éxito no demanda precio. Cada paso hacia adelante paga un dividendo.

Nuestro entorno también nos dice que existe mucha competencia para tener un lugar relevante en la vida. ¿Pero es cierto que la hay? Un ejecutivo cuyo trabajo es contratar personal, me dice que recibe de 50 a 250 veces más solicitudes para empleos de bajo salario que para los de salarios más altos. Esto quiere decir que hay por lo menos 50 veces más competencia para los puestos de "segunda clase" que para los de "primera clase". La avenida de Primera Clase, en los Estados Unidos, es una calle corta y poco frecuentada. Allí existen vacantes muy contadas, para las personas como usted, que se atreven a pensar en grande.

Los principios básicos y los conceptos que sustentan "La magia de pensar en grande", vienen de las fuentes que están más allá del linaje, de las más finas y grandes mentes pensantes que aún viven sobre la Tierra. Mentes como la del profeta David, quien escribió: "Como el pensamiento que está en el corazón, así es quien lo piensa"; mentes como la de Emerson quien dijo: "Los grandes hombres son los que ven que el pensamiento rige el mundo"; o como Milton, que, en su "Paraíso perdido" afirmó: "La mente es su propio lugar, y por sí misma puede hacer un cielo de un infierno y un infierno de un cielo"; mentes maravillosamente perceptivas como la de Shakespeare, quien observó que: "No hay nada bueno ni malo, excepto si los pensamientos lo hacen así".

Pero, ¿de dónde parte la prueba de ello? ¿Cómo sabemos si el pensamiento dominante es el justo? Preguntas honestas. La prueba viene de la vida especial de las personas que le rodean, las cuales, a través de éxitos tajantes, realizaciones personales y felicidad, demuestran que el pensamiento en grande hace un trabajo mágico.

Los simples juicios que dejamos sentados aquí, no son teorías sin pruebas; no son conjeturas u opiniones de un hombre. Son el resultado de acercamientos probados a las situaciones de la vida, y peldaños aplicables a este trabajo que parece de magia.

El que usted esté leyendo este libro, demuestra que se interesa ampliamente por el éxito. Usted desea colmar sus deseos y quiere gozar de un magnífico nivel de vida. Necesita esta vida para obtener todas las cosas buenas que merece. Estar interesado en el éxito es una maravillosa cualidad.

Usted posee otra cualidad admirable. El hecho de que sostenga este libro en sus manos revela que posee inteligencia para ver cuáles son las herramientas que le ayudarán a ir adonde desea. Para construir cualquier cosa que sea –automóviles, puentes, proyectiles– necesita herramientas. Mucha gente en su intento de construir una vida mejor olvida que dispone de útiles herramientas que puedan ayudarles. Usted no debe olvidarlo. Tiene, en consecuencia, las dos cualidades básicas necesarias para extraer un provecho real de este libro: un deseo de mayor éxito y una inteligencia para seleccionar la herramienta con la cual realiza su deseo.

Piense en grande y vivirá en grande. Viva en grande en los ingresos, en las amistades y en el respeto. Viva en grande y será feliz. ¡Es una promesa!

Empiece exactamente ahora a descubrir cómo debe hacer para que opere la magia en su pensamiento. Empiece con esta reflexión del gran filósofo Disraeli: "La vida es demasiado corta para ser pequeña".

Lo que este libro hará por usted

En cada capítulo de este libro encontrará docenas de ideas audaces, prácticas, técnicas y principios que le harán posible complementar el tremendo poder de pensar en grande, y ganar para sí mismo el éxito, la felicidad y la satisfacción que tanto desea. Cada técnica se ilustra con un caso de la vida real. Usted descubrirá no solamente lo que debe hacer, sino lo que es aún más importante, verá exactamente cómo aplicar cada principio a la situación actual y a sus problemas.

He aquí lo que este libro hará por usted:

Capítulo 1

- Láncese al éxito con el poder de su creencia

- Conquiste el éxito creyendo que puede tenerlo
- Destruya la incredulidad y el poder negativo que ella crea
- Gane grandes resultados con grandes creencias
- Haga que su mente produzca grandes pensamientos
- Desarrolle el poder de la creencia
- Planee un programa concreto para edificar su éxito

Capítulo 2

- Vacúnese contra la "excusitis", enfermedad del fracaso
- Aprenda el secreto que yace en su actitud hacia la salud
- Descubra por qué el poder de su pensamiento es más importante que la sola inteligencia
- Use su mente para pensar –no solamente como un almacén de hechos
- Domine tres caminos para curar su inteligencia de la "excusitis"
- Supere el problema de la edad –ser "demasiado joven" o "demasiado viejo"
- Venza la mala suerte y atraiga la buena hacia usted

Capítulo 3

- Emplee la acción técnica para curarse del miedo y crear confianza
- Maneje su memoria con el fin de incrementar su reserva de confianza
- Supere su miedo hacia las demás personas
- Aumente su autoconfianza para satisfacer su propia conciencia
- Piense confiadamente mediante una acción confiada
- Aprenda cuáles son los cinco escalones positivos para edificar la confianza y destruir el miedo

Capítulo 4

- Descubra que el éxito lo mide el volumen de su pensamiento

- Mida su verdadero volumen y dése cuenta de las ventajas que tiene
- Piense tan grande como realmente es
- Cuatro medios para desarrollar el vocabulario de los grandes pensadores
- Piense en grande visualizando lo que puede hacer en el futuro
- Ayude a valorizar las cosas, las personas y a sí mismo
- Adquiera "pensando en grande" la visión de su trabajo
- Piense por encima de lo trivial y concéntrese en lo importante
- Pruébese a sí mismo –dése cuenta de cuán grande es realmente su pensamiento

Capítulo 5

- Use el pensamiento creador para encontrar caminos nuevos y mejores para conseguir sus propósitos
- Desarrolle el poder creativo para creer en lo que debe hacer
- Luche contra la mente helada del pensamiento tradicional
- Haga más y hágalo mejor gracias al viraje de su poder creativo
- Use las tres llaves para fortalecer la creatividad abriendo sus oídos a su mente
- Fuerce su pensamiento y estimule su mente
- Engalane y desarrolle sus ideas –el fruto de su pensamiento

Capítulo 6

- Luzca como alguien importante, pues ello contribuye a que piense en lo realmente importante
- Llegue a ser importante pensando que su trabajo también lo es
- Construya su propio comercial para "vender su imagen"
- Eleve su pensamiento –piense como pensaron los grandes hombres

Capítulo 7
- Obligue a su medio ambiente a trabajar para usted
- Evite que las personas pequeñas le tomen la delantera
- Maneje el ambiente de su trabajo
- Imprégnese de amaneceres psicológicos durante sus horas libres
- Elimine los pensamientos venenosos de su alrededor
- Busque la "primera clase" en todo lo que haga

Capítulo 8
- Acreciente las actitudes que puedan ayudarle a triunfar en lo que haga
- Sea activo; sea entusiasta
- Desarrolle el poder del real entusiasmo
- Robustezca su actitud de: "Usted es importante"
- Haga más dinero mediante la actitud de "primero es el servicio"

Capítulo 9
- Gane el apoyo de los demás pensando rectamente de ellos
- Llegue a ser más simpático haciéndose a sí mismo "más liviano"
- Adopte la iniciativa para crearse amistades
- Use la técnica de pensar solamente cosas buenas de la gente
- Gane amigos practicando generosamente la conversación
- Piense en grande, aun cuando experimente un revés

Capítulo 10
- Adquiera el hábito de la acción, no necesita esperar a que las condiciones sean perfectas
- Obligue a su mente a hacer algo con respecto a sus ideas
- Apele a la acción para curar el miedo y ganar confianza
- Descubra el secreto de la acción mental
- Capitalice la magia del "ahora"

- Fortalézcase a sí mismo contrayendo el hábito de "hablar alto"
- Desarrolle la iniciativa. Una forma especial de acción

Capítulo 11
- Descubra que la derrota no es más que un estado mental
- Salve alguna enseñanza de cada fracaso
- Emplee la fuerza de la autocrítica constructiva
- Obtenga resultados positivos a través de la persistencia y experimentación
- Contrarreste el desaliento encontrando el lado bueno de cada situación

Capítulo 12
- Fije con claridad a dónde desea llegar en la vida
- Adopte este plan para construir su meta de diez años
- Evite las cinco armas que asesinan el éxito
- Multiplique su energía estableciendo metas definitivas
- Escoja metas que le ayuden a realizar sus propósitos y prolonguen su vida
- Cumpla sus propósitos con nuestra guía para el aprovechamiento de treinta días
- Invierta en sí mismo para su beneficio en el futuro

Capítulo 13
- Aprenda las cuatro reglas del liderazgo
- Desarrolle su poder en el trato con las mentes a las que desea influir
- Ponga la posición "Se humano" a trabajar para usted
- Piense progreso, cree progreso, propulse progreso
- Sométase a prueba para saber si es un pensador positivo
- Use la magia de pensar en grande en las situaciones más cruciales de la vida

1
CREA QUE PUEDE TENER ÉXITO Y LO TENDRÁ

Tener éxito significa muchas cosas positivas. Éxito significa prosperidad personal: un hogar atractivo, vacaciones agradables, viajes, experiencias nuevas, seguridad financiera, dar a los hijos las máximas ventajas. Éxito también significa ganar admiración, liderazgo, ser visto con respeto por la gente en su vida social y de negocios. Éxito es libertad; es liberarse de preocupaciones, temores, frustraciones y fracasos. Es respeto por sí mismo; es encontrar permanentemente, más satisfacción y felicidad en la vida y la posibilidad de hacer más por aquellos que dependen de usted.

Éxito significa triunfo.

¡El éxito –realización– es la meta de la vida!

Todo ser humano desea el éxito. Todo el mundo aspira a lo mejor que puede ofrecer la vida. Nadie goza viviendo en la mediocridad. A ninguna persona le gusta sentirse de "segunda clase" y verse forzada a seguir esta dirección.

Algo que nos ayuda a entender el éxito se encuentra en la cita de la Biblia que establece que la fe puede mover montañas. Crea, crea realmente que usted puede moverlas y podrá. No mucha gente cree que puede lograrlo. Así, como resultado, no mucha gente lo logra.

En alguna ocasión, probablemente, habrá usted oído decir algo parecido a esto: "Es insensato pensar que se pueda mover una montaña de su sitio, diciendo simplemente 'muévete, montaña'. Eso es sencillamente imposible".

La gente que piensa de esta manera mantiene una creencia confusa del optimismo a ultranza. Y es bastante cierto que usted no puede desear que se desplace una montaña. Pero sí es posible si cree. Igualmente, usted puede ganar el éxito creyendo que puede ganarlo.

No hay nada mágico ni místico acerca del poder de la creencia, la cual trabaja en este sentido; la creencia, la actitud "Soy positivo, luego puedo", genera el poder, la destreza y la energía que usted necesita para hacerlo. Cuando cree en "yo puedo hacerlo", el "cómo hacerlo" se desarrolla.

Cada día la gente joven comienza a trabajar en nuevas ocupaciones. Cada uno de ellos "desea" que algún día pueda disfrutar del éxito que le lleve a alcanzar la cima. Pero la mayoría, simplemente no tiene la creencia que exige alcanzar los escalones de la cumbre. Y no alcanzan la cumbre. Creyendo que es imposible trepar a lo alto, no descubren los peldaños que conducen a las grandes alturas y su conducta permanece en el "término medio".

Pero un pequeño número de estas juventudes realmente cree que puede tener éxito. Abordan su trabajo con la actitud "Voy a la cima". Y con la creencia sustancial, la alcanzan. Creyendo, sucederá –lo cual no es imposible– que dichos jóvenes estudien y observen la conducta de los ejecutivos mayores. Aprenden de qué manera la gente afortunada enfoca los problemas y toma decisiones. Observan las actitudes de la gente próspera.

El "cómo hacerlo", siempre llega a la persona que cree poder hacerlo.

Un joven que conocí decidió hace dos años que iba a establecer una agencia para la venta de casas-hogar móviles. Se le advirtió que no debía ni podía hacer tal cosa porque disponía de menos de $3.000 dólares ahorrados, y se le dio a entender que la mínima inversión de capital requería mucho más dinero.

"Fíjese en cuántos competidores hay –le dijeron–. Y además, ¿qué experiencia práctica ha tenido usted en la venta de casas móviles, sin mencionar el manejo de un negocio?"

Pero este joven amigo poseía la creencia en sí mismo y su habilidad le condujo al éxito. En el acto admitió que el capital era insignificante, que el negocio era muy competido y que carecía de experiencia. "Pero –dijo– toda la evidencia que he podido atesorar demuestra que la industria de casas-hogar móviles tiende a extenderse. Por encima de esto, he estudiado mi competencia. Sé que puedo hacer un trabajo mejor que nadie más en el comercio de remolques en esta ciudad. Es posible que cometa algunos errores, pero tengo prisa en llegar a lo alto".

Y llegó. Tuvo pocas dificultades para obtener capital. Su indiscutible creencia en que podía tener éxito en aquel negocio, le ganó la confianza de dos inversionistas. Y armado con su creencia hizo lo "imposible". Consiguió que un constructor de remolques le adelantase una existencia limitada sin pagar de contado. El año anterior hizo ventas por encima de $1.000,000 de dólares.

—El próximo año –anunció–, espero rebasar los dos millones. La creencia, la fuerte creencia, lleva a la mente a imaginar caminos y medios sobre cómo llegar a ellos. Y creyendo puede tener éxito en hacer que los demás depositen su confianza en usted.

La mayoría de la gente no expone mucho capital en la creencia, pero alguien, los residentes en Succesfulville, en Estados Unidos ¡lo hicieron! Precisamente, hace pocos años un amigo mío, funcionario de un departamento oficial de carreteras en un estado del Oeste Medio me narró una experiencia de "mover montañas".

"El mes pasado –dijo–, nuestro departamento notificó a cierto número de compañías de ingeniería que estábamos autorizados para contratar algunas empresas para diseñar ocho puentes como parte de nuestro programa de construcción de carreteras. Los puentes se construirían a un costo de $5.000,000 dólares. La compañía percibirá un 4% de comisión, o $200,000 dólares por su trabajo de delineación.

Me entrevisté al respecto con 21 firmas de ingeniería. Las cuatro mayores decidieron en el acto no someter proposiciones. Las otras 17 eran pequeñas con sólo 3 a 7 ingenieros cada una. El volumen del proyecto asustó a 16 de las 17. Examinaron el asunto, movieron la cabeza, y dijeron en efecto: 'Es demasiado grande para nosotros. Desearíamos pensar que podemos llevarlo a cabo, pero no hay lugar siquiera para intentarlo'.

Pero una de aquellas pequeñas compañías, con solamente tres ingenieros estudió los planes y dijo: 'Podemos hacerlo. Someteremos proposiciones'. Así lo hicieron y obtuvieron el trabajo".

Quienes creen que pueden mover montañas, lo hacen. Los que creen que no pueden, no pueden. La creencia impulsa el poder de hacer.

Actualmente, en estos tiempos modernos la creencia está haciendo cosas más grandes que mover montañas. El elemento esencial en nuestras exploraciones del espacio hoy es la creencia en que éste puede ser dominado. Sin una firme y determinada creencia en que el hombre puede viajar por el espacio, nuestros científicos no demostrarían el valor, interés y entusiasmo con que proceden. La creencia en que el cáncer puede ser curado producirá, en última instancia, su curación.

Tuvieron que pasar 200 años para que el sueño del túnel entre Inglaterra y el continente se hiciera realidad. En efecto, en mayo de 1944, la Reina Isabel II de Inglaterra, y el Presidente Francoise Mitterrand, de Francia inauguraron el túnel submarino, uno de los proyectos más caros y ambiciosos de la historia, que tuvo un costo de $15.000 millones de dólares y en el que se emplearon 15.000 obreros, que trabajaron durante siete años. Este túnel se construyó gracias a la creencia de la gente responsable en que podía ser construido.

La creencia en los grandes resultados es la fuerza impulsora, el poder que respalda los grandes libros, juegos y descubrimientos científicos. La creencia en el éxito se encuentra detrás de todos los negocios prósperos, la iglesia, las organizaciones políticas. La creencia en el éxito es un ingrediente básico, absolutamente esencial en la gente afortunada.

Crea, crea realmente en que puede tener éxito y lo tendrá. A través de los años hemos conversado con personas que han fracasado en negocios arriesgados y en varias carreras. Hemos escuchado un gran número de razones y excusas para el fracaso. Algunas, especialmente significativas se despliegan en el desarrollo de conversaciones sobre el fracaso. Como quien no quiere la cosa, el fracaso destila observaciones parecidas a éstas:

"A decir verdad, no pensé que aquello resultaría", o, "Tenía mis dudas aun antes de comenzar", o, "Efectivamente, no me extraña que no diese resultado".

La actitud "muy bien, lo intentaremos pero no creo que resulte" produce fracasos.

La falta de creencia es un poder negativo. Cuando la mente no cree, o duda, atrae "razones" para apoyar el fracaso. Duda, incredulidad, la voluntad subconsciente de fracasar, el no desear realmente el éxito, son responsables de la mayoría de los fracasos.

Piense en la duda y usted fracasará. Piense en la victoria y tendrá éxito. Una joven novelista me habló recientemente acerca de sus ambiciones como escritora. Y apareció en este campo el nombre de uno de los autores de primera fila. "Oh —me dijo ella–, el señor X es un maravilloso escritor pero, desde luego, yo no puedo ser en corto tiempo tan afortunada como es él".

Su actitud me decepcionó mucho porque conozco al escritor estrella mencionado. No es súperinteligente, ni súper perceptivo, ni súper cualquiera otra cosa, sino súper confiado en sí mismo. Cree que se haya entre lo mejor y así sus actos y realizaciones son de lo mejor.

Es bueno respetar al líder. Aprender de él. Observarle. Estudiarle. Pero no rendirle culto. Crea que puede sobrepasarle. Crea que usted puede ir más allá. Aquellos que conservan la segunda mejor actitud, son invariablemente hacedores de segunda.

La creencia es el termostato que regula lo que cumplimos en la vida. Estudie al compañero que arrastra los pies en la mediocridad. Cree que vale poco y así, recibe poco. Cree que no puede hacer grandes cosas y no las hace. Cree no ser importante y cualquier cosa que haga tiene una marca no muy importante. A medida que pasa el tiempo, la falta de creencia en sí mismo se demuestra en el destino de la persona con sus palabras, movimientos y actos. A menos que reajuste este termostato en adelante, se encoge, se hace más y más pequeño en su propia estima. Y, puesto que los demás ven en nosotros lo que nosotros vemos, se hace más pequeño en la estima de la gente que lo rodea.

Ahora, examinemos el sendero de la persona que está avanzando hacia adelante. Cree que vale mucho, y recibe mucho. Cree que puede manejar cometidos grandes y difíciles –y lo hace. Cualquier cosa que lleve a cabo, el modo con que se gobierna a sí mismo con la gente, su carácter, sus pensamientos y puntos de vista, lleva a que todos digan: "He aquí un profesional. Es una persona importante".

Uno es el producto de sus propios pensamientos. Crea en grande. Ajuste su termostato personal hacia adelante. Lance su ofensiva de éxito con creencia honesta y sincera en que usted puede triunfar. Crea en grande y hágase grande.

Hace varios años, después de adiestrar a un grupo de hombres de negocios en Detroit, hablé con uno de ellos, quien se aproximó a mí, se presentó y dijo: "He gozado realmente con su disertación. ¿Puede dedicarme unos cuantos minutos? Me agradaría en extremo discutir una experiencia personal con usted". Al poco rato, nos hallábamos cómodamente sentados en un café, en espera de algunos refrescos.

"Tengo una experiencia personal –comenzó–, que se ajusta a la perfección con lo que usted dijo esta mañana acerca de hacer que mi mente trabaje para mí, en lugar de dejar que trabaje en contra. Nunca he explicado a nadie cómo me elevé a mí mismo fuera del mundo de la mediocridad, pero me gustaría hablar de ello con usted".

"Y a mí me complacerá mucho oírle", repuse.

"Bueno, hace exactamente cinco años estuve trabajando con otros sujetos en el comercio. Obtuve una vida decente, en una posición promedio. Pero estaba lejos de mi ideal. Nuestro hogar era demasiado estrecho y no había dinero para aquellas cosas que deseaba. Mi esposa, bendita sea, no se quejaba mucho, pero yo veía que se encontraba más resignada a su destino, que feliz. En mi interior crecía más y más mi insatisfacción. Cuando me permitía a mí mismo ver de qué modo estaban decayendo mi esposa y mis dos hijos, me sentía herido interiormente.

Pero hoy las cosas son completamente distintas" –prosiguió–. "Tenemos una hermosa casa nueva con dos acres de terreno y una linda cabaña por todo el año a un par de centenares de millas al norte de aquí.

Ya no existe ninguna preocupación en cuanto a si podemos mandar los pequeños a un buen colegio y mi mujer no debe sentirse culpable cada vez que gasta dinero en ropa nueva. El verano último viajamos a Europa a gozar de un mes de vacaciones. Ahora realmente vivimos".

"¿Cómo sucedió todo eso?", pregunté. "Sucedió –fue la respuesta– cuando puse en práctica la frase que usted empleó anoche: 'Llénese del poder de la creencia'.

Cinco años atrás tuve noticia de una ocupación en una compañía de comercio aquí en Detroit. En aquella época residíamos en Cleveland. Decidí echar un vistazo, esperando que pudiera ganar algún dinero más. Llegué aquí un domingo a hora temprana de la mañana, pero la entrevista no fue sino hasta el lunes.

Después de comer permanecí en mi habitación del hotel y por alguna razón me sentí disgustado conmigo mismo. '¿Por qué –me preguntaba– soy un fracasado de clase media? ¿Por qué estoy tratando de obtener un empleo que representa un pequeño paso hacia adelante?'

No sé lo que aquel día me impulsó a hacerlo, pero tomé una hoja membretada del hotel y escribí en ella los nombres de cinco personas que había conocido bien durante varios años, quienes me aventajaban mucho en la adquisición de poderío y trabajo responsable. Dos eran antiguos vecinos que se habían mudado a lujosas residencias. Dos más eran amigos para los que había trabajado, y el tercero era un hermano político.

A continuación –de nuevo no sé lo que me indujo a hacerlo– me pregunté lo que hacía que mis cinco amigos tuviesen lo que yo no tenía, además de mejores empleos. Me comparé con ellos en inteligencia, pero honradamente no pude ver que me aventajasen en las células cerebrales. Ni pude decir, en verdad, que me superasen en educación, integridad o hábitos personales.

Finalmente, me puse a pensar en otras cualidades del éxito del que oímos hablar mucho. Iniciativa. Aquí detesto admitirlo, pero tuve que hacerlo. En este punto mi récord demostraba que me hallaba muy por debajo del de mis amigos afortunados.

Eran las tres de la mañana, pero mi mente se hallaba sorprendentemente clara. Veía por primera vez cuál era mi lado flaco. Descubrí que tenía que resistir. Siempre había llevado conmigo una palanca pequeña. Ahondé en mí mismo más y más profundamente y hallé que la razón de que yo careciese de iniciativa era porque no creía en mi interior que yo valiese mucho.

Sin vacilación decidí entonces: 'Me estoy sintiendo de cabo a rabo de segunda clase. De hoy en adelante no voy a venderme a mí mismo tan fácilmente'.

A la mañana siguiente ya tenía la confianza. Durante la entrevista de trabajo puse a prueba por primera vez mi nuevo fondo de confianza. Antes de acudir a la reunión había deseado tener el valor de pedir $750 dólares o quizá $1.000 más de lo que se me pagaba por mi labor actual. Pero ahora, después de admitir como real que yo era un hombre valioso, subí a $3.500 dólares. Y los obtuve. Me vendí a mí mismo porque después de una larga noche de autoanálisis hallé cosas en mí que me hicieron mucho más valioso.

Al cabo de dos años de aceptar aquel empleo había adquirido la reputación de un sujeto que puede conseguir negocios. Luego se produjo una depresión. Esto me hizo todavía más cotizable porque era uno de los mejores promotores de negocios de la industria. La compañía fue reorganizada y se me dio un sustancial aumento de acciones, con una paga mucho mayor".

Crea en sí mismo y las mismas cosas se irán sucediendo.

Su mente es una "fábrica de pensamientos". Una fábrica atareada que produce incontables pensamientos en un día. La producción en su fábrica pensante se halla a cargo de dos capataces, a uno de los cuales llamaremos el señor Triunfo y al otro el señor Derrota. El señor Triunfo se ocupa de fabricar pensamientos positivos. Se especializa en producir razones por las cuales usted puede, usted se halla calificado y usted quiere.

El otro capataz, el señor Derrota, produce pensamientos negativos y despreciables. Es su experto en desarrollar razones por las cuales usted no puede, usted es débil, es inadecuado. Su especialidad es la cadena de pensamientos "por qué usted fracasará".

Ambos, el señor Triunfo y el señor Derrota son obedientes en alto grado. Captan inmediatamente la atención. Todo lo que usted necesita hacer para señalar a cada capataz es dar la ligerísima disposición mental. Si la señal es positiva, el señor Triunfo dará un paso adelante y se pondrá a trabajar. De igual manera, una señal negativa hará manifestarse al señor Derrota.

Para ver cómo trabajan estos dos capataces para usted, escojamos este ejemplo. Dígase a sí mismo: "Hoy es un día aciago". A esta señal, el señor Derrota entra en acción y manufactura algunos hechos en demostración de que está usted acertado. Sugiere que hace demasiado calor o demasiado frío, que los negocios serán malos este día, que decaerán las ventas, otras personas nos pondrán nerviosos, usted puede enfermarse, su esposa se hallará de un humor insoportable. El señor Derrota es tremendamente eficiente. En el curso de unos pocos momentos le habrá engañado. Es un mal día. Antes de que usted lo sepa, surge la expectativa de un día malo.

Pero si usted dice: "Hoy es un día magnifico", el señor Triunfo se ve llamado a actuar hacia adelante. Y le dirá a usted: "Este es un día maravilloso, la temperatura ha refrescado, vale la pena vivir, hoy puede usted ultimar algunos de sus trabajos". Y entonces éste, será un buen día.

Así por el estilo, el señor Derrota podrá demostrarle por qué no puede usted vender al señor Smith; el señor Triunfo le demostrará que sí puede. El señor Derrota le convencerá de que va a fracasar mientras el señor Triunfo demostrará por qué tiene éxito. El señor Derrota demostrará con mayores razones por qué usted gusta de Tom.

Ahora bien, cuando más trabajo dé a cada uno de estos dos capataces, el más fuerte vencerá. Si al señor Derrota se le da más trabajo para hacer, ayudará en persona y ocupará mayor espacio en su mente. En definitiva, asumirá por entero la fabricación de pensamientos, y en tal virtud todo pensamiento será de naturaleza negativa.

La única cosa acertada es despedir al señor Derrota. Usted no lo necesita. No desea tenerle a su lado diciéndole que usted no puede, que es incapaz de elevarse, que fracasará, y cosas como éstas. El señor Derrota no puede ayudarle a llegar donde desea, así pues échelo a la calle.

Haga uso del señor Triunfo el cien por ciento de su tiempo. Cuando cualquier pensamiento penetre en su mente, pida al señor Triunfo que vaya a trabajar para usted. Él le demostrará cómo puede tener éxito.

De la noche a la mañana en estos tiempos otros 11.500 nuevos consumidores han hecho su gran entrada en los Estados Unidos. La población crece a una velocidad récord. En los últimos diez años el aumento, estimado conservadoramente, es de 35 millones. Esto es igual a la presente población combinada de nuestras más grandes ciudades: Nueva York, Chicago, Los Ángeles, Detroit, y Filadelfia. ¡Imagínese!

Nuevas industrias, nuevas proezas científicas, expansión de mercados –todas seductoras oportunidades–. Estas son buenas noticias. ¡Este es un tiempo maravilloso para vivir!

Todas las señales apuntan a una demanda nunca antes vista de personas del más alto nivel de vida en todos los campos, gente que posea la habilidad superior de influir en los demás, dirigir su trabajo, servirle dentro de una capacidad de liderazgo. Y las gentes que colmarán estas posiciones de jefatura son todos adultos o próximos a serlo, precisamente ahora. Uno de ellos es usted.

La garantía de un alza rápida no es, desde luego, una garantía de éxito personal. Por encima del prolongado esfuerzo, los Estados Unidos han obtenido siempre la bonanza. Sin embargo, una rápida ojeada demuestra que millones y millones de personas –de hecho la mayoría de ellas– luchan, pero no triunfan realmente. La mayoría de personas todavía se debaten en la mediocridad, a pesar del récord de oportunidades de las últimas décadas. Y con el período de alza enfrente, muchos continúan preocupados y temerosos gateando a través de la vida, sintiéndose poco importantes, poco apreciados, imposibilitados de hacer lo que desean. Como consecuencia, su actuación les rendirá mezquinas recompensas y una raquítica felicidad.

Aquellos que convierten la oportunidad en recompensa (y permítaseme decir que sinceramente creo que usted es uno de ellos, de otro modo confiaría en la buena suerte y ni se molestaría en leer este libro) serán aquellos individuos juiciosos que aprenden cómo pensar por sí mismos en el éxito.

Adelante. La puerta del éxito está más abierta de par en par que nunca. Póngase a sí mismo en movimiento ahora que usted se va a juntar con el grupo selecto que está consiguiendo lo que deseó en la vida.

He aquí el primer paso hacia el éxito. Es un paso básico. No puede evitarse: crea en sí mismo, crea que puede triunfar.

Cómo desarrollar el poder de la creencia

He aquí las tres guías para adquirir y fortalecer el poder de la creencia:

1. Piense en el éxito, no en el fracaso. En el trabajo, en su casa, sustituya el pensamiento de fracaso por el pensamiento de éxito.

    Cuando se enfrente con una situación difícil, piense: "Venceré", no "Probablemente perderé". Cuando esté con alguien más piense: "Yo soy igual al mejor", no "Soy un descalificado". Cuando la oportunidad aparezca, piense: "Puedo hacerlo", nunca diga: "No puedo". Deje que el pensamiento rector "Tendré éxito" domine el proceso de sus ideas. Al pensar en las condiciones felices su mente crea planes que las producen. Pensando en el fracaso hará exactamente lo contrario. Pensar en las condiciones de fracaso hará que la mente emita otros pensamientos que lo atraerán.

2. Recuerde con frecuencia que usted es mejor de lo que cree serlo. Los afortunados no son superhombres. El éxito no requiere un súper intelecto. No hay, tampoco, ninguna cosa mística alrededor del éxito. Éste no se basa en la fortuna. Las personas exitosas son, por lo general, seres ordinarios que han desarrollado la creencia en ellos mismos y en lo que hacen. Nunca –sí, nunca– se venda usted barato.

3. Crea en grande. El volumen de su éxito lo determina el volumen de su creencia. Piense en grandes metas y alcanzará grandes éxitos. ¡Recuerde esto, también! Las grandes ideas y los grandes planes a menudo son más fáciles –ciertamente no más difíciles– que las ideas y los planes pequeños.

El señor Ralph J. Cordiner, presidente del consejo de General Electric Company, dijo esto en una conferencia de directores: "... Necesitamos de cada hombre que aspire a dirigente —para él y para la compañía— la determinación de emprender un programa personal de autodesarrollo. Nadie va a ordenar a un hombre que se desarrolle. Si un hombre se rezaga o sale adelante en su especialidad, es cuestión de su autodisciplina. Esto es algo que toma su tiempo, trabajo y sacrificio. Nadie puede hacerlo por usted".

La advertencia del señor Cordiner es sólida y práctica. Vívala. Las personas que alcanzan los altos peldaños en el manejo de los negocios, carreras en ventas, ingenierías, letras, ciencias y cualquier otra actividad, se proponen llegar a ello siguiendo consciente y continuamente un plan para su propio desarrollo y crecimiento.

Todo programa de instrucción —y eso es exactamente este libro— debe hacer tres cosas. La primera, debe proporcionar contenido, lo que hay que hacer. Segunda, debe aportar un método, cómo hacerlo. Y tercera, debe pasar la prueba definitiva, es decir, dar resultados.

El "qué" de su programa personal para el éxito se construye sobre las actitudes y técnicas de las gentes venturosas. ¿Cómo se manejaron a sí mismos? ¿Cómo eliminaron los obstáculos? ¿Cómo se ganaron el respeto de los demás? ¿Qué los situó aparte de lo ordinario? ¿Qué pensaron?

El "cómo" de su plan para el desarrollo y crecimiento consiste en una serie de guías concretas para la acción. Esto se encontrará en cada capítulo. Son guías que trabajan. Aplíquelas y vea por sí mismo.

¿Qué hay respecto a la parte más importante de la instrucción: los resultados? Comprenda brevemente, la aplicación consciente del programa presentado aquí, le atraerá éxito en una escala que puede ahora parecerle imposible. Analizando sus componentes, su programa personal de instrucción le rendirá una serie de recompensas: la recompensa de un respeto más profundo hacia usted por parte de su familia, la recompensa de la admiración de sus amigos y asociados, la recompensa de sentirse útil, de ser alguien, de tener posición social, de acrecentar sus ingresos y un nivel más alto de vida.

Su instrucción es autoadministrada. No habrá ninguna condición sobre sus hombros que le diga lo que debe hacer y cómo hacerlo. Este libro será su guía, pero solamente usted puede comprenderse a sí mismo. Solamente usted puede ordenarse la aplicación de este instructivo. Solamente usted puede evaluar sus progresos y dar efectividad a la acción correctiva de lo que pudiera hacerle resbalar un poco. En pocas palabras, usted está autoeducándose para realizar mejor sus mayores éxitos.

Usted posee ya un laboratorio completamente equipado en el cual puede trabajar y estudiar. Su laboratorio es todo lo que le rodea. Su laboratorio son todos los seres humanos. Este laboratorio le suministra todo ejemplo posible de la acción humana. Y no existe límite para lo que puede aprender, una vez que se vea a usted mismo como un científico en su propio laboratorio. Es más, no hay nada qué comprar, no hay renta qué pagar. No hay honorarios de ninguna clase. Usted puede usar gratis este laboratorio, tanto como guste. Como director de su propio laboratorio deseará hacer lo que hacen todos los hombres de ciencia: observar y experimentar.

¿No le resulta sorprendente que la mayoría de la gente comprenda tan poco acerca de por qué actúa como lo hace, aunque se encuentre rodeado de gente toda la vida? La mayor parte no son observadores instruidos. Un propósito importante de este libro es ayudarle a observar, a conseguir un conocimiento profundo del comportamiento humano. Usted deseará formularse preguntas como: "¿Por qué John es tan afortunado y Tom se limita a hacer lo mínimo?" "¿Por qué algunas personas tienen muchos amigos y otras solamente tienen muy pocos?" "¿Por qué la gente aceptará con placer lo que una persona diga y en cambio no hace caso de otra persona que le dice lo mismo?"

Una vez que usted se instruya, conseguirá lecciones valiosas, precisamente a través del simple proceso de observación.

Hay dos sugerencias especiales para ayudarle convertirse en un observador experto. Seleccione para un estudio especial a dos personas, a la más afortunada y a la más desdichada que conozca. Luego, como el libro expone, observe cuán estrechamente su amigo afortunado se adhiere a los principios del éxito. Dése cuenta también de cómo el estudiar los dos extremos le ayudará a ver la inequívoca sabiduría y seguir las verdades recopiladas en este libro.

Cada contacto que tome con otras personas le da una oportunidad de ver y trabajar los principios del éxito. Su objetivo es hacer habitual la acción venturosa. Cuanto más practiquemos, más pronto llegará la segunda naturaleza para actuar en la senda deseada.

La mayor parte de nosotros tenemos amigos aficionados al cultivo de plantas por el simple gusto de verlas crecer. Y les hemos oído decir a todos algo así: "Es excitante vigilar cómo crecen las plantas. Mirar con precisión cómo ellas responden al abono y al riego. Ver que son hoy mucho mayores de lo que eran la semana pasada".

Con seguridad, es emocionante contemplar lo que puede ocurrir cuando los hombres cooperan con la naturaleza. Pero no es la décima parte de fascinante como observarse a usted mismo respondiendo a su propio y cuidadosamente administrado programa de pensamiento. Es muy grato sentirse uno mismo más confiado, más efectivo, más venturoso día tras día, mes tras mes. Nada —absolutamente nada— en esta vida produce más satisfacción que saber que uno se halla en el camino del éxito y la realización. Y nada levanta el ánimo tanto como una mayor exigencia de hacer el máximo de sí mismo.

Se han hecho todos los esfuerzos en este libro para presentar los principios de realización clara y sencillamente. He aquí tres ideas que le ayudarán a obtener el potencial máximo de su lectura:

1. Lea el libro entero tan pronto como pueda, pero no lo haga demasiado de prisa. Deje que cada idea, cada principio, se infiltre en usted hasta ver exactamente cómo aplicarlos a su caso.

2. Seguidamente, dedique una semana a estudiar, lo que se dice estudiar, cada capítulo. Un excelente plan consiste en escribir sobre una pequeña tarjeta el principio resumido al final de cada capítulo. Todas las mañanas durante una semana, dígase a sí mismo: "Hoy voy a aplicar estos principios". Luego recítelos. Lleve la tarjeta consigo. Durante el día léala varias veces. Luego todas las noches pase revista a lo bien que ha acertado al aplicar

cada principio. Forme resoluciones para hacerlo todavía mejor al día siguiente.

3. Después que haya invertido una semana en cada capítulo, relea el libro por lo menos una vez al mes durante un año. Cada vez que lo lea, evalúe su propia actuación. Ésta siempre estará dispuesta a realizar mejoramientos adicionales en sí mismo.

Prometa autoadiestrarse sobre un programa definido. Muchos individuos se sienten físicamente indispuestos si les falta un alimento o hacen de sus días y noches puro bullicio. Deje de lado algún tiempo definido para instruirse por sí mismo en los principios del éxito.

2

CÚRESE DE LA "EXCUSITIS", ENFERMEDAD DEL FRACASO

Cuanto más piense usted en el éxito, más estudiará a la gente. Usted la estudiará con mucho cuidado para descubrir por qué es exitosa y luego aplicará los principios del éxito como recompensa a su vida. Y así usted deseará comenzar en seguida.

Profundice en su estudio y descubrirá que la gente infortunada sufre la enfermedad de una mente con el pensamiento estrecho y anquilosado. Nosotros llamamos a esta enfermedad, excusitis. Cada fracaso mantiene esta enfermedad en su forma avanzada. Y el mayor promedio de personas tiene por lo menos una leve imitación de ella.

Usted descubrirá que la "excusitis" explica la diferencia entre la persona que se va ubicando y el sujeto que escuetamente mantiene su propia situación. Encontrará que cuanto más afortunado es el individuo menos inclinado es a proferir excusas.

Pero el sujeto que no ha ido nunca a ninguna parte y no tiene ningún plan a desarrollar en lugar alguno, siempre tiene un arsenal de razones para explicar por qué. Las personas de alcances mediocres siempre explican por qué no tienen, por qué no hacen, por qué no pueden y por qué no son.

Estudie las vidas de las personas afortunadas y descubrirá que todas las excusas aducidas por los sujetos mediocres podrían serlo, pero no lo son por las personas prósperas.

Nunca he conocido ni he oído hablar de una personalidad altamente lograda en los negocios, como jefe militar, vendedor, profesional o líder en cualquier campo, que pueda no haber encontrado una o más excusas de entre el montón, ocultas tras ellas. Roosevelt las pudo haber ocultado tras sus piernas carentes de vida. Truman podía haber alegado su "falta de educación universitaria", y Eisenhower pudo haberse agazapado tras sus ataques al corazón.

Como cualquier enfermedad, la "excusitis" empeora si no se le trata convenientemente. Una víctima de esta enfermedad del pensamiento atraviesa este proceso mental: "No lo estoy haciendo tan bien como debiera. ¿Qué puedo alegar como coartada para que me ayude a salvar las apariencias? Miremos: ¿falta de salud?, ¿carencia de educación?, ¿demasiado viejo?, ¿demasiado joven?, ¿mala suerte?, ¿infortunio personal?, ¿esposa?, ¿el camino que mi familia quiso imponerme?

Una vez que la víctima de esta dolencia del fracaso ha seleccionado una buena "excusa", se apega a ella. Luego, confía en ella para explicarse a sí mismo y a los demás por qué no está saliendo adelante. Y cada vez que la víctima formula la excusa, ésta llega a verse embebida más profundamente dentro de su subconsciente. Los pensamientos positivos o negativos, se fortalecen más a medida que se ven alimentados con la repetición constante. En principio, la víctima de la "excusitis" reconoce que su coartada es más o menos una mentira. Pero cuanto con mayor frecuencia la repite, llega a ser mayor el convencimiento de que es completamente verdadera, que la coartada es la razón real para que no haya tenido el éxito que debería tener.

En consecuencia, el procedimiento número uno en su programa individual de pensar por sí mismo en el éxito, debe ser vacunarse usted mismo contra la excusitis, que es la enfermedad de los fracasos.

La "excusitis" aparece bajo una amplia variedad de formas, pero los peores tipos de esta enfermedad son: "excusitis" de salud, "excusitis" de inteligencia, "excusitis" de edad y "excusitis" de suerte. Veamos cómo podemos protegernos a nosotros mismos de estos cuatro achaques comunes.

Las cuatro formas más comunes de "excusitis"

1. – <u>Mi salud no es buena</u>. La "excusitis" de salud recorre todo el camino del "no me siento bien" crónico, al más específico "me han pasado tales o cuales cosas".

La "mala" salud, bajo mil formas diferentes, es usada como una excusa para malograr que una persona haga lo que desea hacer, impedirle aceptar grandes responsabilidades, privarse de ganar más dinero, obstaculizar que alcance el éxito.

Millones y millones de seres padecen de la "excusitis" de salud. Pero ¿es en muchos casos una legítima excusa? Piense por un momento en todas las elevadas personalidades que usted sabe que podrían –pero no lo hacen– usar la salud como excusa.

Muchos amigos médicos y cirujanos me dicen que el tipo perfecto de la vida adulta no existe. Hay alguna cosa que físicamente no anda bien en todo el mundo. Muchos se rinden total o parcialmente a la "excusitis" de la salud, pero la gente que tiene la idea de éxito no lo hace.

Dos experiencias me ocurrieron en una tarde, que ilustran la actitud correcta y la incorrecta hacia la salud. Acababa de dar una conferencia en Cleveland. Después de ella, un sujeto como de treinta años me solicitó que hablásemos en privado unos minutos. Me felicitó por mi charla y me dijo inmediatamente: "Tengo miedo de que sus ideas me puedan hacer mucho bien". Vea usted –continuó– "me ha tocado un corazón malo y me ha mantenido en jaque". Acabó por explicarme que había visto a cuatro doctores pero no pudieron encontrar su mal. Y me preguntó lo que yo le sugería que hiciese.

"Muy bien –dije–. Yo no sé nada acerca del corazón, pero como un lego a otro, he aquí cuatro cosas que yo haría. Primera, visitar al médico especialista de corazón que pudiese encontrar y aceptar un diagnóstico definitivo. Usted ha consultado ya cuatro doctores y ninguno de ellos ha encontrado nada en particular en su corazón. Deje que el quinto doctor diga la última palabra. Podría ser que usted posea un corazón perfectamente sano. Pero si usted persevera en preocuparse por ello, definitivamente podrá tener una enfermedad seria. Buscando, buscando y buscando una dolencia a menudo ésta sobreviene en realidad.

La segunda cosa que le recomiendo es que lea el gran libro del doctor Schindler, *Cómo vivir 365 días en un año*. El doctor Schindler demuestra en este libro que tres de cada cuatro camas de hospital, las ocupan personas que padecen IEE –inducción emocional a la enfermedad–. Imagine, tres de cada cuatro personas que se hallan enfermas en este momento se sentirían bien si hubiesen aprendido cómo manejar sus emociones. Lea el libro del doctor Schindler y desarrolle su programa para 'el manejo de las emociones'.

Tercera: dígase a sí mismo: 'Estoy resuelto a vivir hasta que muera'".

Seguí explicando a aquel amedrentado sujeto algunos saludables consejos que recibí muchos años antes de un amigo abogado que sufría de un caso latente de tuberculosis. Este amigo sabía que debía llevar una vida regulada, pero esto no le impidió practicar las leyes, procrear una hermosa familia y gozar realmente de la vida. Mi amigo, que en la actualidad tiene 78 años, expresa su filosofía en estos términos:

"Voy a vivir hasta que muera y no voy a buscar que vida y muerte se confundan. Mientras permanezca en esta tierra me propongo vivir. ¿Por qué vivir tan sólo a medias? Cada minuto que una persona malgasta pensando que debe morir, es un minuto en que el sujeto pudo también haber estado muerto".

Debí dejar este punto porque tenía que tomar un avión para Detroit. A bordo del aeroplano ocurrió la segunda experiencia, mucho más interesante. Después del estrépito del despegue, percibí un denso rumor. Más bien asustado, miré al individuo que estaba sentado junto a mí, porque el sonido me pareció que emergía de él. Sonrió con amplia sonrisa y dijo: "No crea que es una bomba. Se trata simplemente de mi corazón". Obviamente quedé sorprendido, y así procedió a contarme lo que le había sucedido.

Exactamente 21 días antes había soportado una operación consistente en aplicar una válvula de plástico a su corazón. El rumor sordo podría continuar –según me dijo– durante varios meses hasta que creciesen nuevos tejidos sobre la válvula artificial. Le pregunté qué se proponía hacer.

—"¡Oh! –repuso–. Tengo planes en grande. Voy a estudiar leyes cuando regrese a Minnesota. Espero algún día trabajar para el gobierno. Los doctores me dicen que debo tomarlo con paciencia durante unos meses, pero después voy a quedar como nuevo".

Aquí tienen ustedes dos caminos para hacer frente a los problemas de la salud. El primer sujeto, sin estar siquiera seguro de que hubiese en él alguna falla orgánica, se encontraba preocupado, deprimido, en el camino de la derrota, deseoso de que alguien secundase su indicación de que no podía seguir adelante. El segundo individuo, después de soportar una de las operaciones más difíciles, se sentía optimista, ansioso de hacer alguna cosa. ¡La diferencia entre los dos, consiste en cómo pensó cada uno en cuanto a la salud!

He tenido varias experiencias directas con la "excusitis" de salud. Soy diabético. Apenas descubrí que padecía este achaque (unas 5.000 inyecciones hace tiempo) me advirtieron: "La diabetes es una condición física, pero sus perjuicios mayores resultan de una actitud negativa hacia ella. Preocúpese al respecto y podrá verse en un apuro serio".

Naturalmente, a raíz del descubrimiento de mi propia diabetes, he tenido oportunidad de saber de otros muchos diabéticos. Me permito hablarles a ustedes de dos extremos. Un sujeto que padece un caso leve pertenece a esa fraternidad de la muerte en vida. Obsesionado con el miedo al tiempo, se le ve por lo regular ridículamente arropado. Le invade el temor a una infección y así evita a cualquiera que emita el más ligero resuello. Le amedrenta el esfuerzo excesivo, en consecuencia no hace casi nada. Gasta la mayor parte de su energía mental conjeturando acerca de lo que puede ocurrir. Atosiga a los demás contándoles "cuán pavoroso" es su problema. Su padecimiento real no es la diabetes. Más bien es una víctima de la "excusitis" de salud. Tiene piedad de sí mismo por el hecho de ser un inválido.

El otro extremo es el de un gerente de división de una gran compañía publicitaria. Su caso es severo: toma cerca de treinta veces más insulina que el sujeto mencionado anteriormente, pero no vive para estar enfermo. Vive para gozar en su trabajo y sentirse divertido. Un día me dijo: "De seguro que es una inconveniencia, pero así se minimiza el mal. Por qué habría de pensar en limitarme a mí mismo. Cuando me inyecto el remedio, no dejo de elogiar a los tipos que descubrieron la insulina".

Un buen amigo mío, ampliamente conocido como educador de la secundaria, regresó de Europa sin un brazo. A pesar de este obstáculo, John sonríe constantemente y siempre ayuda a los demás. Es casi tan optimista como el que más lo es de la gente que yo conozco. Un día, él y yo sostuvimos una larga conversación acerca de su defecto.

"Es exactamente un brazo –dijo–. Seguro que son mejor dos que uno. Pero se limitaron a cortarme el brazo. Mi espíritu se encuentra cien por ciento intacto. Estoy muy agradecido por ello".

Otro amigo amputado es un excelente jugador de golf. Un día le pregunté cómo le era posible desarrollar tal estilo casi perfecto con un solo brazo. Mencioné que muchos jugadores de golf con los dos brazos no podían hacerlo tan bien. Él me dijo: "Mi experiencia es que con la actitud correcta y un solo brazo le ganarán a la actitud incorrecta y a los dos brazos a la vez". La actitud correcta y un solo brazo le ganarán a la actitud incorrecta y a los dos brazos a la vez. Piénselo durante un rato. Contiene la verdad no sólo en lo que concierne al golf sino a cualquier faceta de la vida.

Cuatro cosas que usted puede hacer para vencer la "excusitis" de salud

La mejor vacuna contra la "excusitis" de salud son estas cuatro dosis:

1. Rehusar conversaciones respecto a la salud. Cuanto más hable de un achaque, inclusive de un resfriado común, parece que es peor lo que se consigue. Hablar de la mala salud se asemeja a fertilizar las semillas. Además, hacerlo es una mala costumbre. Aburre a la gente. Le hace aparecer a uno centrado en sí mismo. La gente que piensa en el éxito desecha esta

tendencia natural a hablar de su "mala" salud. Uno puede (y permítanme enfatizar la palabra puede) merecer una pequeña simpatía, pero no respeto y lealtad, siendo un quejumbroso crónico.

2. Rehúse preocuparse acerca de su salud. El doctor Walter Álvarez, consultor emérito de la famosa Clínica Mayo, escribió: "Siempre rogué a los preocupados que ejercitasen el control de sí mismos. Por ejemplo, cuando vi a ese hombre (un sujeto que estaba convencido de que tenía la vesícula biliar enferma aunque ocho exámenes por separado de rayos X demostraron que el órgano estaba perfectamente normal) le supliqué que se liberase del temor obteniendo unos rayos X de su vesícula. He rogado a centenares de hombres enfermos del corazón, que se liberasen haciéndose tomar sus electrocardiogramas".

3. Sentirse genuinamente agradecido porque su salud es tan buena como es. Hay un viejo aforismo valioso, que se repite muy a menudo: "Me siento disgustado conmigo mismo porque he destrozado zapatos hasta que di con un hombre que no tenía pies". En lugar de quejarse acerca de "no me siento bien", es mucho mejor estar contento porque es tan saludable como es. Precisamente estar agradecido por la salud que usted tiene, es una poderosa vacuna contra el desarrollo de nuevos dolores, molestias y enfermedades reales.

4. Recuérdese a sí mismo a menudo que: "Es mejor gastar que enmohecerse". La vida es de usted, para gozarla. No la derroche.

2. <u>Sin embargo usted tiene capacidad para el éxito</u>. La "excusitis" de inteligencia o "Yo carezco de cerebro" es común. De hecho, es tan común que quizá tanto como el 95 por ciento de la gente que nos rodea la padece en distintos grados. A diferencia de la mayor parte de tipos de "excusitis", la gente afectada por este tipo particular de la enfermedad, sufre en silencio. No son muchos los que admiten abiertamente que piensan carecer de la inteligencia adecuada. Más bien lo sienten en lo más profundo de su fuero interno.

La mayoría de nosotros incurre en errores básicos respecto a la inteligencia:

1. Subestimamos nuestro propio poder cerebral.
2. Sobreestimamos el poder cerebral de los demás.

A causa de estos errores, son muchos los que se venden barato. Fracasan en cuanto a afrontar situaciones riesgosas porque ello "requiere de inteligencia". Pero a la larga, quien surge es el sujeto a quien no le inquieta la inteligencia y obtiene el empleo.

Lo que realmente importa no es cuánta inteligencia tiene usted sino cómo emplea la que tiene. El pensamiento que guía su inteligencia es mucho más importante que la cantidad de su poder cerebral. Permítame repetir, porque ello es de vital importancia: el pensamiento que guía su inteligencia es mucho más importante que cuánta inteligencia pueda usted tener.

Contestando a la pregunta: "¿Debería su hijo ser un sabio?", el doctor Edward Teller, uno de los más eminentes físicos de la nación, dijo: "Un niño no necesita tener una mente veloz como el relámpago, para ser un hombre de ciencia, ni tener una memoria milagrosa, ni es preciso que obtenga los más altos grados en la escuela. Lo único que cuenta es que el pequeño posea un alto grado de interés por la ciencia". ¡Interés, entusiasmo, son los factores críticos, inclusive en la ciencia!

Con una actitud positiva, optimista y de colaboración, una persona con un equivalente intelectual ganará más dinero, merecerá más respeto, y realizará mayores progresos que un individuo negativo, pesimista, no cooperador con un equivalente intelectual. Un sentido lo bastante ponderado para persistir en algo que hacer, como una tarea, un proyecto hasta que haya finalizado, tiene mucho mejor remuneración que la loca inteligencia, aun cuando esta loca inteligencia, sea del calibre del genio.

Porque la persistencia es en un noventa y cinco por ciento habilidad.

En una fiesta de despedida celebrada el último año me encontré con un amigo de colegio al que no había visto desde hacía diez años. Check fue un magnífico estudiante, graduado con honores. Su meta cuando yo dejé de verle era contar con su negocio propio en el oeste de Nebraska. Pregunté a Check qué clase de negocio estableció finalmente. "Bueno –confesó–, no me adentré en el negocio por mí mismo. No habría dicho esto a nadie hace cinco años ni siquiera un año atrás, pero hoy estoy dispuesto a hablar de ello.

Cuando miro el pasado y mi educación universitaria, veo que llegué a ser un experto en el porqué la idea de un negocio no logra desarrollarse. Supe de todas las dificultades concebibles, todas las razones por las que se podía fracasar: '¿Dispone usted de capital suficiente?' '¿Está seguro de que el ciclo de los negocios es favorable?' '¿Existe gran demanda de lo que usted ofrecerá?' '¿Se halla estabilizada la industria local?', mil y un motivos por investigar.

Lo que más me hería es que varios viejos amigos de primaria que nunca parecieron tener mucho que ver con el baile y ni siquiera fueron a la secundaria, se ven hoy bien establecidos en sus propios negocios, mientras que yo me limito a salir adelante interviniendo en fletes de embarque. Si me hubiera instruido más acerca de por qué un pequeño negocio puede llegar a tener éxito, hoy yo estaría mejor en todos los sentidos". El pensamiento que guió a la inteligencia de Check fue más importante que el valor de su inteligencia.

¿Por qué fracasan algunas personas brillantes? He vivido muchos años cerca de una persona calificada de genio, que posee una alta inteligencia abstracta, y es Phi-Beta-Kappa. A pesar de su muy alta inteligencia nativa, es una de las personas menos afortunadas que conozco. Desempeña un trabajo mediocre (tiene miedo a la responsabilidad). No se ha casado nunca (cantidad de matrimonios acaban en divorcio). Cultiva pocas amistades, (la gente le aburre). Nunca invierte en propiedades de ninguna clase (podría perder su dinero). Este hombre emplea su gran poder cerebral en demostrar por qué razones puede no rendir en su trabajo, más que en dirigir su potencia mental a alcanzar por qué medios puede tener éxito.

A causa del pensamiento negativo que guía su gran reserva mental, este sujeto contribuye poco y no produce nada. Mediante un cambio de actitud podría realmente hacer grandes cosas. Posee cerebro para obtener un tremendo éxito, pero no el poder del pensamiento.

Otra persona que conozco bien fue incorporada al Ejército poco después de titularse como doctor en filosofía en una destacada universidad de Nueva York. ¿Cómo utilizó estos tres años en el Ejército? No como un oficial o como un especialista de equipo. En lugar de eso, durante años manejó un camión. ¿Por qué? Porque se hallaba imbuido de actitud negativa hacia sus compañeros soldados ("Soy superior a ellos"), hacia los métodos del Ejército y sus procedimientos ("Son estúpidos"), hacia la disciplina ("Eso es para los demás, no para mí"), hacia todas las cosas, incluyéndose a sí mismo ("Soy un necio por no imaginar una vía de escape a este golpe").

Éste no se ganó el respeto de nadie. Todo su vasto almacén de conocimientos permaneció enterrado. Sus actitudes negativas hicieron de él un ser rastrero.

Recuerde, el pensamiento que guía su inteligencia es mucho más importante que cuánta inteligencia puede usted tener. ¡Nada de raro hay en que un graduado en filosofía invalide este principio básico de éxito!

Hace varios años llegué a ser amigo íntimo de Phil F., uno de los antiguos directores de una gran agencia de publicidad. Phil era quien dirigía la búsqueda de mercados para la agencia y realizaba un trabajo de primera clase. ¿Era Phil un "cerebro"? Lejos de eso. Phil, no sabía casi nada de investigación técnica. No sabía casi nada de estadística. No era un graduado de carrera (aunque toda la gente que trabajaba para él, lo era). Phil no pretendía conocer el lado técnico de la investigación. ¿Qué era entonces lo que hacía posible a Phil devengar $30.000 dólares al año en tanto que ninguno de sus subordinados ganaba $10.000?

Phil era un ingeniero "humano". Phil era cien por ciento positivo. Él podía inspirar a los demás si se sentían abatidos. Era entusiasta. Generaba entusiasmo; comprendía a la gente porque podía en realidad ver lo que les hacía abatir, les gustaba. No era la inteligencia de Phil, sino cómo los manejaba. Esto lo hizo tres veces más valioso para su compañía, que los hombres clasificados como más altos en la escala del cociente de inteligencia.

De cada cien personas matriculadas en un colegio, menos de 50 se gradúan. Sentí curiosidad al respecto y pedí al director de admisiones de una gran universidad una explicación.

"No es cosa de inteligencia insuficiente —me dijo— . No admitimos a los que no poseen suficiente capacidad. Ni es cuestión de dinero. Todos los que desean sostenerse a sí mismos en el colegio, pueden hacerlo. La razón real son las actitudes. Le sorprendería a usted —agregó—, a cuántos jóvenes no les agradan sus profesores, los temas a desarrollar o sus compañeros estudiantes".

La misma razón, pensamiento negativo, explica por qué la puerta de las posiciones ejecutivas sobresalientes se halla cerrada para muchos jóvenes ejecutivos. Las actitudes agrias, negativas, pesimistas, despectivas, más que la inteligencia insuficiente, estorban a millares de estos jóvenes. Así un ejecutivo me dijo: "Es un caso raro que salgamos de un joven colega porque carece de cerebro. Casi siempre se debe a su actitud".

Una vez fui contratado por una compañía de seguros para esclarecer por qué un tope de 25 por ciento de sus agentes estaban vendiendo sobre el 75 por ciento de los seguros, mientras un fondo de otro 25 por ciento de agentes vendía solamente un 5 por ciento del volumen total.

Muchas personas fueron cuidadosamente examinadas. La investigación demostró más allá de cualquier pregunta que no existía ninguna diferencia significativa en la inteligencia nata. Es más, las diferencias de educación no explicaban la diferencia en el éxito de las ventas. La diferencia entre los muy afortunados y los muy infortunados se redujo finalmente a las actitudes o diferencias en el manejo del pensamiento. El grupo tope se preocupaba menos, era más entusiasta, contaba con el agrado de la gente.

No podemos hacer mucho por cambiar el monto de la capacidad innata, pero podemos cambiar el modo que tenemos de usarla.

El conocimiento es poder –cuando usted lo usa constructivamente. Estrechamente aliado con la "excusitis" de inteligencia existe algún pensamiento incorrecto respecto al conocimiento. A menudo oímos decir que el pensamiento es poder, pero esta afirmación es sólo una verdad a medias. El conocimiento es solamente poder potencial. El conocimiento es poder únicamente cuando podemos usarlo y es entonces solamente cuando su uso es constructivo.

Se cuenta que al gran científico Einstein le preguntaron una vez cuántos pies hay en una milla. La respuesta de Einstein fue: "No lo sé. ¿Por qué llenarme el cerebro con hechos que puedo encontrar en dos minutos en cualquier libro estándar de referencia?"

Einstein nos dio una gran lección. Sintió que era más importante usar la mente para pensar que usarla como archivo de hechos. Una vez Henry Ford se halló envuelto en un pleito por difamación con el Chicago Tribune. La Tribune había llamado "ignorante" a Ford, hombre de gran respeto, y él dijo: "Pruébenlo".

La Tribune le pidió cuentas de preguntas sencillas tales como: "¿Quién fue Benedict Arnold?", y otras muchas, a las cuales Ford, que no tenía gran educación formal, no pudo responder.

Finalmente, se exasperó y dijo: "No sé las respuestas a esas preguntas, pero puedo encontrar dentro de cinco minutos a un hombre que las sepa".

Henry Ford no se hallaba interesado en misceláneas informativas. Sabía lo que todos los grandes ejecutivos saben: la capacidad de saber cómo conseguir datos es más importante que usar la mente como almacenamiento de ellos.

¿Cuánto vale un hombre-enciclopedia? Recientemente pasé una tarde muy interesante con un amigo que es presidente de una empresa manufacturera joven pero de rápido crecimiento. La televisión por casualidad sintonizó uno de los programas de concurso más populares. El sujeto que era interrogado llevaba varias semanas ganando. Podía contestar preguntas de toda clase de temas, muchas de las cuales parecían absurdas.

Después que el sujeto contestó una rara pregunta relativa a algo de una montaña en la Argentina, mi huésped me miró y dijo:

"¿Cuánto piensa usted que debería pagar a este tipo para que trabajase para mí?"

"¿Cuánto?" – Pregunté. "Ni un centavo más de $300 dólares. No cada mes, ni cada semana, sino por toda la vida. He analizado que este experto no puede pensar. Solamente puede memorizar. Es simplemente una enciclopedia humana, y me imagino que por $300 dólares puedo comprar un bello acervo de enciclopedias. De hecho, puede que sea demasiado. El 90% de lo que sabe este tipo lo puedo encontrar en una enciclopedia de las más baratas. Las personas que yo deseo a mi alrededor –prosiguió–, son aquellas que puedan resolver problemas, que puedan producir ideas. Personas que puedan soñar y desarrollar luego sus sueños de una forma práctica; un hombre de ideas puede ganar mucho dinero conmigo, un hombre-enciclopedia no podría".

Tres medios para curar la "excusitis" de inteligencia

He aquí tres maneras fáciles de curar la "excusitis" de inteligencia:

1. –Nunca subestime su propia inteligencia ni la inteligencia ajena. No se venda barato. Concéntrese en sus ventajas. Descubra sus talentos superiores, recuerde que lo que importa no es cuánto cerebro posee usted, sino más bien, cómo lo usa. Maneje sus deseos en lugar de preocuparse por el cociente que ha alcanzado.

2. –Recapacite varias veces al día: "Mis actitudes son más importantes que mi inteligencia". En el trabajo y en su casa practique actitudes positivas. Vea las razones por las que pueda hacerlo, no las razones por las que no puede. Desarrolle una actitud de "estoy venciendo". Lance su inteligencia al uso creador positivo. Úsela hasta encontrar los medios de vencer y no para demostrar que va a perder.

3. –Recuerde que la capacidad de pensar es de mucho mayor valor que la capacidad de recordar hechos. Use su mente para crear y desarrollar ideas, hasta hallar cosas nuevas y mejores que hacer. Pregúntese a sí mismo: "¿Estoy usando mi capacidad mental para hacer historia o estoy usándola meramente para recordar la historia hecha por los demás?"

3. –Eso no sirve. Soy demasiado viejo. (O demasiado joven). La "excusitis" de edad, la enfermedad del fracaso por no tener nunca la edad correcta, se presenta bajo dos formas identificables: "Soy demasiado viejo" y "Soy demasiado joven".

Usted ha escuchado centenares de personas de todas las edades explicar su mediocre realización en la vida con algo parecido a esto: "Soy demasiado viejo (o demasiado joven) para irrumpir ahora. No puedo hacer lo que deseo o estoy incapacitado para hacerlo porque mi edad lo obstaculiza".

Realmente, es sorprendente cuán pocas personas se hallan en la "edad correcta", la edad acertada. Y esto es desafortunado. Esta excusa ha cerrado la puerta a grandes oportunidades a miles de individuos. Piensan que su edad no es adecuada y por ello ni se molestan en intentarlo.

La variedad "soy demasiado viejo" es la forma más común de "excusitis" de edad. Esta enfermedad se extiende por medios sutiles. En televisión se han producido programas relacionados con el gran ejecutivo que pierde su empleo a causa de una fusión de empresas y no puede encontrar otro porque es demasiado viejo. El señor ejecutivo busca meses enteros, pero no halla lo que busca y al fin, después de considerar el suicidio durante un rato, decide razonar que es agradable estarse arrinconado.

Son populares las comedias y artículos de revista acerca del tópico, "¿Por qué ha fracasado usted a los cuarenta?", no porque representen hechos verdaderos, sino porque interesan a muchas mentes preocupadas por buscar una excusa.

Cómo manejar la "excusitis" de edad

La "excusitis" de edad puede ser curada. Hace pocos años mientras dirigía un programa de adiestramiento en ventas, descubrí un buen suero que al mismo tiempo cura esta enfermedad y le vacuna a usted contra su renuncia a obtener el mejor trabajo.

En este programa de adiestramiento había un participante llamado Cecilio, quien tenía cuarenta años, deseaba cambiar de situación hasta constituirse como representante de una empresa, pero pensaba que era demasiado viejo. "Después de todo –explicaba–, tengo que comenzar por partir de la línea y soy demasiado viejo para ello ahora. Tengo 40 años".

Conversé con Cecilio varias veces acerca de su problema de la "demasiada edad". Empleé la antigua medicina: "Usted tiene solamente la edad que siente tener", pero me di cuenta de que no iba a ninguna parte. (Con excesiva frecuencia la gente contesta: "¡Pero me siento demasiado viejo!")

Por fin descubrí un método que lo trabajó. Un día después de una sesión de entrenamiento, lo intente con Cecilio. Le dije: "Cecilio, ¿cuándo comienza la vida productiva de un hombre?"

Meditó unos dos segundos y repuso:

"Oh, cuando anda por los 20 años, me figuro".

"Muy bien –dije–. Ahora, ¿cuándo termina la vida productiva de un hombre?"

"Bueno –respondió Cecilio–, si permanece en buena forma y le gusta su trabajo, opino que un hombre es todavía muy útil a los 70 años, o algo así".

"Perfectamente –añadí–, una gran cantidad de sujetos son altamente productivos después que han cumplido los 70, pero permítame convenir en lo que acaba de decir, los años productivos de un hombre abarcan de los 20 a los 70. Esto es, un intervalo de 50 años o medio siglo. Cecilio –proseguí diciendo–, usted tiene 40 años. ¿Cuántos años de vida productiva ha consumido?"

"Veinte" –contestó.

"¿Y cuántos le faltan?"

"Treinta".

"En otros términos, Cecilio, no ha alcanzado siquiera el punto medio. No ha agotado sino el cuarenta por ciento de sus años productivos". Miré a Cecilio y me di cuenta de que había dado en el blanco. Cecilio estaba curado de la "excusitis" de edad. Él vio que aún tenía muchos años por delante colmados de oportunidades. Conectó su pensamiento del "soy ya viejo" al "soy todavía joven". Se dio cuenta que no es importante cuán viejo sea. Es la actitud hacia la edad la que hace de ella una bendición o una barricada.

Curarse de la "excusitis" de edad, a menudo abre puertas a oportunidades que parecen herméticamente cerradas. Un conocido mío llevaba años haciendo diferentes cosas –vendiendo, administrando su propio negocio, trabajando en un banco–, pero nunca acertaba a encontrar lo que en realidad más deseaba hacer. Finalmente, concluyó que lo que deseaba más que ninguna otra cosa era ser sacerdote. Pero cuando pensó en ello, encontró que era demasiado viejo. Después de todo, tenía 45 años, tres hijos pequeños y poco dinero.

Pero, por fortuna recobró toda su firmeza y se dijo a sí mismo: "Cuarenta y cinco años o no, voy a ser sacerdote".

Con toneladas de fe y un poco más, se alistó en un programa de instrucción sacerdotal de cinco años en Wisconsin. Cinco años más tarde fue ordenado sacerdote y formó parte de una escogida congregación de Illinois.

¿Viejo? Desde luego que no. Tenía ante sí todavía veinte años de vida productiva. Hablé con este hombre no hace mucho y me dijo:

"Sepa usted que de no haber tomado esta gran decisión cuando tenía 45 años, habría malgastado el resto de mi vida volviéndome viejo y amargado. Ahora me siento en todo instante ten joven como lo fui hace 25 años". Y casi lo parecía también.

Cuando usted vence la "excusitis" de edad, el resultado natural es ganar el optimismo de la juventud y sentirse joven. Cuando derriba sus temores de limitaciones de edad, usted añade años a su vida tanto como al éxito.

Un antiguo colega mío de la época de la universidad, muestra un ángulo interesante de cómo fue destruida la "excusitis" de edad. Bill se graduó en Harvard en su veintes. Después de 24 años en el negocio de corretaje de existencias, durante los cuales ganó una modesta fortuna, Bill decidió que deseaba ser profesor de instituto. Sus amigos le advirtieron que iba a tener que excederse a sí mismo con el rudo programa de enseñanza que tenía delante.

Pero Bill estaba decidido a alcanzar su meta y se inscribió en la universidad de Illinois a la edad de 51 años. A los 55 había conseguido el grado. Hoy es presidente del Departamento de Economía en un acreditado instituto de profesiones liberales. Es también feliz. Sonríe cuando dice: "He conseguido no alejar de mí un tercio de mis buenos años".

La vejez es un mal del fracaso. Derrótela evitando que lo limite.

¿Cuándo es demasiado joven una persona? La variedad "Soy demasiado joven" de la "excusitis" de edad hace mucho daño también. Hace cerca de un año, un muchacho de 23 años llamado Jerry, vino a mí con un problema. Jerry era un joven distinguido. Había sido paracaidista durante el servicio y luego fue al instituto. Mientras iba a él, Jerry mantuvo a su esposa y su hijo vendiendo en una compañía de mudanzas y almacenaje. Realizaba muy buen trabajo tanto en el colegio como en su compañía. Pero hoy Jerry se hallaba preocupado.

—Doctor Schwartz —manifestó—. Tengo un problema. Mi compañía me ha ofrecido un empleo de promotor de ventas. Esto me haría supervisor de unos ocho vendedores.

—Mis felicitaciones, ¡esa es una noticia maravillosa! —dije—. Pero parece usted preocupado.

—Bueno —continuó—. Los ocho hombres que debo supervisar son de 7 a 21 años mayores que yo. ¿Qué piensa usted que debo hacer? ¿Puedo manejarlos?

—Jerry —repuse—. El gerente general de su compañía piensa obviamente que usted es suficientemente maduro, o de lo contrario no le habría ofrecido el puesto. Recuerde solamente estos tres puntos y todas las cosas trabajarán bien: primero, no sea consciente de su edad. Allá en la granja un muchacho llegó a ser un hombre porque demostró que podía hacer el trabajo de un hombre. Su número de cumpleaños no tuvo nada que ver con ello. Y esto es aplicable a usted. Cuando demuestre que es capaz de manejar el empleo de jefe de agentes, será automáticamente lo bastante mayor.

Segundo, no se aproveche de su nueva "barra de oro". Manifieste respeto con los vendedores. Pídales sus sugerencias. Hágales sentir que están trabajando para un capitán de equipo, no para un dictador. Hágalo así y los hombres trabajarán con usted, no contra usted.

Tercero, no vacile en tener personas mayores trabajando para usted. Los dirigentes en todos los campos pronto encuentran que son más jóvenes que la gente que supervisan. No dude en emplear gente mayor que trabaje para usted. Ellos le ayudarán en cantidad durante los años venideros cuando aún se desarrollen oportunidades más grandes. Y recuérdelo Jerry, su edad no debe ser un obstáculo a menos que la convierta en tal.

Hoy Jerry se desenvuelve bien. Adora el negocio de transportes y ahora planea organizar su propia compañía dentro de unos pocos años.

La juventud tan sólo es una desventaja cuando lo es el pensamiento. Usted a menudo oye decir que cierto empleo requiere "considerable" madurez física, en ocupaciones parecidas a la venta de valores o seguros.

Que debe tener cabello gris o ninguno para ganar la confianza de un inversionista es un completo disparate. Lo que realmente importa es qué tan bien conoce usted su oficio. Si usted sabe su oficio y comprende a la gente, está lo suficiente maduro para manejarla; la edad no tiene ninguna relación real con la capacidad, a menos que usted se convenza a sí mismo de que los años solamente le darán el carácter que necesita para realizar su fin.

Muchos jóvenes sienten que no se les prefiere, a causa de su juventud. Desde luego, es verdad que otras personas en una organización que es insegura o que las asusta el trabajo, pueden tratar de bloquear su camino hacia delante, valiéndose de la edad o de cualquier otra razón. Pero la gente que realmente cuenta en la compañía no lo hará. Le darán tanta responsabilidad como usted les haga sentir que puede asumir bien. Demuestre que posee capacidad y actitudes positivas y su juventud será considerada como una ventaja.

La cura de la "excusitis" de edad es:

1. Mire positivamente su edad actual. Piense "soy joven" no "soy viejo". Practique el mirar hacia nuevos horizontes y gane el entusiasmo y el sentir de la juventud.

2. Contabilice cuánto tiempo productivo ha dejado. Recuerde, una persona de treinta años tiene aún el ochenta por ciento de su vida productiva delante de ella. Y el de cincuenta años cuenta todavía con un amplio cuarenta por ciento –el mejor 40 por ciento– de sus años de oportunidad abandonados. ¡La vida es, de hecho, más larga de lo que mucha gente piensa!

3. Invierta su tiempo futuro en hacer lo que realmente desea hacer. Solamente es demasiado tarde cuando usted permite que su mente sea negativa y piensa que es demasiado tarde. Deje de pensar "debí haber comenzado hace años". Esto es pensar en el fracaso. En lugar de eso debe pensar "voy a empezar ahora mis mejores años que están frente a mí". Este es el modo en que piensan las personas afortunadas.

4. "Pero mi caso es diferente; atraigo la mala suerte". Recientemente, he oído a un ingeniero de tránsito, discutir acerca de la seguridad en las carreteras. Hizo notar que por encima de 40.000 personas se matan cada año en pretendidos accidentes de tránsito. El punto principal de esta conversación fue que no hay tal cosa como un verdadero accidente. Lo que llamamos un accidente es el resultado de una falla mecánica o humana, o una combinación de las dos.

Lo que este perito en tránsito quiso decir establece lo que los hombres juiciosos a lo largo de las edades han dicho: existe una causa para cada cosa. Nada sucede sin una causa. Nada hay accidental sobre el tiempo que reina hoy. Es el resultado de causas específicas. Y no hay razón para creer que los asuntos humanos sean una excepción.

Con todo, no pasa más de un día sin que oigamos a alguien que culpa sus problemas a la "mala" suerte. Y es raro el día en que no oiga usted a quien atribuye el éxito de otras personas a la "buena" suerte.

Permítame aclarar cómo la gente sucumbe a la "excusitis" de la suerte. Hace poco almorcé con tres ejecutivos jóvenes. El tópico de la conversación fue aquel día Jorge C., que precisamente la víspera, había sido escogido entre su grupo para una promoción mayor.

¿Por qué Jorge obtuvo la posición? Estos tres sujetos desenterraron toda clase de razones: suerte, de buenas, servilismo, la esposa de Jorge y de qué modo adulaba a los jefes, todas las cosas menos la verdad. Los hechos eran que Jorge fue sencillamente mejor calificado. Había estado haciendo mejor trabajo. Estaba trabajando con ahínco. Poseía una personalidad más efectiva.

Yo sabía también que los altos jefes de la compañía habían dedicado mucho tiempo a considerar cuál de los cuatro sería promovido. Mis tres desilusionados amigos debían haber comprendido que los ejecutivos en la cumbre no seleccionan ejecutivos mayores extrayendo nombres de un sombrero.

Estuve hablando acerca de que la "excusitis" de suerte no hace mucho con un gerente de ventas de una compañía dedicada a la fabricación de herramientas. Se identificó con el problema y comenzó a narrar su propia experiencia al respecto:

—Nunca he oído decir eso antes —exclamó—, pero es uno de los problemas más difíciles con que tienen que luchar los ejecutivos. Precisamente hoy ha ocurrido en mi compañía un ejemplo de lo que está usted diciendo. Uno de los vendedores entró a las cuatro de la tarde con un pedido de piezas de máquina por valor de $8.500 dólares. Otro vendedor, cuyo rendimiento es tan bajo que constituye un problema, se hallaba en aquel momento en la oficina. Al escuchar que John daba la buena noticia, le felicitó con envidia y le dijo: "Bueno, John otra vez ha tenido usted suerte".

Ahora bien, lo que el débil vendedor no quería aceptar era que la suerte no tenía nada que ver con el gran pedido de John. Él estuvo trabajando aquel cliente durante meses. Había hablado repetidamente a media docena de personas fuera de allí. John no se había acostado noches enteras meditando en lo mejor para obtenerlo. Después logró que nuestros ingenieros trazaran dibujos preliminares del equipo. John no era afortunado, a menos que usted pueda llamar suerte a un trabajo cuidadosamente planeado y pacientemente ejecutado.

Suponga que se hubiera empleado la suerte para reorganizar la General Motors. Si la suerte determina quién lo hizo y adónde fue, todos los negocios de la nación caerían en pedazos. Imagine por un momento que la General Motors hubiera sido reorganizada por completo a base de suerte. Llevar a cabo la reorganización con los nombres de todos los empleados, colocados en un barril. El primer nombre extraído sería presidente; el segundo, vicepresidente ejecutivo y así sucesivamente. Suena estúpido ¿verdad? Bueno, este es el modo como trabajaría la suerte.

La gente que se eleva a la cima en cualquier ocupación –manejo de negocios, ventas, leyes, ingeniería, acción, o lo que usted quiera– llega allá a causa de que posee actitudes superiores y usa su buen sentido en la aplicación a un duro trabajo.

Conquiste la "excusitis" de suerte por dos medios

1. Acepte la ley de causa y efecto. Dé una segunda ojeada a lo que parece ser la "buena suerte" de alguien. No encontrará suerte sino preparación, planeamiento, y producción de éxito pensante precediendo su buena fortuna. Dé otro vistazo a lo que parece ser "buena suerte". Mire, y descubrirá razones específicas. El señor Éxito sufre una contrariedad; aprende y aprovecha. Pero cuando el señor Mediocre pierde, se olvida de aprender.

2. No sea un pensador optimista a ultranza. No despilfarre sus músculos mentales soñando un éxito conseguido sin esfuerzo. No llegamos a ser felices soñando simplemente que lo somos. El éxito llega haciendo cosas y dominando aquellos principios que lo producen. No cuente con la suerte para promociones, victorias, o para las cosas buenas en la vida. La suerte simplemente no está llamada a distribuir estas cosas buenas. En vez de eso concéntrese en desarrollar aquellas cualidades de usted mismo que le harán un vencedor.

3

CONSTRUYA LA CONFIANZA Y DESTRUYA EL MIEDO

Los amigos piensan bien cuando dicen: "Es solamente su imaginación. No se preocupe. No hay nada qué temer". Pero usted y yo sabemos que esta clase de medicina contra el miedo nunca funciona realmente. Tales observaciones pueden darnos un alivio contra el miedo por espacio de pocos minutos, tal vez inclusive por unas horas. Pero el "solamente" –existe– en un espacio –"su imaginación". Como tratamiento, en realidad no construye confianza ni cura el miedo.

Sí, el miedo es real. Y debemos conocer que existe antes que podamos vencerlo. La mayoría del temor hoy es psicológico. La preocupación, la tensión, el aturdimiento y el pánico, nacen todos de una imaginación mal dirigida, negativa. Pero conocer simplemente el terreno que alimenta el miedo, no lo cura. Si un médico descubre que usted padece una infección en alguna parte de su cuerpo, no se detiene ahí. Procede mediante un tratamiento a curarla.

La conocida frase "Eso está sólo en su imaginación" supone que el temor no existe. Pero sí existe. El temor es real. Es el enemigo número uno del éxito. El miedo impide a la gente que capitalice una oportunidad; el miedo echa abajo la vitalidad física; el miedo hace realmente enfermos a los individuos, causa dificultades orgánicas, acorta la existencia; el miedo le cierra la boca cuando usted desea hablar. El miedo, –incertidumbre, carencia de confianza– explica por qué todavía padecemos represiones económicas. El miedo explica por qué millones de personas realizan poco y gozan poco.

El temor es una fuerza poderosa. De una forma u otra el temor priva a la gente de obtener lo que desea en la vida. El miedo de todas clases y volúmenes es una forma de infección psicológica. Podemos curar una infección mental del mismo modo que curamos una del cuerpo, con tratamientos específicos probados.

Sin embargo, como parte de su pretratamiento de preparación, reflexione frente a este hecho: toda confianza es adquirida, desarrollada. No toda la gente nace teniendo confianza en sí misma. Las personas que usted conoce que irradian confianza, que han vencido la preocupación, que se hallan a sus anchas en todas partes y en todo tiempo, adquirieron su confianza poquito a poco. Usted también puede hacerlo y este capítulo le enseñará cómo.

Durante la Segunda Guerra Mundial la marina de guerra estaba segura de que todos sus nuevos reclutas, o bien sabían nadar o aprenderían a hacerlo. La idea era, desde luego, que la habilidad de nadar podía alguna vez salvar la vida del marinero en el mar. Las reclutas no nadadores fueron sometidos a clases de natación. Observé a cierto número de los que adiestraron, afrontar esa experiencia. Bajo un punto de vista superficial, era divertido ver a hombres jóvenes y sanos aterrorizados por unos pocos pies de agua. Uno de los ejercicios que recuerdo requería que el marinero novel saltase –no de cabeza– desde una tabla a seis pies de altura dentro de ocho pies o más, de agua, mientras media docena de nadadores expertos esperaban.

Observar esto, en un sentido más profundo era una visión triste. El miedo que aquellos jóvenes manifestaban era real. A pesar de todo lo que estaba entre ellos y la derrota de este miedo era un salto hacia abajo en el agua. En más de una ocasión vi a jóvenes "accidentalmente" salirse de la tabla. Resultado: miedo derrotado.

Este incidente, familiar a miles de marineros recientes, demuestra exactamente un punto: la acción cura el miedo. La indecisión, el aplazamiento, por otra parte, lo fertilizan.

Anote esto en su libro de reglas para el éxito, ahora mismo. La acción cura el miedo.

La acción hace curar el miedo. Hace varios meses un ejecutivo en los albores de sus cuarenta, vino a verme muy alterado. Tenía un cargo responsable como comprador para una gran organización de ventas al por menor. Inquieto, se decía, "Tengo miedo de perder mi puesto. He llegado al convencimiento de que mis días están contados".

—¿Por qué? —Pregunté—. Bueno, mi jefe está contra mí. Las cifras de venta en mi departamento acusan un desnivel de siete por ciento en relación con el año pasado. Esto es muy malo, especialmente desde que el total de ventas en la tienda ha ascendido un seis por ciento. He tomado recientemente un par de decisiones poco juiciosas y he sido señalado varias veces por el gerente de mercancías por no andar al mismo paso con el progreso de la compañía.

—Nunca he sentido nada parecido a esto antes —continuó—. He perdido mi asidero y ello es visible. Mi ayudante comprador lo siente. La gente que compra lo ve. Otros ejecutivos, desde luego, están deseosos de que yo dé un resbalón. Inclusive un comprador sugirió en una reunión de jefes de compras el otro día que parte de mi línea debería ser puesta en su propio departamento donde, según dijo 'podría ganar dinero para el almacén'. Esto se asemeja al que se ahoga teniendo una multitud de espectadores permaneciendo en espera de que me hunda.

El ejecutivo habló sobre ello yendo más allá en su atolladero. Finalmente le interrumpí para preguntar:

—¿Qué está usted haciendo acerca de ello? ¿Qué está tratando de hacer para corregir la situación?

—Bueno —repuso—, no es mucho lo que puedo hacer, me figuro, pero espero lo mejor.

A este comentario, contesté con una pregunta:

—¿Honradamente, ahora hay bastante esperanza? —Pausadamente, pero sin dejarle oportunidad para contestar, le hice otra pregunta: ¿por qué no emprende usted una acción para apoyar su esperanza?

—Prosiga —me dijo—.

—Bien, hay dos clases de acción que parecen acomodarse a su caso. Primero, comenzar esta tarde a mover esas cifras de ventas hacia arriba. Tenemos que hacerles frente. Hay una razón para que sus ventas hayan declinado. Búsquela. Tal vez necesite usted una venta especial para deshacerse de mercancía de movimiento retardado, así estará en disposición de comprar existencias frescas. Quizá pueda usted readaptar el despliegue de sus mostradores. A lo mejor sus vendedores necesitan mayor entusiasmo. No puedo apuntar con precisión lo que hará volver hacia arriba su volumen de ventas pero algo habrá. Sería conveniente que hablara en privado con su gerente comercial. Puede estar al borde de prescindir de usted, pero cuando hable con él al respecto y le pida su parecer le concederá de seguro algún tiempo para borrar sus culpas. Es demasiado dispendioso para él reemplazarle a usted mientras la alta gerencia entienda que existe una oportunidad para que encuentre una solución.

Entonces —continué— atraiga a sus ayudantes vendedores al asunto. Absténgase de actuar como un hombre que se ahoga. Deje comprender a la gente que le rodea que todavía está vivo.

En sus ojos renacía el valor. Luego preguntó:

—¿Dice usted que existen dos medios que podría seguir? ¿Cuál es el segundo?

—El segundo tipo de acción, el cual usted puede decir que es un póliza de seguro, consiste en dejar que dos o tres de sus más íntimos amigos en el comercio sepan que consideraría una oferta de otro almacén, pregonando, desde luego, que sea sustancialmente mejor que su empleo actual.

No creo en la inestabilidad de su cargo, siempre y cuando adopte alguna posición afirmativa encaminada a obtener esas cifras elevadas en las ventas. Pero si este es el caso, es bueno disponer de una o dos ofertas. Recuerde que es diez veces más fácil para un hombre empleado conseguir otro empleo que para aquel que está desocupado.

A los dos días aquel inquieto ejecutivo me habló por teléfono. – Después de nuestra conversación puse todo mi empeño. Introduje cierto número de cambios, pero el básico fue con mi personal vendedor. Acostumbraba a celebrar reuniones de ventas una vez por semana; ahora las celebramos todas las mañanas. He logrado que mi gente sea realmente entusiasta. Deduje que una vez vieran entusiasmo en mí, estarían dispuestos a empujar duramente también. Estaban esperando a que yo pusiera de nuevo en marcha las cosas.

Las cosas van de seguro muy bien. Las últimas semanas aventajan a las de hace un año y están mucho mejor que las ventas promedio de la tienda.

Cuando enfrentamos problemas difíciles, permanecemos atascados en el lodo hasta que entramos en acción. La esperanza es un arranque. Pero necesitamos la acción para ganar victorias.

Ponga a trabajar el principio de la acción. La primera vez que experimente temor grande o pequeño, estabilícese a sí mismo. Luego dése la respuesta a esta pregunta: ¿qué clase de acción puedo emprender para vencer el miedo? Aísle su miedo. Enseguida, inicié la acción apropiada.

A continuación encuentra algunos ejemplos de temor y algunas acciones de posible curación:

Tipos de Temor	**Acción**
1. Desconcierto a causa de la apariencia personal.	Mejórela. Vaya a la peluquería. Lustre su calzado. Consiga ropa limpia y planchada. Acicálese mejor. No precisa llevar ropa nueva.
2. Temor de perder un cliente importante.	Trabaje doblemente duro para dar mejor servicio. Corrija cualquier cosa que pueda causar que el cliente pierda la confianza en usted.

Tipos de Temor	Acción
3. Miedo de fracasar en un examen.	Convierta su tiempo de inquietud en tiempo de estudio.
4. Temor a las cosas más allá de su control.	Conecte su atención con algo totalmente distinto. Salga al patio, arregle el jardín. Juegue con sus hijos.
5. Miedo de verse herido físicamente por alguna cosa que no puede controlar, tal como un tornado o un avión sin control.	Váyase al cine. Gire su atención a tranquilizar el miedo ajeno. Ore.
6. Miedo de lo que otras personas puedan pensar o decir.	Esté seguro de que lo que se propone hacer, es correcto. Luego hágalo. Las críticas son sólo para quien se propone cosas importantes.
7. Temor de hacer una inversión o comprar una casa.	Analice todos los factores. Luego, sea decidido. Tome una resolución y luego aférrese a ella. Confíe en su propio juicio.
8. Miedo de la gente.	Sitúela en la perspectiva conveniente. Recuerde, la otra persona es un ser humano muy semejante a usted.

Emplee este procedimiento de dos pasos para curar el miedo y ganar confianza:

1. Aísle su temor. Sujételo con alfileres. Determine exactamente de qué tiene miedo.
2. Luego emprenda la acción. Existe una clase de acción para cada clase de miedo.

Y recuerde, la vacilación solamente prolonga y magnífica el miedo. Adopte la acción prontamente. Sea decidido. Mucha de la carencia de autoconfianza puede ser localizada directamente en una memoria mal dirigida.

Su cerebro se parece mucho al banco. Haga todos los días depósitos de pensamientos en el "banco de su mente". Estos depósitos de pensamientos crecen y llegan a constituir su memoria. Cuando usted afloja el paso en pensar o cuando hace frente a un problema dice en efecto a su memoria –"Banco, ¿qué es lo que yo sé acerca de esto?".

Su banco de memoria responde automáticamente y le suministra retazos de información relacionada con la situación que usted depositó en ocasiones anteriores. Su memoria, entonces, es la suministradora básica de material crudo para su nuevo pensamiento.

El cajero de su banco de memoria merece tremenda confianza. Nunca lo contradecirá. Si se acerca usted a él y le dice: "Señor cajero, permítame retirar algunos depósitos que hice en el pasado que demuestran que soy verdaderamente inferior respecto a alguien más", él responde: "Ciertamente, señor. ¿Recuerda cómo fracasó dos veces con anterioridad cuando trataba esto? Recuerde lo que su maestro de sexto grado le dijo acerca de su falta de habilidad para realizar las cosas… recuerde lo que oyó decir, por casualidad, a algunos compañeros de trabajo respecto a usted… recuerde…"

Sin cesar, el señor cajero va excavando en su cerebro, pensamiento tras pensamiento que demuestra que usted es inadecuado.

Pero supongamos que visita usted al cajero de su memoria con esta petición: "Señor cajero, me enfrento a una situación difícil. ¿Puede facilitarme los pensamientos con los que pueda recuperar mi confianza?"

De nuevo el señor cajero dice: "Ciertamente, señor", pero esta vez entrega pensamientos que usted depositó no hace mucho que le revelan que puede triunfar. "Recuerde el excelente trabajo que hizo antes en una situación similar… recuerde cuánta confianza puso en usted el señor Smith… recuerde lo que sus buenos amigos dicen de usted… recuerde…"

El señor cajero perfectamente responsable admite que retire los depósitos de pensamientos que desea. Después de todo, el banco es suyo.

He aquí dos cosas específicas que hay que hacer para edificar su confianza a través del manejo eficiente de su banco de memoria.

1. *Deposite sólo pensamientos positivos en su banco de memoria.* Deje que ella los enfrente honradamente. Todo el mundo tropieza con situaciones colmadas de estorbos y desaliento. Pero las personas infortunadas y afortunadas tratan estas situaciones en dirección opuesta. Los infortunados las toman, como si dijésemos, de corazón. Habitan en las situaciones desagradables y con eso les dan un buen arraigo en su memoria. No hacen que su mente se deshaga de ellas. Por la noche la situación desagradable es la última cosa sobre la que piensan.

La gente afortunada, confiada, por otra parte, "no les concede ningún pensamiento". La gente afortunada se especializa en ingresar pensamientos positivos en su banco de memoria.

¿Qué clase de hazaña cumpliría su carro si todas las mañanas antes de salir para su trabajo usted tomara un doble puñado de polvo y lo pusiese en el cobre del cigüeñal? Su linda máquina sería pronto una basura, incapaz de hacer lo que usted desea que haga. Los pensamientos negativos, desagradables, depositados en su mente la afectan del mismo modo. Los pensamientos negativos producen un desgaste innecesario y laceran su motor mental. Crean inquietud, frustración y sentimientos de inferioridad. Le sitúan a un lado de la carretera mientras otros manejan adelante.

Haga esto: en aquellos momentos en que se halle solo con sus pensamientos —cuando conduce su carro o come solo— recuerde experiencias placenteras y positivas. Sitúe pensamientos buenos en su banco de memoria. Esto empuja hacia arriba la confianza. Le confiere a usted un sentimiento de "Me siento —seguramente— bien". Ayuda también a mantener su cuerpo en buen funcionamiento.

He aquí un excelente plan exactamente antes de irse a dormir, deposite buenos pensamientos en el banco de su memoria. Cuente sus bendiciones. Recuerde las muchas cosas buenas de que debe estar agradecido: su esposa, o marido, sus hijos, sus amigos, su salud. Recuerde sus pequeñas victorias y realizaciones. Pase revista a los motivos por los que debe estar contento de vivir.

2. Retiré sólo pensamientos positivos de su banco de memoria. Estuve hace unos años, estrechamente asociado en Chicago con una firma de consultores psicológicos. Manejaron muchas especies de casos, pero en su mayoría eran problemas de matrimonio y ajustes de situaciones psicológicas, todos relacionados con materias de la mente.

Una tarde cuando yo estaba hablando con el director de la institución acerca de su profesión y sus técnicas para ayudar efectivamente a las personas desajustadas, hizo esta observación: "Sépalo usted, no habría necesidad de mis servicios si la gente hiciera sencillamente una cosa".

—¿Cuál es ella? –pregunté con avidez.

—Simplemente esto: destruir sus pensamientos negativos antes de que tales pensamientos se conviertan en monstruos mentales.

—La mayor parte de los individuos que trato de ayudar –continuó–, está operando su propio museo privado de horror mental. Muchos contratiempos matrimoniales, por ejemplo, comprenden el monstruo de la luna de miel, la cual no resultó tan satisfactoria para uno de los contrayentes o para los dos, como habían esperado, pero en lugar de enterrar el recuerdo, reflexionaron sobre él centenares de veces hasta que fue un obstáculo gigantesco para las relaciones maritales satisfactorias. Vinieron a mí tanto como 5 o 10 años más tarde.

Por lo general, desde luego, mis clientes no saben ver dónde yace su apuro. Mi ocupación es descubrir y explicar la fuente de sus dificultades y ayudarles a ver lo que es en realidad una trivialidad.

Una persona puede fabricar un monstruo mental de casi todo acontecimiento desagradable –prosiguió– mi amigo psicólogo. El fracaso en un empleo, un romance fallido, una mala inversión, desencanto en la conducta del hijo adolescente, son monstruos comunes que yo debo ayudar a destruir.

Claro está que cualquier pensamiento negativo, si se le fertiliza con repetidos recuerdos, puede desarrollar un real monstruo dentro de la mente, desbaratando la confianza y pavimentando el camino hacia dificultades psicológicamente serias.

En un artículo de *Cosmopolitan Magazine*: "The Drive Toward Self-Destruction", Alice Mulcahey puntualiza que más de 30.000 norteamericanos cometen suicidio cada año y otros 100.000 intentan quitarse la vida –continúa diciendo–, hay una escandalosa evidencia de que millones de otras personas se están matando a sí mismas por métodos más lentos y menos obvios. Todavía otras están incurriendo en suicidio espiritual más que físico, buscando constantemente los medios de humillarse, castigarse y generalmente disminuirse a sí mismas.

El amigo psicólogo mencionado antes me contó cómo ayudó a una de sus pacientes a dejar de cometer su suicidio espiritual.

—Esta paciente –explicó–, estaba al final de sus treinta y tenía dos hijos. En términos comunes sufría una severa depresión. Al mirar al pasado, veía todos los acontecimientos de su vida como experiencias infelices. Sus días de escuela, su matrimonio, la crianza de sus hijos, los lugares en que había vivido, todos era pensamientos negativos. Admitió voluntariamente que no podía recordar haber sido nunca verdaderamente feliz. Y puesto que lo que uno recuerda del pasado colorea lo que ve en el presente, no veía nada sino pesimismo y oscuridad.

Cuando le pregunté lo que veía en un cuadro que le mostré, dijo: "Me da la impresión de que habrá una terrible tormenta esta noche". Aquella era la más tenebrosa impresión del cuadro que yo había escuchado. (El cuadro era un gran óleo que reproducía el sol en la parte baja del cielo y una escarpada línea rocosa en la costa). La pintura estaba hábilmente ejecutada y podía ser interpretada como un amanecer o un crepúsculo. (El psicólogo comentó conmigo que lo que una persona ve en tal pintura es un indicio de su personalidad. La mayor parte de la gente dice que es un amanecer. Pero personas mentalmente perturbadas o deprimidas casi siempre opinan que es una puesta de sol).

Como psicólogo, no puedo cambiar lo que ya está en la memoria de una persona. Pero puedo, con la cooperación del paciente, ayudar al individuo a ver su pasado bajo una luz diferente. Este es el tratamiento que empleé con aquella mujer. Trabajé con ella para ayudarla a ver goce y placer en su pasado en vez de una desilusión total.

Al cabo de seis meses comenzó a dar muestra de mejoría. En este punto, le impuse un cometido especial. Cada día le pedí que pensara y escribiera tres razones específicas que tuviera para ser feliz. En la siguiente cita que tuvo conmigo el jueves le hice traer su lista con ella. Continué esta clase de tratamiento durante tres meses. Su mejoramiento fue muy satisfactorio. Hoy esta mujer se ha ajustado muy bien a su situación. Es positiva y ciertamente tan feliz como la mayor parte de la gente.

Cuando esta mujer haya retirado lo negativo de su banco de memoria estará en camino hacia su total recuperación. No importa que el problema psicológico sea grande o pequeño, la recuperación viene cuando uno aprende a dejar los esquemas negativos de su banco de memoria y en su lugar utiliza los positivos.

No construya monstruos mentales. Rehúse retirar los pensamientos desagradables del banco de su memoria. Cuando recuerde situaciones de cualquier clase, concéntrese en la parte buena de la experiencia: olvide la mala. Entiérrela. Si se da cuenta que está pensando acerca del lado negativo, dé un giro total a su pensamiento.

Y hay un aspecto muy significativo y alentador: su mente desea que olvide sus pensamientos malsanos, dice: "Cuando el sentimiento que despierta es placentero, el anuncio tiene una mejor probabilidad de recordarse. Cuando el sentimiento que produce es desagradable, el lector u oyente tiende a olvidar el mensaje publicitario. Lo desagradable corre en sentido contrario a lo que deseamos, no queremos recordar".

Resumiendo, realmente es fácil olvidar lo desagradable, si rehusamos simplemente recordarlo. Retire solamente pensamientos positivos del banco de su memoria. Deje desvanecer los otros. Y su confianza, al sentir que se encuentra en lo alto del mundo, aumentará. Usted da un paso adelante hacia la conquista del miedo cuando rehúsa evocar pensamientos negativos, despreciativos, de sí mismo.

¿Por qué la gente teme a la otra gente? ¿Por qué muchos seres se sienten apocados frente a los otros? ¿Qué hay detrás de la timidez? ¿Qué podemos hacer al respecto?

El temor a la demás gente es un temor grande. Pero hay un medio de vencerlo. Usted puede vencer su miedo a la gente si aprende a situarla en una "perspectiva conveniente".

Un negociante amigo, que está haciendo operaciones excepcionalmente buenas en su nueva plantación de bosques, me explicó cómo se procura la mejor perspectiva de la gente. Su ejemplo es interesante. –Antes de ingresar en el ejército durante la Segunda Guerra Mundial yo estaba verdaderamente amedrentado acerca de todo el mundo. No creería usted lo corto y tímido que era, sentía que quienquiera que fuese era mucho más inteligente. Me preocupaba en relación con mi insuficiencia mental y física. Pensé que había nacido para fracasar.

Entonces por una vuelta afortunada de la suerte, perdí mi temor a la gente en el ejército. Durante una parte de 1942 y 1943, cuando el ejército estaba reclutando hombres a un terrorífico ritmo, fui destinado en calidad de estudiante de Medicina a uno de los mayores centros de reclutamiento. Día tras día ayudé a examinar a aquellos hombres. Cuanto más vi aquellos reclutas, menos miedo de la gente llegué a tener.

Todos esos hombres, alineados por centenares, desnudos con los presos, que se veían muy semejantes. Oh, de seguro, había hombres gordos y hombres flacos, altos y bajos, pero todos confundidos, estaban todos aislados. Justamente pocos días antes algunos de ellos habían ascendido a jóvenes ejecutivos. Algunos eran granjeros, algunos comerciantes, obreros sin trabajo o calificados. Pocos días antes habían sido muchas cosas. Pero en el centro de reclutamiento eran todos parecidos.

Comprendí entonces una verdad básica que me sirvió de apoyo. Descubrí que las personas se asemejaban en muchas cosas, muchas más de las que las hacen diferentes. Descubrí que el prójimo se parece mucho a mí. Le gusta la buena alimentación, echa de menos a su familia y a sus amigos, desea salir adelante, tiene problemas, aspira a descansar. Así pues, si los otros sujetos son básicamente semejantes a mí, no existe motivo para tenerles miedo.

Ahora bien, ¿no tiene esto sentido? Si el prójimo es básicamente parecido a mí, no hay razón para tenerle miedo.

He aquí dos medios para situar a la gente en la perspectiva adecuada:

1. Fórmese una visión equilibrada del otro sujeto. Conserve estos dos puntos en su mente cuando trate con gente: primero, el otro individuo es importante. Enfáticamente, es importante. Todo ser humano lo es. Pero recuerde esto, también: usted es lo mismo de importante. De este modo cuando conozca una persona, practique la política de pensar: "Somos dos personas igualmente importantes sentadas discutiendo algún tema de mutuo interés o beneficio".

Hace un par de meses, un ejecutivo de negocios me telefoneó para decirme que acababa de emplear a un joven que yo le había recomendado poco tiempo antes: "¿Sabe usted lo que en realidad me ha hecho aceptar al sujeto?", Preguntó mi amigo. "¿Qué cosa?", Repliqué. "Bueno, se hallaba en camino de dominarse a sí mismo. Muchos aspirantes a empleo cuando entran aquí se ven medio asustados. El me dio la clase de respuestas que yo deseaba oír. En cierto modo los solicitantes de empleo se muestran un poco suplicantes. Aceptan cualquier cosa y no exigen.

Pero él se manejó a sí mismo de un modo diferente. Me respetó, pero lo que es más importante, se respetó a sí mismo. Más aún, me hizo muchas más preguntas de las que yo le hice a él. No es ningún ratón. Es un hombre real y va a hacerlo todo muy bien".

Esta importante actitud mutua le ayuda a usted a conservar equilibrada la situación. Que el otro sujeto no llegue a ser demasiado importante en relación con el pensamiento suyo. El otro sujeto puede parecer tremendamente grande, tremendamente importante. Pero recuerde, es un ser humano con los mismos intereses, deseos y problemas que usted.

2. Desarrolle una actitud comprensiva. La gente que desea en sentido figurado morderle, gruñirle, regañarle, o en otros términos, hacer picadillo de usted, no es rara. Si no está preparado para luchar con gente parecida a ésta, podrán hacer grandes agujeros en su confianza y hacerle sentir derrotado. Necesita una defensa contra el adulto pendenciero, el individuo a quien le gusta arrojar en derredor suyo su insuficiente peso.

Hace pocos meses, en la oficina de reservaciones de un hotel de Memphis, vi una excelente demostración del modo correcto de manejar personas parecidas a ésta. Eran poco más de las 5 de la tarde y la gerencia del hotel se hallaba atareada en inscribir nuevos huéspedes. El hombre que me precedía dio su nombre al empleado respecto a un encargo. Este le dijo:

—Sí, señor R. Tenemos una habitación individual muy bonita para usted.

—¿Individual? –Saltó el tipo–. Yo la ordené doble.

—Permítame ver –repuso el empleado muy cortés. Sacó del fichero el programa de reservaciones hechas por los huéspedes y dijo:

—Lo siento, señor. Su reserva especifica una individual. Me encantaría ofrecerle un cuarto doble, señor, si lo tuviese disponible. Pero simplemente no es así.

Entonces el cliente furioso exclamó:

—No me interesa lo que diga esa tonta hoja de papel. ¡Necesito una habitación doble!

Luego comenzó con aquello de "Usted no sabe quién soy yo. Va a ver. Haré que lo despidan".

Lo mejor que pudo bajo aquel tornado verbal, el joven empleado interfirió:

—Señor, estoy terriblemente apenado, pero he actuado de acuerdo con sus instrucciones.

Finalmente el cliente, realmente furioso ahora, profirió:

—¡No me instalaría en la mejor suite de este mugroso hotel ahora que sé cómo está dirigido! –y salió como tromba.

Avancé hacia el escritorio, pensando que el empleado que había sufrido uno de los peores vapuleos de lengua en público que yo he visto en mucho tiempo, estaría abatido. En lugar de eso me saludó con unos de los más finos "buenos días, señor", que nunca he oído. Cuando hubo terminado con la rutina de proporcionarme habitación le dije:

—Admiro ciertamente el modo cómo ha sabido usted dominarse hace un momento. Posee un tremendo control de su temperamento.

—Y bien, señor –repuso–, realmente no puedo enloquecer ante un sujeto como ése. Ya lo ve usted, el pleito no era conmigo. Yo simplemente fui un chivo expiatorio. Ese pobre hombre podía hallarse en medio de un conflicto con su mujer, o sus negocios pueden andar mal, o tal vez se siente inferior y esta fue su ocasión dorada para sentirse importante. Fui precisamente el tipo que le dio la oportunidad de desquitarse –y el empleado añadió: En su interior probablemente es un tipo encantador. Muchos lo son.

Recuerde estas dos sentencias cortas la próxima vez que alguien le declare la guerra. Contenga su fuego. El medio de vencer en situaciones parecidas es dejar que su contrincante vacíe su rabia, y luego, olvídelo.

Hace varios años, mientras revisaba algunos exámenes de estudiantes, me tropecé con uno que me perturbó de manera especial. El estudiante que lo escribió había demostrado en discusiones de clase y pruebas anteriores que estaba calificado mejor de lo que el papel indicaba. Era, de hecho, el sujeto de quien yo pensaba que acabaría por ser el primero de la clase. En lugar de eso, su papel lo situaba de último. Como era mi costumbre en tales casos, hice que el secretario llamase al estudiante y le pidiese venir a mi oficina para un asunto urgente.

Al poco tiempo apareció Paul W. y se le veía tan alterado como si acabase de pasar por una terrible experiencia. Después que estuvo confortablemente sentado le dije:

—¿Qué sucede, Paul? Esta no es en modo alguno la calidad de trabajo que yo esperaba que escribiría usted.

Paul luchó consigo mismo, miró en dirección de sus pies y repuso:

—Señor, después que he visto que me había usted descubierto un fraude, quedé desgarrado. No puedo concentrarme en nada.

Honradamente, es la primera vez que he hecho trampa a la universidad. Deseaba desesperadamente una A, y por eso preparé un pequeño apunte para usarlo en el examen.

Yo estaba terriblemente deprimido. Más ahora que él estaba hablando, no quería detenerse.

—Supongo que usted tendrá que recomendarme para mi dimisión. La regla de la universidad dice que cualquier estudiante sorprendido en fraude de cualquier manera se ve sujeto a dimisión permanente.

Aquí Paul comenzó a sacar a colación lo vergonzoso que el incidente resultaría para su familia, cómo iba a ver su vida naufragada, y toda suerte de repercusiones. Finalmente yo dije:

—Deténgase ahora. Vaya despacio. Déjeme explicarle alguna cosa. Yo no vi que usted hubiera hecho trampa. Hasta que ha entrado a decírmelo, no he tenido la más leve idea de que ese fuera el apuro. Siento mucho, Paul, lo que hizo usted–. Luego continué: –Paul, dígame ¿qué esperaba exactamente de su experiencia universitaria?

Estaba un poco más calmado ahora y después de una breve pausa dijo:

—Bueno, doctor, pienso que mi objetivo principal es aprender cómo vivir, pero me figuro que estoy quedando muy mal.

—Aprendemos por diferentes medios –expliqué–. Pienso que usted puede aprender con esta experiencia una lección realmente afortunada.

"Cuando usted sacó su trampa en el examen, su conciencia le incomodó terriblemente. Esto le dio un complejo de culpabilidad que a su vez menoscabó su confianza. Cómo usted lo expresa, lo desgarró.

La mayor parte del tiempo, Paul, este tema de lo recto y lo erróneo se trata de un punto de vista moral o religioso. Ahora comprenda, no estoy aquí para predicarle, para echarle un sermón acerca de lo recto y lo erróneo. Pero veámoslo desde el lado práctico. Cuando usted hace alguna cosa contraria a su conciencia, siente culpabilidad, y esta culpabilidad frena los procesos de su pensamiento. No puede pensar recto porque su mente está preguntando: "¿Seré atrapado?, ¿Seré atrapado?"

Paul –continué–, usted deseaba obtener la más alta calificación, a tal punto, que sabía que hacía algo que no estaba bien.

Habrá muchos momentos en su vida en que usted deseará tan desesperadamente obtener altos resultados que se sentirá tentado por algo que es contrario a su conciencia. Por ejemplo, alguna vez deseará tanto hacer una venta, que pensará en engañar deliberadamente al comprador. Y puede tener éxito. Pero he aquí lo que sucederá. Su sentimiento de culpa se grabará en usted y la próxima vez que vea a su cliente se sentirá apocado, confundido. Se estará preguntando: "¿Ya habrá descubierto que yo actué de mala fe?" Su presentación será inefectiva porque no se podrá concentrar. Hay posibilidades de que no haga nunca la segunda, tercera, cuarta ni las muchas ventas repetidas. A largo plazo, el hacer esa venta mediante tácticas que repugnan a su conciencia, le costará una crecida suma de ingresos.

Seguí hablando y puntualicé a Paul cómo un hombre de negocios ocasional o profesional pierde su confianza a causa del temor a que su esposa sepa algo de un amor secreto que sostiene con otra mujer. "¿Lo averiguará?, ¿Lo averiguará?", Devora la confianza del hombre hasta que no pueda hacer una buena labor ni en su trabajo ni en el hogar.

Recordé a Paul que muchos criminales son capturados no a causa de las pistas que llevan a ellos, sino porque actúan como culpables y cohibidos. Sus sentimientos de culpabilidad les ponen en la lista de sospechosos.

Existe dentro de cada uno de nosotros un deseo de ser rectos, pensar rectamente y actuar rectamente. Cuando vamos contra este deseo creamos un cáncer en nuestra confianza. Evite hacer cosas que puedan motivar que se presenten pensamientos como: "¿Seré atrapado?", "¿Lo averiguarán?", "¿Podré liberarme de esto?".

No trate de hacer una "A" si le significa violar su confianza.

Paul, me complace decirlo, agarró la onda. Aprendió el valor práctico de hacer lo correcto. Luego le propuse que se sentara a reanudar el examen. En contestación a esta pregunta: "¿qué hay acerca de mi dimisión?", le dije:

—Yo sé lo que dicen los reglamentos en cuanto a las trampas. Mas, sépalo usted, si yo sacara a todos los estudiantes que han cometido fraude de algún modo, la mitad de los profesores tendrían que dimitir, la universidad debería cerrar sus puertas.

Así, pues, doy por olvidado por completo el incidente, si me hace usted el favor .

—Con mucho gusto.

Me dirigí a mi estante, tomé mi ejemplar personal de *Fifty years with the Golden Rule (Cincuenta años con la regla de oro)* y dije: Paul, lea este libro y vuelva a leerlo. Verá de qué modo en las propias palabras de J. C. Penney, justamente hacer lo correcto, hizo de él uno de los hombres más ricos de América.

Haciendo lo que se debe conserva usted su conciencia satisfecha. Y esto construye la autoconfianza. Cuando hemos hecho lo que sabemos que es injusto suceden dos cosas negativas. Primera, nos sentimos culpables y esta culpabilidad da al traste con nuestra confianza. Segundo, otras personas, más tarde o más temprano, se dan cuenta y pierden su confianza en nosotros.

Haga lo que es justo y mantenga su confianza. Esto es pensar por sí mismo en el éxito.

He aquí un principio psicológico que vale la pena leer 25 veces. Léalo hasta que le haya saturado en absoluto: pensar confiadamente, actuar confiadamente.

El reconocido psicólogo, doctor George W. Crane, escribió en su famoso libro *Applied Psychology (Psicología aplicada)*: "Recuerde, los movimientos son los precursores de las emociones[1]. Usted no puede controlar directamente las últimas, sino solamente a través de su elección de movimientos y acciones... Evitar estas tragedias demasiado comunes (dificultades maritales y malos entendimientos) llega a capacitarnos de la verdad psicológica de los hechos. ¡Lleve a cabo los movimientos adecuados cada día y pronto comenzará a sentir las emociones correspondientes! Esté

---

[1] En el original: Motions are the precursors of the emotions. Juego de palabras que no se puede reflejar al pie de la letra (N del T)

bien seguro que si usted y su consorte llevan a cabo estos movimientos de citas y besos, las frases de sinceros galanteos diariamente, más las otras muchas pequeñas cortesías, no necesitarán preocuparse por la emoción de amor. Usted no puede comportarse afectuosamente por mucho tiempo, si no siente ese afecto.

Los psicólogos nos dicen que podemos cambiar nuestras actitudes cambiando nuestras acciones físicas. Por ejemplo, usted siente mayor gusto sonriendo si hace de usted mismo una sonrisa. Se siente superior cuando se mantiene más alto que cuando se agacha. En el aspecto negativo, frunza un entrecejo realmente ceñudo y verá si no se siente más inclinado a fruncirlo.

Es fácil demostrar que los movimientos dirigidos pueden cambiar las emociones. Las personas tímidas para presentarse a sí mismas, pueden reemplazar esta cobardía con confianza, adoptando tres simples acciones simultáneas: primera, buscar la mano de la otra persona y estrecharla calurosamente. Segunda, mirar directamente a la otra persona. Y tercera, decir: "Estoy encantado de conocerlo".

Estas tres simples acciones destierran automática e instantáneamente la timidez. La acción confiada produce pensamientos confiados.

Así, pensar confiadamente equivale a actuar confiadamente. Actúe por el medio que usted desea sentir. Más abajo hay cinco ejercicios de confianza. Vea cuidadosamente estas guías. Haga luego un esfuerzo consciente para practicarlas y construir su confianza.

1. *Sea de los que se sientan adelante.* ¿Ha notado alguna vez en las reuniones –la iglesia, la clase, y otras asambleas– cómo los asientos traseros, se llenan antes? Muchos individuos se apresuran a sentarse en las últimas filas porque así no quieren ser "demasiado conspicuos". Y la razón por la cual temen serlo es su falta de confianza.

Sentarse en el frente construye confianza. Practíquelo. De hoy en adelante hágase el propósito de sentarse tan cerca del frente como pueda. Esté seguro de que usted será más notorio en las bancas de adelante, pero recuerde que hacerse invisible no tiene nada que ver con el éxito.

2. Practique establecer contacto de ojos. El modo con que una persona hace uso de sus ojos nos dice gran cantidad de cosas acerca de ella. Instintivamente, cualquiera se haría preguntas relativas al sujeto que no le mira a los ojos. "¿Qué trata de ocultar? ¿De qué tiene miedo? ¿Está tratando de llevar a cabo algún plan contra mí? ¿Se está guardando algo?"

Por lo general, si fracasa el hacer contacto con los ojos, dice una de dos cosas. Puede decir: "Siento temor junto a usted. Me siento inferior a usted. Tengo miedo de usted". O el evitar los ojos de otras personas puede significar: "Me siento culpable. He hecho o pensado algo que no deseo que usted sepa. Tengo temor que si dejo que mis ojos se conecten con los suyos, usted verá a través de mí".

Usted no dice nada bueno de sí mismo cuando evita mantener el contacto de ojos. Usted dice: "Tengo miedo. Me falta confianza".

Conquiste este miedo forzándose a mirar a la otra persona a los ojos, pues haciéndolo está diciéndole: "Soy honrado, lo soy abiertamente. Creo en lo que le digo, no tengo miedo. Soy confiado".

Haga que sus ojos trabajen para usted. Mire directamente a los de la otra persona. No solamente le da confianza. Vence su confianza también.

3. Camine 25 por ciento más aprisa. Cuando yo era más joven, ir simplemente a la sede del condado era un gran placer. Después que todos los encargos estaban cumplidos, y regresaba en el auto, mi madre solía decirme a menudo: "Davey, siéntate aquí un rato y observa la gente que pasa".

Mi madre nos inventaba unos juegos excelentes. Decía: "Mira a aquél sujeto, ¿qué supones que le preocupa?" O, "¿Qué crees que aquella señora va ir a hacer?" O, "Mira a aquella persona, parece realmente hallarse confundida".

Observar el ir y venir de la gente llegó a ser una diversión. Era mucho más barato que el cine (lo cual era una de las razones según supe más tarde, por la que mi madre nos propusiera tantos juegos) y mucho más instructivo.

Soy todavía paseante –observador–. En corredores, vestíbulos de hotel, aceras, todavía me dedico a estudiar la conducta humana, observando simplemente la gente que se mueve a mi alrededor.

Los psicólogos asocian las posturas descuidadas y el caminar lento con actitudes de desagrado hacia uno mismo, hacia el trabajo y la gente que nos rodea. Pero los psicólogos también nos dicen que usted puede cambiar sus actitudes cambiando su postura, y la velocidad de sus movimientos. Observe, y descubrirá que la acción del cuerpo es el resultado de la mente. Las personas extremadamente derrotadas, caminan arrastrando los pies y tropezando. No tienen absolutamente ninguna confianza en sí mismos.

El promedio de la gente posee el "promedio" de la forma de caminar. Su paz es un término medio. Tienen la mirada de "no tengo realmente mucho orgullo en mí".

Luego está un tercer grupo al cual pertenecen las personas que tienen súper autoconfianza. Caminan más aprisa que el promedio. Parece haber una cierta prisa en la forma que caminan. Su paso dice: "Tengo algún lugar importante adonde ir, algo importante qué hacer, lo que es más, tendré éxito en lo que haré dentro de 15 minutos".

Use la técnica del paso –25 por ciento– más apresurado para ayudar a construir su propia confianza. Eche atrás los hombros, levante su cabeza, muévase adelante no más que un poco más de prisa y sentirá crecer la confianza en sí mismo. Pruebe y verá.

4. Practique el hablar alto. Trabajando con bastantes clases de grupos de todas las magnitudes he observado muchas personas dotadas de aguda percepción y mucha capacidad innata, congelarse y fracasar al tomar parte en discusiones. No es que estos individuos no deseen llegar a comunicarse con los otros. Más bien es una simple carencia de confianza.

La persona introvertida, al hacer parte en una conferencia, piensa: "Mi opinión probablemente no vale nada. Si digo algo probablemente parecerá loco. Voy en definitiva a no decir nada. Además los otros componentes del grupo saben más que yo. No deseo que los demás sepan cuán ignorante soy".

Cada vez que este tipo de persona fracasa al hablar, se siente aún más inferior, más inadecuada. A menudo se hace una débil promesa a sí misma (que en el fondo de sí sabe que no guardará) de "hablar la próxima vez".

Esto es muy importante: cada vez que nuestra almeja se abstiene de hablar, ingiere una dosis mayor de veneno en contra de su confianza. Llega a ser menos y menos confiada en sí misma.

Pero en el lado positivo, cuanto más hable usted, tanto más ayudará a su confianza y más fácil se le hará hablar la próxima vez. Hable alto. Es una vitamina para construir confianza.

Practique el siguiente método para fortalecer su confianza en sí mismo: tome la decisión de hablar alto en cada reunión a la que asista. Hable alto, diga alguna cosa voluntariamente en cada conferencia de negocios, reunión de comité, asamblea de comunidad a la que acuda. No haga ninguna excepción. Comente, haga sugerencias, formule una pregunta. Y no debe ser el último en hablar. Trate de ser el que rompe el hielo, el primero que lance un comentario.

Y no se preocupe nunca acerca de si parecerá loco. No debe hacerlo. Por cada persona que no está de acuerdo con usted, apueste a que otras personas lo estarán. Deje de consultar consigo mismo, "¿me pregunto si me atreveré a hablar?"

En lugar de eso, si desea adquirir conocimientos y experiencia para hablar, considere la posibilidad de inscribirse en un curso para maestros de ceremonia. Millares de hombres conscientes han desarrollado confianza a través de un programa planeado para sentirse a gusto hablando con gente y a la gente.

5. Sonría en grande. Muchos son los que han escuchado una u otra vez que una sonrisa les dio un empujón real. Habían oído decir que una sonrisa es una medición excelente para la deficiencia en la confianza. Mas son muchos todavía los que no creen realmente esto porque nunca han tratado de sonreír cuando sienten miedo. Haga esta pequeña prueba: sonría ampliamente y al mismo tiempo trate de sentirse derrotado. No podrá. Una sonrisita le da confianza. Una sonrisa grande abate el miedo, arroja la inquietud, vence la melancolía.

Y una verdadera sonrisa hace más que simplemente curar su mal humor. Una auténtica sonrisa también logra desvanecer la oposición de los demás. Otra persona no puede simplemente estar enojada con usted si le dedica una amplia y sincera sonrisa. Hace poco me aconteció un pequeño incidente que lo ejemplifica. Me hallaba estacionando en una intersección esperando el cambio de buses, cuando ¡BAM! el automovilista que me seguía dejó que su pie se deslizase del freno y dejó mi parachoques posterior hecho una lástima. Miré atrás a través de mi espejo y le vi bajarse. Hice lo mismo y olvidando las reglas escritas comencé a prepararme para un combate verbal. Confieso que me sentía dispuesto, verbalmente, a comérmelo a bocados.

Más, por fortuna, antes que yo tuviera esta oportunidad él se me acercó sonriendo, y me dijo con la voz más atenta: "Amigo, realmente no me propuse hacer esto".

Aquella sonrisa, aderezada con su sincero comentario, me aplacaron y musité algo como esto:

"Está bien. Sucede a cada paso".

En menos tiempo del que toma guiñar un ojo, mi oposición se volvió amistad.

Sonría con amplitud y sentirá deseos cómo si "los días felices estuvieran aquí otra vez". Pero sonría en grande. Una media sonrisa no constituye plena garantía. Sonría hasta exhibir sus dientes. Esta sonrisa amplia está plenamente garantizada.

He oído decir muchas veces: "Sí, pero cuando tengo miedo de alguna cosa, o cuando estoy encolerizado, no siento deseos de sonreír". Desde luego, no puede usted. Nadie puede. El ardid consiste en decirse a sí mismo enérgicamente: "Voy a sonreír".

Entonces sonría.

Utilice el poder de su sonrisa.

Ponga a su servicio estas cinco estrategias

1. La acción cura el miedo. Defina su miedo y luego trate de realizar la acción constructiva. La inacción –no hacer nada respecto a una situación– fortalece el temor y destruye la confianza.

2. Haga un supremo esfuerzo para ingresar solamente pensamientos positivos en su banco de memoria. No permita que los pensamientos negativos, autodespreciativos crezcan hasta ser monstruos mentales. Simplemente rehusé recordar hechos y situaciones desagradables.

3. Sitúe a la gente en la perspectiva adecuada. Recuerde, las personas se asemejan más, mucho más, que lo diferentes que son. Tenga una visión equilibrada de quienes lo rodean. Son exactamente otros seres humanos. Desarrolle y comprenda la actitud. Mucha gente ladrará, pero es raro que alguien muerda.

4. Haga solamente lo que su conciencia apruebe. Esto previene que se desarrolle un venenoso complejo de culpabilidad. Hacer lo que es debido es una regla muy práctica para el éxito.

5. Trate que todo lo que tiene que ver con usted exprese: "Soy confiado, realmente confiado", Practique estas pequeñas técnicas en sus actividades diarias:

    a. Siéntese adelante
    b. Establezca contacto visual
    c. Camine 25 por ciento más aprisa
    d. Hable alto
    e. Sonría en grande

4

CÓMO PENSAR EN GRANDE

Hace poco hablé con un especialista en reclutamiento para una de las organizaciones industriales más grandes de la nación. Cuatro meses al año visita los patios de los colegios para reclutar estudiantes de último año para el programa de entrenamiento de ejecutivos jóvenes de su compañía. Por el tono de sus observaciones vi que se sentía desanimado acerca de las actitudes de muchos jóvenes con quienes habló:

–La mayor parte de los días entrevisté entre 8 y 12 colegiales adelantados, todos en el tercio superior de su clase, todos por lo menos un poco interesados en venir con nosotros. Uno de los principales aspectos que deseo determinar en el transcurso de la entrevista es la automotivación de cada estudiante. Necesito poner en claro si el entrevistado es el tipo de individuo que puede, en pocos años, dirigir mayores proyectos, manejar una rama de oficina, o por algún otro medio, aportar una contribución sustancial a la compañía.

Debo decir que no estoy demasiado complacido con los objetivos personales de los jóvenes con quienes hablo. Le sorprenderá –continuó–, muchachos de 22 años están más interesados en nuestro plan de jubilación que en cualquier otra cosa de las que les ofrecemos. Una segunda pregunta favorita es: "¿Seré trasladado frecuentemente?" La mayoría de los muchachos parecen definir el vocablo éxito como sinónimo de seguridad. ¿Puedo arriesgarme a que nuestra compañía gire sobre hombres parecidos a éstos?

Lo que no puedo comprender es ¿por qué deben los jóvenes de nuestros días ser tan ultra conservadores, tan estrechos en su visión del futuro? Cada día hay más signos de expansión de oportunidades. Este país está realizando un récord de progresos en el desarrollo industrial y científico. Nuestra población aumenta rápidamente. Si ha habido una época para ser optimista en cuanto a Norteamérica, es ahora.

Esta tendencia por parte de mucha gente a pensar en pequeño significa que hay mucho menos competencia de la que usted piensa para una muy remunerativa carrera.

Donde el éxito interesa, las personas no se miden por pulgadas, libras o grados de colegio, o escenarios de familia; se miden por el volumen de su pensamiento. Cuanto más pensemos en grande, más se determinará el volumen de nuestras metas. Ahora bien, déjeme ver de qué modo podemos ensanchar nuestro pensamiento.

Me pregunto con frecuencia, ¿cuál es mi mayor debilidad? Probablemente la mayor flaqueza humana es la autodepreciación, esto es, venderse barato. La autodepreciación se muestra de innumerables maneras. John lee el anuncio de un empleo en el periódico; es exactamente lo que le gustaría. Pero no hace nada acerca de ello porque piensa: "No soy lo bastante bueno para este empleo, no tengo por qué molestarme". O Jim desea tener una entrevista con Juanita, pero no la llama porque piensa que no está a la altura de ella.

Tom siente que el señor Richards sería un candidato muy bueno para su producto, pero no le habla. Intuye que el señor Richards es demasiado grande para verle. Peter está llenando un formato de solicitud de empleo y surge una pregunta: ¿Qué salario espera para comenzar? Peter anota una cifra modesta, porque siente que realmente no vale la crecida suma que le agradaría ganar.

Los filósofos durante miles de años han circulado un buen consejo: conócete a ti mismo. Pero la mayoría de los humanos, según parece, interpretan esta sugerencia como si esta quisiera decir: "Conoce solamente tu parte negativa. La mayoría de autoevaluaciones consiste en hacer una larga lista de las faltas, temores e inadecuaciones personales.

Bueno es conocer nuestras incapacidades, porque esto señala áreas en las cuales tenemos mucho por mejorar. Pero si solamente conocemos nuestras características negativas nos vemos en un lío. Nuestro valor es pequeño.

He aquí un ejercicio que le ayudará a medir su verdadero volumen. Lo he usado en programas de entrenamiento para ejecutivos y personal de ventas. Da resultado.

1. Determine sus cinco bienes primordiales. Invite a algún amigo objetivo —posiblemente su esposa, su superior, un profesor—, alguna persona inteligente que quiera dar una opinión honrada. (Ejemplos de bienes frecuentemente enlistados son educación, experiencia, destreza técnica, apariencia, vida de hogar bien ajustada, actitudes, personalidad, iniciativa).

2. A continuación de cada bien, escriba los nombres de tres personas que usted sabe que han alcanzado amplio éxito pero que no tienen este bien en tan alto grado como usted. Cuando haya completado este ejercicio encontrará que aventaja a muchos sujetos afortunados por lo menos en un aspecto.

Hay solamente una conclusión que usted puede honradamente sacar: usted es más grande de lo que se figuraba. Así pues, adapte su pensamiento a su verdadero volumen. ¡Piense tan en grande como realmente es! ¡Nunca, nunca, nunca se venda a sí mismo a bajo precio!

La persona que dice "adamantino" cuando en lenguaje llano significa "impenetrable", o "flirt" cuando lo entenderíamos mejor si dijese "coqueteo", puede poseer un gran vocabulario. Pero, ¿tiene un vocabulario de gran pensador? Probablemente no. La gente que usa palabras difíciles y altisonantes y frases que la mayoría de individuos deben esforzarse para entender, se inclina a ser despótica, y a henchir el pecho. Y el pecho henchido acusa, por lo general, pequeños pensadores.

La medida importante del vocabulario de una persona no es el volumen o el número de las palabras que usa. Más bien, lo que cuenta, lo que verdaderamente cuenta en relación con el vocabulario, es el efecto que sus palabras y frases ejercen sobre su propio pensamiento o sobre el ajeno.

He aquí algo básico: no pensamos en palabras y frases. Pensamos solamente en cuadros o imágenes. Las palabras son el material crudo del pensamiento cuando hablamos y escribimos; este asombroso instrumento, la mente, convierte automáticamente palabras y frases en cuadros mentales. Cada palabra, cada frase, crea un cuadro ligeramente distinto en la mente. Si alguien le dice a usted: "Jim compró una nueva fracción de terreno" verá un cuadro. Pero si le dicen: "Jim compró una nueva ranchería" lo que verá será diferente. Los cuadros vistos en la mente son modificados por la clase de palabras usadas al nombrar y describir cosas.

Mire en esta dirección. Cuando habla o escribe es, en cierto sentido, un proyector exhibiendo películas en la mente de los demás. Y los cuadros que crea determinan su redacción y la ajena.

Suponga que dice a un grupo: "Siento informarles que hemos quebrado". ¿Qué es lo que ve esta gente? Ve desastre y todo el desengaño y pesar que la palabra "quiebra" comunica. Ahora vamos a suponer que diga en lugar de eso: "Hay una nueva proposición la cual creo que producirá ganancias". Se sentirán estimulados, dispuestos a volver a empezar.

Suponga que usted dice: "Nos enfrentamos a un problema". Ha creado un cuadro en la mente de los otros acerca de algo difícil e ingrato de resolver. Si por el contrario expresa, "Nos enfrentamos a un reto" creará un cuadro mental de diversión, deporte, o algo placentero de hacer.

O bien, diga a un grupo: "Hemos incurrido en un gasto grande", y la gente verá dinero derrochado que no volverá nunca. Verdaderamente, esto es desagradable. En vez de ello, diga: "Hemos hecho una buen inversión", y la gente verá un cuadro de algo que rendirá beneficios más tarde, una visión muy halagüeña.

El punto es este: los grandes pensadores son especialistas en crear cuadros positivos, mirando hacia adelante, optimistas, en sus propias mentes y en las mentes de los demás. Pensar en grande exige usar palabras y frases, las cuales producen imágenes grandes y positivas. En la columna de abajo a mano izquierda se leen ejemplos de frases que crean pensamientos pequeños, negativos y depresivos.

A mano derecha, la misma situación se trata, pero bajo un aspecto grande y positivo. Cuando lea lo siguiente, pregúntese a sí mismo: ¿qué cuadros veo en mi mente?

Frases que crean en la mente imágenes pequeñas y negativas	Frases que crean en la mente imágenes grandes y positivas
1. Es inútil, estamos vencidos.	1. No estamos vencidos todavía. Déjeme continuar probando.
2. Estuve una vez en este negocio y fracasé. No fracasaré de nuevo.	2. Quebré, pero la culpa fue mía. Voy a probar otra vez.
3. He probado pero el producto no se vende. La gente no lo quiere.	3. Hasta ahora no me ha sido posible vender este producto, pero sé que es bueno. Voy a encontrar la fórmula para poderlo vender.
4. El mercado está saturado. Imaginemos que el 75% del potencial ha sido vendido. Es mejor dejarlo.	4. Imaginemos que el 25% del mercado no está todavía agotado y cuento con ello. ¡Esto se ve grande!
5. Sus pedidos han sido pequeños. Cancelémoslos.	5. Sus pedidos han sido pequeños. Déjenme trazarles un plan para venderles más de lo que necesitan.
6. Cinco años es un plazo demasiado largo para gastarlo antes de llegar a los altos rangos de la compañía.	6. Cinco años no es realmente un plazo muy largo. Pienso que me quedan treinta años para servir en un alto nivel.
7. La competencia tiene todas las ventajas. ¿Cómo esperar vender en contra de ella?	7. La competencia es fuerte. No vale la pena negarlo, pero nunca nadie lleva todas las ventajas. Pensemos cómo combatir a la competencia.

Frases que crean en la mente imágenes pequeñas y negativas	Frases que crean en la mente imágenes grandes y positivas
8. Nadie deseará nunca ese producto.	8. Tal como está ahora el producto, nadie deseará comprarlo, pero pensemos cómo podemos modificarlo para hacerlo más atractivo.
9. Esperemos hasta que haya una recesión para vender las existencias.	9. Invirtamos ahora. Apostemos a la prosperidad, no a la depresión.
10. Soy demasiado joven (o viejo) para el empleo.	10. Ser joven (o viejo) es una ventaja indudable.
11. No dará resultado, pero probaré. La imagen que recibo es de: oscuridad, tristeza, desilusión pena y fracaso.	11. Dará resultado. Probaré. La imagen que tengo es: brillantez, esperanza, éxito.

Cuatro medios para desarrollar el vocabulario de los grandes pensadores

He aquí cuatro medios que le ayudarán a desarrollar un vocabulario de gran pensador.

1. Use palabras y frases grandes, positivas, alegres, para describir lo que siente. Cuando alguien pregunta, "¿Cómo se siente hoy?" y le responde con un "Estoy cansado", (tengo un dolor de cabeza, desearía que fuera sábado, no me siento nada bien) usted realmente hace por sentirse peor. Practique esto: es un simple punto pero goza de un tremendo poder. Cada vez que alguien le pregunte: "¿Cómo está usted?" o "¿Cómo se siente hoy?" responda con un "¡Maravillosamente, en verdad!" Sea extremadamente cuidadoso en evitar el mezquino lenguaje cortante. Tarde o temprano terceras partes oyen lo que se ha dicho y entonces tal conversación le corta a usted.

2. Utilice palabras brillantes y motivantes para describir a otras personas. Propóngase como regla tener siempre una descripción positiva de todos sus amigos y socios. Cuando usted y alguien más discuten acerca de otra persona, asegúrese de elogiarla usando palabras positivas y frases como: "Él en verdad es una gran persona", "Ellos me dicen que él trabaja maravillosamente bien". Sea extremadamente cuidadoso utilizando lenguaje que desacredite a las personas. Tarde o temprano aquellas personas se enterarán de lo que se dice de ellas y el que saldrá desacreditado es usted.

3. Use lenguaje positivo para estimular a los demás. Elogie en persona a la gente a cada oportunidad. Cada individuo que usted conoce anhela el elogio. Tenga una especial palabra amable para su esposa (o marido) todos los días. Atienda y elogie a la gente que trabaja con usted. El elogio, sinceramente administrado, es una herramienta de éxito. ¡Úsela! Una vez, y otra, y otra. Háblele bien a la gente sobre su aspecto, su trabajo, sus realizaciones, sus familias.

4. Use palabras positivas para esbozar planes a los demás. Cuando la gente oye alguna cosa como esta: "He aquí algunas buenas noticias. Estamos en presencia de una oportunidad genuina"… sus mentes comienzan a brillar. Pero cuando oyen algo semejante a "Nos guste o no, nos espera una tarea que hacer", la película de la mente es apagada, aburrida, y reaccionan de acuerdo a ello. Prometa victoria y observará los ojos encendidos. Prometa victoria y logrará apoyo. ¡Edifique castillos, no esté cavando sepulcros!

Vea lo que puede llegar a ser, no precisamente lo que es

Los grandes pensadores se educan a sí mismos para ver no precisamente lo que es, sino lo que pueden llegar a ser. He aquí cuatro ejemplos que esclarecen este punto.

1. ¿Qué da valor a los bienes raíces? Un corredor de bienes raíces altamente afortunado, que se especializa en propiedades rurales, muestra lo que se puede hacer si nos educamos a nosotros mismos para ver algo en donde en la actualidad existe poco o nada.

—La mayor parte de la propiedad rural de estos alrededores –comentó mi amigo–, se ve en ruinas y no muy atractiva. Soy afortunado porque no trato de vender a mis clientes una hacienda tal y como es. Yo desarrollo por entero mi plan de ventas con relación a lo que la finca puede llegar a ser. Diciendo simplemente al prospecto, "La hacienda tiene equis acres de tierra cultivable y equis acres de bosque y se encuentra a equis millas de la ciudad. Esta descripción no despierta su interés ni le hace desear comprarla. Pero cuando usted exhibe un plan concreto para realizar algún proyecto con la propiedad, la tiene casi vendida. Aquí, permítame mostrarle lo que quiero decir".

Abrió su portafolio y sacó un legado de papeles. "Esta hacienda –dijo– se ha registrado recientemente con nosotros. Se parece a otras muchas. Se encuentran a 43 millas del área metropolitana; la casa está en ruinas y el lugar no ha sido labrado en cinco años. Ahora vea usted lo que he hecho. He consumido dos días enteros en el lugar la semana pasada, dedicado a estudiarlo. Lo recorrí varias veces. Miré las haciendas vecinas. Estudié el emplazamiento de la hacienda en cuestión en relación con las carreteras existentes o en proyecto. Y me pregunté, ¿para qué es buena esta hacienda? Alcancé a ver tres posibilidades. He aquí cuáles".

Me las hizo ver. Cada plan estaba previamente digitado y aparecía completamente comprensible. Un plan sugería convertir la hacienda en un establo de caballos de carreras. El plan explicaba por qué la idea era buena: el crecimiento de la ciudad, más amor por sus alrededores, más dinero para recreos, buenas carreteras. El plan demostraba también cómo la finca podía mantener un número considerable de caballos de manera que el beneficio de las carreteras sería ampliamente claro. La idea completa del establo de carreras era que pude "ver" a docenas de parejas cabalgando entre los árboles.

Por un estilo similar este intrépido vendedor desarrolló un segundo plan concienzudo para un plantío de árboles y un tercero respecto a la combinación de árboles y cría de aves.

"Ahora bien, cuando veo a mis prospectos no debo tender a convencerlos de que la finca es una buena compra tal como es. Les ayudo a ver un cuadro de la propiedad cambiada en una proposición de hacer dinero.

Además, vendiendo predios y vendiéndoles más aprisa, mi método de vender la propiedad por lo que puede ser, paga de sobra por otros caminos. Puedo vender una granja a precio más alto que mis competidores. La gente, es natural que pague más por una superficie y una idea que hacerlo por la mera superficie. A causa de esto, mucha gente desea inscribir sus fincas conmigo y mi comisión por cada venta es mayor".

La moraleja es esta: mirar las cosas no por lo que son sino por lo que puedan ser. La visualización añade valor a todas las cosas. Un gran pensador visualiza siempre lo que se puede hacer en el futuro. No se atasca en el presente.

2. *¿Cuánto vale un cliente?* Un ejecutivo de un almacén de ventas por departamentos se estaba dirigiendo a una asamblea de gerentes de mercancías, diciendo:

—Yo puedo ser un poco anticuado, pero pertenezco a la escuela que cree que el mejor medio para conseguir que los clientes vuelvan es darles un servicio amistoso y cortés. Un día me paseaba a través de nuestro almacén cuando alcancé a oír un vendedor que argüía con una clienta. La clienta le dejó plantado, con enojo.

Mucho tiempo después aquel vendedor decía a otro: "No voy a permitir a una clienta de $1.98 quitarme todo mi tiempo y hacerme revolver el almacén tratando de encontrarle lo que desea. Simplemente, no lo vale".

"Me alejé –continuó el ejecutivo–, pero no me puede quitar de la mente aquella observación. Es muy serio, según creo, eso de que nuestros vendedores piensen de los clientes que se hallan en la categoría de $1.98. Decidí inmediatamente que aquel concepto debía cambiar. Cuando regresé a mi oficina, llamé a nuestro director de averiguaciones y le pedí que calculase cuánto gasta el cliente promedio. Según la cuidadosa estadística de nuestro director de averiguaciones, el cliente típico gasta $362 dólares en nuestro establecimiento.

La siguiente cosa que hice fue convocar a una reunión de todos los supervisores de personal y les expliqué el incidente. A continuación les hice ver lo que un cliente vale en realidad. Una vez conseguí que mi gente viese que un cliente no se evalúa por una simple venta sino por una base anual, el servicio al cliente mejoró definitivamente".

La observación hecha por este meticuloso ejecutivo se aplica a cualquier clase de negocios. Es la venta repetida la que deja ganancia. A menudo, no hay mayor beneficio en las primeras ventas. El gasto potencial de los compradores no debe verse solamente por lo que compran inicialmente.

Conceder un alto valor a los clientes es lo que los convierte en grandes y regulares parroquianos. Fijar un valor pequeño a los clientes los manda a otra parte. Un estudiante me relató este incidente que viene al caso, explicándome por qué nunca ha vuelto a comer en determinada cafetería.

"Con objeto de almorzar un día –comenzó diciendo el estudiante– decidí probar una cafetería nueva, justamente inaugurada un par de semanas antes. Cada centavo era importante para mí en aquel momento, así es que observé detenidamente lo que podía comprar. Pasando por la sección de carnes vi algunos pavos que tenían muy buen aspecto, y se hallaban marcados claramente en $12 dólares.

Cuando fui a la caja registradora, la cajera miró mi bandeja y dijo: 'son $24'. Cortésmente le pedí que comprobase de nuevo, puesto que mi cuenta era de $20. Después de asestarme una mirada feroz, hizo el recuento. La diferencia partía de la ración de pavo. Me había cargado $16 la libra en lugar de $12. Entonces le llamé la atención acerca del signo que indicaba $12.

¡Esto la hizo estallar de furia! 'No me importa lo que diga ese rótulo. Se supone que son $16. Aquí está mi lista de precios para hoy. Algún subalterno se ha equivocado. Tiene que pagar los $16'.

Entonces traté de explicarle que la única razón que me llevó a escoger el pavo era porque costaba $12. De haberlo marcado $16, yo habría escogido otra cosa.

Su respuesta a esto fue: 'Usted tiene que pagar $24 si desea terminar su compra'. Lo hice, a causa de que no quería permanecer allí y provocar una escena. Pero decidí en el acto no comer jamás de nuevo en aquel lugar. Gasto unos $4.000 dólares al año en almuerzos, pero estoy seguro que en aquel sitio no gastaré ni un sólo centavo más".

Este es un ejemplo de una visión estrecha. La empleada vio unos cuantos dólares. No vio los $4.000 dólares que el cliente potencialmente podría gastar en su cafetería.

3. *El caso del lechero ciego.* —Es sorprendente pensar de qué modo las personas son ciegas en potencia. Hace pocos años un joven repartidor de leche vino a nuestra puerta para solicitar nuestro consumo de este producto. Le expliqué que nosotros teníamos ya un servicio de leche y nos hallábamos del todo satisfechos. Luego le sugerí que se detuviera en la puerta inmediata y hablara con la señora. A esto replicó:

—He hablado ya con la señora de la puerta inmediata, pero consume sólo un litro de leche cada dos días y eso no es bastante para que valga la pena detenerme.

—Puede ser —observé—, pero ¿cuándo usted habló a nuestra vecina, no se dio cuenta de que la demanda de leche en esa casa aumentará considerablemente dentro de un mes o dos? Habrá ahí una nueva adición que consumirá gran cantidad de leche.

El joven dio por un momento la impresión de haber sido tocado. Luego dijo:

—¿Cómo puede ser uno tan ciego?

Hoy esta misma familia de "un litro cada dos días" compra 7 litros cada día a un lechero que tuvo más visión. Aquel niño mayor, tiene ahora dos hermanos y una hermana. Y me han dicho que vendrá otro niño pronto.

¡Cuán ciegos podemos estar! Vea lo que puede ser, no lo que es.

El maestro de escuela que solamente piensa de Jimmy como que es un niño mal dispuesto, atrasado, tosco, ciertamente no ayudará al desarrollo de Jimmy. Pero el maestro que ve a Jimmy no como es ahora sino como puede ser, conseguirá resultados.

La mayor parte de sujetos que atraviesan un barrio de mala vida, ven solamente holgazanes que dan traspiés, perdidos sin esperanza con la botella. Un reducido núcleo consagrado ve alguna cosa más en el habitante del barrio: ve un ciudadano rehabilitado. Y porque ve esto acierta a hacer un excelente trabajo de rehabilitación.

4. *¿Qué determina cuánto vale usted?* Después de una sesión de entrenamiento, hace pocos años, un joven me vino a ver y preguntó si me podría hablar unos minutos. Yo sabía que este joven individuo, hoy de unos 26 años, había sido un niño desamparado. Como remate de esto, había experimentado una montaña de infortunios en sus primeros años de adulto. También sabía que estaba realizando un real esfuerzo para prepararse para un sólido futuro.

Después del café trabajamos rápidamente nuestro problema técnico y la discusión giró sobre el modo en que la gente que tiene pocas posesiones materiales debería mirar hacia el futuro. Sus comentarios aportaron una respuesta clara y acertada:

"He conseguido tener no más de $1000 dólares en el banco. Mi empleo como simple empleado no paga mucho ni acarrea gran responsabilidad. Llevo cinco años con el mismo carro y mi mujer y yo vivimos en un apretado departamento de un segundo piso.

Pero profesor –continuó–, estoy decidido a no permitir que lo que no he conseguido me detenga".

Esta fue para mí una afirmación que me intrigó y así le apremié a que se explicara.

"Es en este sentido –prosiguió–, que yo he estado analizando a muchas personas últimamente y me he dado cuenta de esto: es gente que no posee mucha visión interior de cómo son ahora. Es todo lo que ven. No ven un futuro, solamente ven un miserable presente.

Mi vecino es un buen ejemplo. Se está quejando continuamente de tener un empleo mal pagado, del oficio de plomero en que está uno siempre sucio, de la suerte que quebranta, de las cuentas del doctor que se van amontonando. Se recuerda a sí mismo tan a menudo que es pobre, que ahora supone que va a ser siempre pobre. Actúa como si estuviera sentenciado a vivir en este departamento ruinoso todo el resto de su vida".

Mi amigo estaba hablando realmente con el corazón en la mano y después de un momento de pausa añadió: "Si yo me mirase a mí mismo como soy estrictamente –carro viejo, ingresos bajos, departamento barato, y dieta de hamburguesas– no obtendría ayuda sino desaliento. Ver a un don nadie, y ser un don nadie por todo el resto de mi vida.

He hecho el propósito de que mi mente me mire como a la persona que voy a hacer dentro de pocos años. Me veo no como un mero escribiente, sino como un ejecutivo. No veo un mísero departamento, veo una bella casa suburbana. Y cuando me miro de este modo me siento más grande y pienso más grande. Y he obtenido multitud de experiencias personales para probar que con ello me desquito".

¿No es este un espléndido plan de ayuda para uno mismo? Este joven sujeto se halla a bordo del expreso para realizar su vida bella. He dominado este principio básico del éxito: no es importante lo que uno tiene. Más bien es cuánto uno está planeando obtener lo que cuenta.

El precio que el mundo pone sobre nosotros es aproximadamente idéntico al que nos ponemos nosotros mismos.

He aquí cómo puede desarrollar su poder de ver lo que puede ser, no cabalmente lo que es. Yo llamo a éstos, ejercicios de "práctica de añadir valor".

1. Practicar el añadir valor a las cosas. Recuerde el ejemplo de los bienes raíces. Pregúntese: "¿Qué puedo hacer para añadir valor a esta habitación, esta casa o este negocio?" Busque ideas para hacer a las cosas valer más. Ya sea un lote vacante, una casa, o un negocio, tiene valor en proporción a las ideas que se le ocurran para usarla.

2. Practicar el añadir valor a la gente. Cuanto más y más alto se mueva en el mundo del éxito, más y más su tarea llega a ser "motivar a la gente". Pregunte: "¿Qué puedo hacer para 'añadir valor' a mis subordinados? ¿Qué puedo hacer para ayudarles a ser más efectivos?" Recuerde, para extraer lo mejor de una persona, debe primero visualizarla.

3. Practicar el añadir valor en sí mismo. Pregunte: "¿Qué puedo hacer para sentirme yo mismo más valioso hoy?" Visualícese no como es sino como puede ser. Entonces, medios específicos para alcanzar su valor potencial se le presentarán. Pruébelo al instante y verá.

Un gerente –propietario retirado de una compañía tipográfica de mediano volumen (60 empleados)– me explicó de qué manera fue elegido su sucesor:

"Hace cinco años –comenzó mi amigo–, necesitaba un contador para encabezar nuestra rutina de contabilidad y oficina. El hombre a quien contraté se llamaba Harry y tenía 26 años. No sabía nada del negocio de imprenta, pero su récord demostró que era buen contador. Con todo, hace un año y medio, cuando me retiré, le nombré presidente y gerente general de la compañía.

Reflexionando sobre ello Harry tuvo un rasgo que lo situó en frente de cualquier otro: Harry estaba sincera y activamente interesado en todos los aspectos de la compañía, no limitándose a extender cheques y guardar su récord. Siempre que veía de qué manera podía ayudar a otros empleados, se apresuraba a hacerlo.

El primer año que Harry estuvo conmigo perdimos unos pocos hombres. Harry vino a mí con un programa de margen de beneficios el cual prometió que sobrepujaría al doble a bajo costo. Y dio resultado.

Harry, también hizo muchas otras cosas que ayudaron a la compañía en su totalidad, no precisamente a su departamento. Realizó un estudio detallado del costo de nuestro departamento de producción y me demostró cómo una inversión de $30.000 dólares en maquinaria nueva redimiría al departamento. Una vez experimentamos un desplome bastante importante en las ventas, Harry acudió a nuestro gerente de ventas y le dijo: 'No sé mucho acerca de la cesación de las ventas del negocio, permítame que trate de ayudar'. Y lo hizo. Harry apareció con varias ideas buenas las cuales nos ayudaron a hacer mejores ventas.

Cuando se nos unía un nuevo empleado, Harry se daba prisa a ayudar a que el sujeto tuviera comodidad. Harry tenía un interés real en la operación entera.

Cuando me retiré, Harry fue la única persona que lógicamente pudo sucederme.

Mas no lo tomé en mal sentido –siguió diciendo mi amigo–, Harry no trato de ponerse a sí mismo por encima de mí. No era un intrigante. No era agresivo en sentido negativo. No hería a la gente por la espalda, y no iba de aquí para allá dando órdenes. Iba de un lado a otro para ayudar. Harry actuaba simplemente como si todas las cosas de la compañía le afectasen. Hizo de los negocios de la compañía, sus negocios".

Todos podemos aprender una lección de Harry. El "estoy haciendo mi tarea y con eso basta" es una mala actitud, un pensamiento negativo. Los grandes pensadores se ven a sí mismos como miembros de un equipo de esfuerzo, venciendo o perdiendo con el equipo, no por ellos. Ayudan de cualquier modo que pueden. Inclusive, si no existe compensación o recompensa directa o inmediata. El sujeto que se encoge de hombros ante un problema ajeno a su propio departamento, con el comentario: "Bueno, esto no me concierne, dejemos que otros se preocupen con ello", no ha aprendido la actitud que conduce al liderazgo.

Practique esto, practique el ser un pensador en grande. Vea el interés de la compañía idéntico al suyo propio. Probablemente tan sólo un número muy reducido de personas que trabaja en grandes compañías tiene un interés sincero y desinteresado en la suya. Pero después de todo, solamente un número relativamente pequeño de personas está calificado como grandes pensadores. Y estas pocas son las que en definitiva reciben la recompensa de los empleos de mayor responsabilidad y mejor salario.

Mucha, mucha gente potencialmente poderosa deja que despreciables, pequeñas e insignificantes cosas bloqueen su camino a la realización. Permítame citar cuatro ejemplos:

1. ¿Qué lo hace abstenerse de pronunciar un buen discurso?

Justamente casi todo el mundo desea tener la "capacidad" de desempeñar una tarea de primera clase hablando en público. Pero, la mayoría de la gente no realiza su deseo. La mayor parte de los individuos son malísimos oradores ante el público.

¿Por qué? La razón es obvia. La mayor parte de la gente se concentra en cosas pequeñas y triviales en lugar de las grandes e importantes. Al prepararse para una charla, la mayoría de las personas se dan a sí mismas una serie de instrucciones mentales como, "tengo que acordarme de permanecer erguido", "no moverme alrededor ni usar las manos", "evitar que el auditorio vea que hago uso de notas", "recordar no cometer errores gramaticales, especialmente…," "asegurarme que la corbata está derecha", "hablar alto pero no demasiado alto" y así sucesivamente.

Ahora bien, ¿qué sucede cuando el orador se dispone a hablar? Está asustado porque se ha dado a sí mismo una lista terrorífica de cosas que hacer. Se confunde en su parlamento y se encuentra silenciosamente preguntándose: "¿He cometido algún error?" Es, en breve, un fracaso. Lo es porque se concentró en las mezquinas, triviales, relativamente poco importantes cualidades de un buen orador y dejó de concentrarse sobre todo lo que hace un buen orador: conocimiento acerca de lo que se propone decir y un intenso deseo de decírselo a la demás gente.

La prueba real de un orador no estriba en mantenerse rígido o no cometer algunos errores de gramática, sino más bien hacer que el auditorio capte los puntos que desea poner en manifiesto. La mayoría de nuestros mejores oradores tienen defectos insignificantes algunos de ellos inclusive tienen voces desagradables. Varios de los que quieren ser oradores en Estados Unidos, reprobarían un curso de enseñanza de oratoria por el viejo y negativo método de "no hagas esto y no hagas aquello".

Sin embargo, todos estos oradores públicos tienen una cosa en común: tienen algo que decir y sienten un deseo ardiente de que la demás gente los oiga.

No se deje influir por bagatelas que le obliguen a abstenerse de hablar con éxito en público.

¿Qué es lo que causa las disputas?

¿No se ha detenido nunca a preguntarse qué es exactamente lo que causa las disputas? Por lo menos el 99% de las veces se inician sobre materias intrascendentes y de poca importancia parecidas a esta: John viene a la casa un poco cansado, un poco nervioso. La cena no le complace, tuerce la nariz y se queja. El día de Juanita tampoco fue perfecto, por lo cual asume su propia defensa diciendo: "Bueno, ¿qué esperabas con mi presupuesto diario?", o bien: "Podría cocinar mejor si dispusiera de un estufa parecida a la de todo el mundo". Esto lesiona el orgullo de John y contraataca así: "Ahora, Juanita, no se trata de falta de dinero; es simplemente que no sabes cómo manejarte".

¡Y con lo que salen! Antes de pactar finalmente una tregua, se hacen acusaciones de una y otra parte. Parientes políticos, sexo, dinero, promesas maritales y premaritales y otros temas de disputa. Ambas partes dejan la batalla, nerviosos y tensos. Nada ha sido establecido y las dos partes tienen nuevas municiones con qué hacer la próxima querella aún más rencorosa. Las pequeñas cosas, los pensamientos mezquinos causan argumentos. Por consiguiente para eliminar querellas, elimine pequeñeces.

He aquí una técnica que surte efecto. Antes de quejarse, acusar o reconvenir a alguien o lanzar un contraataque en defensa propia, pregúntese: "¿Es realmente importante?" En muchos casos no lo es y usted evita un conflicto.

Pregúntese: "¿Es realmente importante si él (o ella) es descuidado con los cigarrillos, o se olvida de poner la tapa al tubo de pasta dental, o está llegando tarde a casa?"

"¿Es realmente importante si él (o ella) despilfarra un poco de dinero o invita a algunas personas que no me son gratas?"

Cuando se sienta inclinado a adoptar una acción negativa, pregúntese: "¿Es ello realmente importante?" Esta pregunta elabora magia al construir una situación hogareña más transparente. Influye en la oficina, también. Trabaja en el tránsito yendo a casa cuando otros conductores se interponen delante de usted. Opera en cualquier situación de la vida que sea apta para producir querellas.

A John le asignan las oficina más pequeña y resulta un fiasco

Hace varios años, observé cómo pensar en pequeño en cuanto a la provisión de una oficina destruyó las posibilidades de un joven ejecutivo de tener una carrera provechosa en publicidad.

Cuatro jóvenes ejecutivos, todos de un mismo nivel de posición, fueron trasladados a nuevas oficinas. Tres de ellas eran idénticas en espacio y decorado. La cuarta era más pequeña y menos elaborada.

J. M. Fue destinado a la cuarta oficina. Esto fue un golpe asestado a su orgullo. Inmediatamente se sintió discriminado. Los pensamientos negativos, el resentimiento, la amargura, los celos, se combinaron. J. M. Empezó a sentirse incómodo. El resultado fue que J. M. se llegó a sentir hostil hacia sus camaradas ejecutivos. En lugar de cooperar con ellos hizo lo máximo por socavar sus esfuerzos. Las cosas empeoraron. Tres meses más tarde J. M. Se desenvolvió tan mal que la gerencia no tuvo otro remedio que prescindir de él.

El pensar en pequeño sobre una materia insignificante estancó a J. M. En su prisa por sentirse discriminado, J. M. Dejó de observar que la compañía se estaba expandiendo rápidamente y el espacio de oficina venía a ser un premio. ¡No se detuvo a considerar que el ejecutivo que hizo los señalamientos de oficinas ni siquiera sabía cuál de ellas era la más pequeña! Nadie en la organización excepto J. M., miró su despacho como un índice de su valor.

Los pensamientos pequeños acerca de cosas sin importancia, como el hecho de ver su nombre de último o en la hoja de ruta del departamento, o recibir la cuarta copia carbón de un memorando de oficina, pueden herirle. Piense en grande y ninguna de estas pequeñeces podrán detenerle.

Inclusive el tartamudeo puede ser un detalle minúsculo

Un ejecutivo de ventas me contó cómo aun el tartamudeo es un mero detalle en el arte de vender, si el individuo posee realmente cualidades importantes.

—Tengo un amigo, también ejecutivo de ventas, al que le encanta gastar bromas, aunque algunas veces no sean bromas del todo. Unos meses atrás un muchacho joven visitó a mi amigo bromista y le pidió un empleo de vendedor. El tipo era terriblemente tartamudo. Sin embargo, mi amigo decidió en el acto que tenía ocasión de gastarme una broma. Por lo tanto dijo al solicitante que no disponía del puesto para un vendedor en el mercado pero que en el mismo momento un amigo suyo (yo) tenía una vacante. Luego me telefoneó y me dio muy buenas referencias del sujeto. Sin sospechar nada, le dije: "¡Mándalo inmediatamente!".

Treinta minutos más tarde entró. El joven no pronunció tres palabras ante de que yo supiese por qué mi amigo tuvo tanto ahínco en mandármelo. "Me lla-mo-mo J-J-Jack -dijo-El se-ñor X me maan-da-a-a-ha-blarle-de un em-pleo". Casi cada palabra era una lucha. Pensé para mí: "Este tipo no podría vender un dólar por $0,90 centavos en Wall Street". Estaba enojado con mi amigo pero, en realidad, sentí lástima por aquel joven, de tal modo que pensé que lo menos que podía hacer era formularle algunas preguntas cordiales mientras meditaba una buena excusa de por qué no podía ocuparle.

Cuando hablamos, sin embargo, descubrí que el sujeto no era estúpido. Era inteligente. Se manejaba a sí mismo con elegancia pero yo no podía pasar por alto el hecho de que tartamudease. Finalmente, decidí dar por terminada la entrevista con una última pregunta: "¿Qué le hace pensar que puede vender?"

"Bueno –dijo-, yo-yo-aprendo-a-a-pri-sa, gus-to-a-la-la gen-te pi-pi-pienso-que-ustedes-han for-for-mado una bue-na com-pa-pañía y yo-yo-de-deseo-ganar di-dinero. Aho-ra bien yo ten-ten-go un-un defec-to en-el-habla-pero-no-no-me mo-les-ta, ¿por-qué-mo-les-ta-ría-a-los-demás?"

Su contestación me demostró que tenía realmente importantes calificaciones para un vendedor. Decidí en el acto darle una oportunidad. Y (sabe usted), está trabajando muy bien.

Inclusive un defecto en el habla en la profesión de las ventas constituye una trivialidad si la persona posee buenas cualidades.

Practique estos tres procedimientos para ayudarse a sí mismo a pensar por encima de trivialidades.

1. Mantenga sus ojos enfocados sobre el gran objetivo. Muchas veces nos parecemos al vendedor, que, fracasado en hacer la venta, informa al gerente: "Sí, pero estoy seguro de que el cliente se equivocaba". En el vender, el gran objetivo es la venta, no los argumentos.

En el matrimonio el gran objetivo es la paz, la felicidad, la tranquilidad, no vencer en las querellas o decir: "Podría haberte dicho lo mismo".

Al trabajar con empleados, el objetivo mayor es desarrollar su pleno potencial, no hacer aspavientos ante sus mínimos errores.

Viviendo con vecinos, el gran objetivo es el respeto mutuo unido a la amistad, en lugar de ver si usted puede tener quejas de su perro porque de vez en cuando ladra por la noche.

Parafraseando alguna frase militar: "Es mucho mejor perder una batalla y ganar la guerra".

2. Pregunte: "¿Es realmente importante?" Antes de llegar a estar exaltado negativamente; pregúntese simplemente: "¿Es esto lo suficientemente importante para mí como para que yo haga que todo dependa de esto?" No hay mejor medio para evitar la frustración sobre aspectos triviales que usar esta medicina. Por lo menos el noventa por ciento de las querellas y las enemistades no tendrían nunca lugar si afrontásemos las situaciones molestas con "¿Es realmente importante?".

3. No caiga en la trampa de la trivialidad. Al hacer discursos, solucionar problemas, aconsejar empleados, piense en aquello que verdaderamente

importa y marca la diferencia. No se sumerja bajo las salidas superficiales. Concéntrese en cosas importantes.

Realice esta prueba para medir el alcance de su pensamiento

En la columna izquierda de abajo hemos anotado varias situaciones comunes. En medio y a la derecha hay comparaciones de cómo los pequeños y los grandes pensadores ven la misma situación. Obsérvelas. Luego decida: "¿Cuál me conducirá a donde deseo ir?", "¿Pensar en pequeño o pensar en grande?" Es la misma situación manejada por dos medios enteramente distintos. Escoja el suyo.

Situación	La vía de acceso del pensamiento mezquino	La vía de acceso del pensamiento en grande
Cuenta de gastos	1. Resuelve cómo aumentar los ingresos mediante una reducción de las cuentas de gastos.	1. Resuelve los medios de aumentar los ingresos mediante una mayor venta de mercancías.
Conversación	2. Habla sobre las condiciones negativas de los amigos, la economía, su compañía y la competencia.	2. Habla sobre las cualidades de sus amigos, su compañía y la competencia.
Progreso	3. Cree en la restricción, o por lo menos en el statu quo.	3. Cree en la expansión.
Futuro	4. Mira el futuro muy limitado.	4. Ve el futuro muy prometedor.
Trabajo	5. Busca medios para evitar trabajar.	5. Busca más formas de hacer las cosas, especialmente con ayuda de los demás.

Situación	La vía de acceso del pensamiento mezquino	La vía de acceso del pensamiento en grande
Competencia	6. Compite con el promedio.	6. Compite con lo mejor.
Presupuesto y sus problemas	7. Resuelve cómo ahorrar dinero reduciendo partidas necesarias.	7. Resuelve cómo aumentar ingresos y comprar más de las partidas necesarias.
Metas	8. Se pone metas bajas.	8. Se pone metas altas.
Visión	9. Ve solamente el camino corto.	9. Se preocupa por el camino largo.
Seguridad	10. Se rodea de pequeños pensadores.	10. Se rodea de personas con ideas amplias y progresistas.
Compañerismo	11. Se preocupa con los problemas de seguridad.	11. Mira la seguridad como un compañero natural del éxito.
Errores	12. Agranda los errores mínimos. Los transforma en grandes consecuencias.	12. Ignora los errores de pequeñas consecuencias.

Es rentable de cualquier manera pensar en grande ¡recuérdelo!

1. No se venda a bajo precio. Venza el crimen de la autodepreciación. Concéntrese en sus ventajas. Usted es mejor de lo que se figura que es.

2. Use el vocabulario de los grandes pensadores. Use palabras grandes, brillantes, alegres. Use palabras que comprometan victorias, esperanza, placer; evite palabras que crean imágenes desagradables de fracaso, derrota, pena.

3. Enderece su visión. Vea lo que puede ser, no lo que simplemente es. Practique el añadir valor a las cosas, a las gentes, a sí mismo.

4. Obtenga la visión grande de su tarea. Piense, piense realmente que su ocupación actual es importante. Que la próxima promoción dependerá de cómo piensa usted en relación con su tarea presente.

5. Piense por encima de las cosas triviales. Enfoque su atención sobre grandes objetivos. Antes de verse envuelto en una materia mezquina pregúntese: "¿Es realmente importante?"

    ¡Hágase grande pensando en grande!

5
CÓMO PENSAR Y SOÑAR CREATIVAMENTE

Permítame poner en claro un engaño frecuente que se presenta acerca del significado de pensamiento creativo. Por alguna razón ilógica, la Ciencia, la Ingeniería, el Arte y la Literatura se encasillan como casi las únicas disciplinas creativas. La mayor parte de la gente asocia el pensamiento creador con cosas semejantes al descubrimiento de la electricidad, a la vacuna contra la poliomielitis, a escribir una novela, o al desarrollo de la televisión a color.

Es cierto que realizaciones como éstas son evidencia del pensamiento creativo. Cada paso adelante dado en la conquista del espacio es resultado del pensamiento creativo, cantidades de él, pero el pensamiento creativo no está reservado para ciertas ocupaciones ni se restringe a los hombres superinteligentes.

Entonces, ¿qué es el pensamiento creativo?

Una familia de ingresos reducidos establece un plan para mandar al hijo a una universidad destacada. Este es un pensamiento creativo.

Una familia convierte el lote más indeseable de la calle en el lugar más bello del vecindario. Este es un pensamiento creativo.

Un sacerdote desarrolla un plan para doblar la asistencia el domingo por la tarde. Este es un pensamiento creativo.

Imaginar recursos que simplifiquen la contabilidad, venderle al cliente "imposibles", mantener a los niños ocupados constructivamente, hacer que los empleados estimen su trabajo, o prevenir una querella "segura", todos estos son ejemplos del pensamiento creativo de cada día.

El pensamiento creativo consiste simplemente en encontrar medios nuevos o mejores de hacer alguna cosa. La recompensa de todos los tipos de éxito —éxito en la casa, en el trabajo, en la comunidad— engrana con encontrar medios de hacer mejor las cosas. Ahora bien, veamos lo que podemos hacer para desarrollar y fortalecer nuestra capacidad de pensar creativamente.

Primer paso: creer que puede hacerse. He aquí una verdad básica: para hacer cualquier cosa debemos creer primero que puede hacerse pues sitúa la mente en movimiento para encontrar cómo hacerla.

Para explicar este punto del pensamiento creador en las sesiones de entrenamiento uso a menudo este ejemplo y pregunto al grupo: "¿Cuántos de ustedes sienten que es posible eliminar las cárceles dentro de los próximos 30 años?" Una vez seguros de que no bromeo, alguno siempre me responde con algo parecido a esto: "¿Quiere dar a entender que desea dejar en libertad a todos esos asesinos, ladrones y violadores perdidos? ¿Comprende lo que eso quiere decir? Ninguno de nosotros estaría seguro. Tenemos que tener cárceles.

Entonces los otros intervienen. "Todo orden se quebrantaría si no tuviésemos cárceles".

"Algunas personas han nacido criminales".

"Si algo necesitamos son más cárceles".

"¿Leyó usted en este periódico de la mañana lo que dice de ese crimen?"

Y el grupo sigue contándome toda clase de buenas razones por las que debemos tener cárceles. Inclusive uno de los sujetos sugirió que debíamos tenerlas para que policías y carceleros pudiesen conseguir ocupación.

Después de unos diez minutos de permitir al grupo "probar" por qué no podemos eliminar la necesidad de las cárceles, yo les dije:

—Ahora permítanme mencionar aquí que esta pregunta de eliminar las cárceles se ha usado para fijar un punto.

"Cada uno de ustedes ha aportado razones por las que no podemos eliminar la necesidad de cárceles. ¿Quieren hacerme un favor? ¿Quieren tratar durante unos minutos de creer que podemos eliminar las cárceles?"

Captando el espíritu del experimento, el grupo en efecto: "Oh, bien, pero no más que por decir". Entonces pregunté:

—Ahora, suponiendo que podemos eliminar las cárceles, ¿cómo podríamos empezar?

Las sugerencias llegaron lentamente primero. Alguno, vacilante, dijo:

—Bueno, usted puede aminorar el crimen si establece más centros de juventud.

Poco a poco, el grupo, que diez minutos antes se hallaba sólidamente contra la idea, ahora comienza a demostrar real entusiasmo.

"Trabajar para eliminar la pobreza. La mayor parte de los crímenes provienen de los bajos niveles de ingresos".

"Dirigir una investigación sobre el corrompido potencial de los criminales antes de que cometan un crimen".

"Desarrollar procedimientos quirúrgicos para curar a algunas especies de criminales".

"Educar al personal coercitivo de la ley dentro de métodos positivos de reforma".

Estas son simplemente muestras de las 78 ideas específicas que he tabulado, las cuales podrían ayudar al logro de la meta de eliminar las cárceles.

CUANDO USTED CREE, SU PENSAMIENTO ENCUENTRA LOS MEDIOS PARA HACERLO REALIDAD.

Este experimento tiene sólo una finalidad: *cuando usted cree que algo es imposible, su mente va a trabajar para probarle por qué. Pero cuando usted realmente cree que puede hacerse, su mente va a trabajar para hallar los medios de hacerlo.*

El creer que algo puede realizarse abre el camino para soluciones creativas. Creer que alguna cosa no puede lograrse es un pensamiento destructivo. Este punto se aplica a todas las situaciones, grandes o pequeñas. Los líderes políticos que no creen sinceramente que la paz permanente del mundo pueda ser establecida fracasarán porque sus mentes están cerradas ante los medios para lograr la paz. Los economistas que creen que las depresiones son inevitables no desarrollarán medios creativos para sobrepasar el ciclo de los negocios.

Con un estilo similar usted puede encontrar medios de agradar a alguna persona si cree que puede. Usted puede descubrir soluciones a los problemas personales si cree que puede.

Usted puede encontrar un modo de adquirir esa casa nueva y más grande si cree que puede.

Crea en la eficacia del poder de la creatividad. La incredulidad pone frenos.

Crea y comenzará a pensar constructivamente.

Su mente creará un medio si usted se lo permite. Hace un poco más de dos años un joven me pidió que le ayudase a conseguir un trabajo con mayor futuro. Estaba empleado como oficinista en el departamento de crédito de una casa de ventas por correo y sentía que no iba a llegar a ninguna parte. Conversamos acerca de su pasado y lo que deseaba hacer. Después de esto, le dije:

—Le admiro a usted mucho porque desea subir los peldaños de un empleo mejor y tener más responsabilidad. Pero para empezar en el tipo de empleo que usted desea, en la actualidad se requiere un grado de estudios. Tengo entendido que usted acabó tres semestres. Puedo sugerirle que termine su escuela superior. Asistiendo los veranos, la puede completar en dos años. Entonces estoy seguro de que podrá obtener el trabajo que desea con la compañía a la que aspira ingresar.

—Me doy cuenta —respondió—, de que una educación universitaria me ayudaría. Pero es imposible para mí volver a ir a la escuela.

—¿Imposible? ¿Por qué? –Pregunté.

—Por una cosa –comenzó–. Tengo 24 años. Es el momento en que mi esposa y yo esperamos nuestro segundo niño dentro de un par de meses. Escasamente nos alcanza ahora con lo que hago. No tendría tiempo de estudiar puesto que debo atender mi empleo. Eso es del todo imposible.

Este joven se había convencido realmente a sí mismo de que acabar sus estudios superiores le era imposible. Entonces le dije:

—Si usted cree que le es imposible acabar su graduación, entonces lo es. Pero por la misma razón, si cree cabalmente que es posible volver a la universidad, vendrá una solución.

—Ahora bien, he aquí lo que me gustaría que hiciese. Imagine en su mente que está volviendo a ir a las clases. Deje que esta meditación domine su pensamiento. Luego, piense, realmente piense de qué modo puede hacerlo y al mismo tiempo sostener a su familia. Vuelva a verme dentro de un par de semanas e infórmeme de las ideas que le han brotado.

Mi joven amigo regresó dos semanas más tarde.

—He reflexionado mucho sobre lo que me dijo –empezó–. He decidido que debo volver a la escuela. No he analizado todavía todos los ángulos, pero encontraré una solución. Y lo hizo. Se las arregló para conseguir una beca proporcionada por una asociación comercial, la cual sufragó su enseñanza, libros y gastos imprevistos. Reajustó su programa de trabajo para poder acudir a las clases. Su entusiasmo y la promesa de una vida mejor le ganaron el pleno apoyo de su esposa. Juntos encontraron creativamente los medios de arbitrar tiempo y dinero efectivamente. El mes último se graduó y vino a verme al día siguiente como adiestrándose para la gerencia de una gran corporación. Donde hay una voluntad, hay un medio.

Creer que debe hacerse. Ese es el pensamiento creativo básico. A continuación dos sugerencias para ayudarle a desarrollar el poder creativo a través de la creencia:

1. Elimine la palabra imposible de su pensamiento y su vocabulario hablado. Imposible es una palabra de fracaso. Es imposible dispara una reacción en cadena de otros pensamientos para probar que tiene la razón.

2. Piense en algo especial que usted estuvo deseando hacer pero sintió que no podía. A continuación, llene una lista de razones por las que no pudo hacerlo. Muchos de nosotros flagelamos y rechazamos nuestros deseos, simplemente porque nos concentramos en por qué no podemos, cuando lo único válido de nuestra concentración mental debería ser por qué sí podemos.

Recientemente leí un artículo del periódico que decía que hay demasiadas jurisdicciones en la mayoría de estados. El artículo señalaba que la mayoría de límites entre condados se establecieron décadas antes de que se construyese el primer automóvil y mientras el coche de caballos fue el modo principal de viajar. Pero hoy con automóviles veloces y buenas carreteras no hay razón para que no se combinen tres o cuatro condados. Esto atajaría grandemente los servicios duplicados y así los contribuyentes actuales obtendrían mejores servicios con menos dinero.

Esto es ejemplo de pensamiento tradicional. La mente del pensador tradicional está paralizada y razona: "Ha sido éste el medio durante un centenar de años. Por consiguiente, debe ser bueno y debe prevalecer. ¿Por qué arriesgarse a un cambio?"

El promedio de la gente siempre ha estado en contra del progreso. Muchos profirieron protestas hacia el automóvil en los terrenos que la naturaleza ideó para que nosotros paseásemos o usáramos caballos. El aeroplano pareció drástico a muchos. El hombre no tenía "derecho" a penetrar en la provincia reservada a los pájaros. Una legión de personas (que no desean que cambie nada) todavía insiste en que el hombre no tiene nada que hacer en el espacio.

Un destacado experto en proyectiles dio recientemente una respuesta a esta clase de pensamientos. "El hombre pertenece —dice el doctor Von Braun— a donde el hombre desea ir".

Allá por 1900 un ejecutivo de ventas descubrió un principio "científico" de manejo de ventas. Recibió inmensa publicidad e inclusive encontró eco dentro de los libros de texto. El principio era este: hay un mejor medio de vender un producto. Encontrar el mejor medio y nunca desviarse de él. Afortunadamente para la compañía de este hombre surgió una nueva dirección a tiempo para salvar a la organización de la ruina financiera.

Contrasta esta experiencia con la filosofía de Crawford H. Greenewalt, presidente de unas de las organizaciones de negocios más grandes de la nación, E. I. DuPont de Nemours. En una charla en la Universidad de Columbia, el señor Greenewalt dijo: "…hay muchos medios por los cuales se puede hacer un buen trabajo –tantos medios, de hecho, como hombres a quienes se confía la tarea".

En verdad, no existe sólo una forma de hacer las cosas. No hay una sola forma de decorar un apartamento, de apreciar un prado, de hacer una venta, de criar un niño, o freír un bistec. Hay tantos medios mejores como mentes creativas.

En el hielo no crece nada. Si dejamos que la tradición hiele nuestras mentes, las nuevas ideas no pueden germinar. Haga pronto esta prueba alguna vez. Proponga una de las ideas que siguen a alguien y observe su conducta.

1. El sistema postal, por mucho tiempo monopolio del gobierno, debe ser volcado en la empresa privada.
2. Las elecciones presidenciales deben ser celebradas cada dos o seis años en vez de cuatro.
3. Las horas regulares para los comercios al menudeo deben ser de la 1 de la tarde a las 8 de la noche, en lugar de las 9 de la mañana a las 5.30 de la tarde.
4. El retiro por edad debe ser elevado a 70 años.

El propósito no es si estas ideas son firmes o prácticas. Lo significativo es cómo una persona trata proposiciones parecidas a éstas. Si se ríe de la idea y no aporta un segundo pensamiento (probablemente el 95 por ciento se reirán) hay probabilidades de que sufra parálisis de tradición. Más si una de cada veinte dice: "Esa es un idea interesante; dígame más acerca de ella", posee una mente que se inclina a la creatividad. El pensamiento tradicional es el enemigo personal número uno de la persona que se interesa por un programa creativo personal de éxito. El pensamiento tradicional hiela su mente, bloquea su progreso, le impide desarrollar el poder creativo. Existen tres medios de combatirlo.

1. Hágase receptivo ante las ideas. Dé la bienvenida a las nuevas. Destruya aquellos pensamientos como: "No resulta", "No puede hacerse", "Es inútil" y "Es estúpido".

Un amigo mío muy afortunado que ocupa una posición relevante en una compañía de seguros me decía:

—No pretendo ser el tipo más agudo del negocio. Pero pienso que soy el mejor absorbente en la industria de seguros. Me hago el propósito de oír todas las buenas ideas que puedo.

2. Sea una persona experimental. Dé al traste con las rutinas fijas. Experimente con nuevos restaurantes, nuevos libros, nuevos teatros, nuevos amigos; tome una ruta diferente para ir al trabajo cada día, tómese unas vacaciones nuevas este año, haga alguna cosa nueva y diferente este fin de semana.

Si su trabajo es de distribución, desarrolle interés en la producción, el arreglo de cuentas, las finanzas y los demás elementos del negocio. Esto le da liberalidad y le prepara para mayores responsabilidades.

3. Sea progresivo, no regresivo. No sea de los que piensan "ese es el sistema que he seguido donde he acostumbrado a trabajar y así debemos seguirlo aquí", sino de los que dicen: "¿Cómo podemos hacerlo mejor que donde trabajé anteriormente?" Ningún pensamiento hacia atrás, regresivo, sino pensamientos hacia adelante, progresivos. Si usted se levantaba a las 5.30 de la mañana a repartir periódicos u ordeñar las vacas cuando era un jovencito no significa necesariamente que ésta sea una buena idea para requerir a sus hijos que hagan lo mismo.

Imagine lo que sucedería en la Ford si su gerente general se permitiera pensar: "Este año hemos construido lo último en automóviles. Todo mejoramiento es imposible. Por lo tanto, todas las actividades de ingeniería experimental y diseños han terminado permanentemente". Inclusive el monstruo que es Ford se encogería de prisa con tal actitud.

La gente afortunada que gusta de los negocios exitosos vive con esta pregunta: "¿Cómo puedo mejorar la calidad de mis realizaciones?" "¿Cómo puedo hacerlo mejor?"

La absoluta perfección en las empresas humanas, desde la construcción de proyectiles hasta la crianza de los niños es, inasequible. Esto quiere decir que hay un lugar infinito para el mejoramiento. La gente afortunada sabe esto y está siempre buscando un medio mejor. (La persona afortunada no se pregunta: "¿Puedo hacerlo mejor?" Sabe que puede. De aquí que se haga la pregunta: "¿Cómo hacerlo mejor?")

Hace pocos meses un antiguo estudiante mío, abrió en no más de cuatro años, su cuarto almacén de ferretería. Esta fue una verdadera hazaña considerando el pequeño capital invertido inicialmente por el joven de sólo $3.500 dólares, la fuerte competencia de los demás almacenes y el tiempo relativamente corto que llevaba en el negocio. Visité su nuevo almacén poco después de abierto para felicitarle por el laudable progreso conseguido.

De un modo indirecto le pregunté cómo le fue posible asegurar el éxito de tres almacenes y abrir un cuarto cuando la mayor parte de los comerciantes luchan por el éxito con sólo un almacén.

—Naturalmente —repuso—, he trabajado duro pero el levantarme temprano y trabajar hasta muy tarde no es exactamente lo responsable de cuatro almacenes. La mayoría, en mi negocio trabaja duro. Lo principal a lo que atribuyo mi éxito es mi estilo propio de "programa de mejoramiento semanal".

—¿Un programa de mejoramiento semanal? Suena impresionante. ¿Cómo lo hace? —Pregunté.

—Bueno, no es realmente algo elaborado —continuó—, es sencillamente un plan para ayudarme a hacer mejor el trabajo cada semana que transcurre.

Para mantener mi pensamiento enfocado en mi negocio he dividido mi tarea en cuatro elementos: clientes, empleados, mercancía y promoción. Durante toda la semana tomo notas y hago observaciones de cómo puedo mejorar mi negocio.

Entonces cada lunes por la tarde, me siento por espacio de cuatro horas a revisar las ideas que he anotado e imagino cómo ponerlas en uso en la práctica del negocio.

En este período de cuatro horas me esfuerzo en dar una laboriosa mirada a mi operación. No deseo simplemente que compren más clientes en mi tienda. En vez de eso me pregunto ¿qué puedo hacer para atraer más clientes?, ¿Cómo puedo desarrollar clientes regulares y leales?

Siguió describiendo las numerosas pequeñas innovaciones que introdujo tan felizmente en sus tres primeras tiendas: el modo como arregló la mercancía dentro de sus almacenes, su técnica de venta sugestiva, en que vendía a dos de cada tres clientes mercancías que no tenían planeado comprar al entrar, el plan de crédito que proyectó cuando muchos de sus clientes se hallaban sin trabajo a causa de una huelga, el concurso desarrollado para elevar las ventas durante una estación muerta.

—Me pregunté –prosiguió– ¿qué puedo hacer para mejorar mis ofertas de mercancía?, y conseguí ideas. Permítame citar una. Hace cuatro semanas se me ocurrió que debía hacer algo para que viniesen más jovencitos a la tienda. Razoné si tenía aquí alguna cosa que atrajese a los pequeñuelos y también a sus padres. Estuve pensando en ello y entonces me surgió esta idea: establecer una línea de naipes pequeños de juguete para niños de cuatro a ocho años. ¡Está resultando! Los juguetes ocupan poco espacio y obtengo un provecho decoroso con ellos. Pero lo más importante es que los juguetes han acrecentado el tráfico del almacén.

Créame –añadió–, mi plan de mejoramiento semanal es bueno. Precisamente al preguntarme concienzudamente cómo puedo realizar un mejor trabajo, encontré la respuesta. Raro es el lunes por la noche en que no doy prioridad a algún plan o técnica que hace que mi capítulo de ganancias y pérdidas aparezca mejorado.

He aprendido algo también acerca del tráfico afortunado, algo que toda persona dedicada a los negocios por su cuenta debería saber.

—¿Qué es?— Interrogué.

—Simplemente esto. No es tanto lo que usted sabe cuando comienza, lo que importa. Es lo que aprende y pone en uso cuando abre sus puertas lo que cuenta más.

El gran éxito requiere personas que continuamente estén escrutando medios de incrementar la eficiencia, de obtener más producción a menor costo, de hacer más con menos esfuerzo. La cumbre del éxito está reservada para la clase de personas que dicen: ¡Yo puedo hacerlo!

La empresa *General Electric* usa el lema: "El progreso es nuestro producto más importante. ¿Por qué no hacer del progreso su más importante producto?"

La filosofía "puedo hacerlo mejor" genera magia. Cuando usted se pregunta ¿cómo puedo hacerlo mejor?, Su poder creativo se conecta y los medios de hacer mejor las cosas surgen por sí mismos.

He aquí un ejercicio diario que le ayudará a descubrir y desarrollar el poder de la actitud "puedo hacerlo mejor".

Cada día antes de que comience su trabajo, dedique diez minutos a pensar: "¿Cómo puedo hacer un mejor trabajo hoy?" Pregúntese: "¿Qué puedo hacer para estimular a mis empleados?", "¿Qué favor especial puedo hacer a mis clientes?", "¿Cómo puedo acrecentar mi eficiencia personal?"

Este ejercicio es sencillo. Pero da resultado. Pruébelo y encontrará ilimitados medios creativos de ganar grandes éxitos.

Casi cada vez que mi esposa y yo nos reuníamos con cierta pareja, la conversación versaba sobre "esposas que trabajan". La señora S había trabajado varios años antes de su matrimonio y la había complacido sinceramente. —Pero ahora —decía—, tengo dos jovencitos en la escuela, un hogar que atender y alimentos que preparar. Simplemente no me queda tiempo.

Luego un domingo por la tarde, el señor y la señora S y sus hijos sufrieron un accidente de automóvil. La señora S y los pequeños escaparon sin lesiones graves, pero el señor S sufrió una lesión en la espalda que lo dejó incapacitado permanentemente. Ahora la señora S no tuvo opción sino que debió ir a trabajar.

Cuando la vimos varios meses después del accidente, quedamos atónitos al encontrar lo bien que se había ajustado a sus nuevas responsabilidades. —Como usted sabe —dijo— hace seis meses nunca soñé que pudiera ser posible manejar una casa y trabajar al mismo tiempo. Pero después del accidente sólo he tenido que conciliar mi mente para encontrar el tiempo. Créanme, mi eficiencia ha ascendido en cien por ciento. Descubrí un montón de cosas que estaba haciendo que no era del todo necesario hacerlas. Luego descubrí que los niños podían y deseaban ayudar. Encontré docenas de modos para aprovechar el tiempo-espacio —menos idas a los almacenes, menos televisión, menos telefonazos, menos de todo aquello que quita tanto tiempo.

Esta experiencia nos da una lección: *la capacidad es un estado de la mente*. Cuánto podemos hacer más, depende en gran parte de que pensemos cuánto podemos hacer. Si usted realmente cree que puede hacer más, su mente piensa creativamente y le muestra el camino.

Un joven ejecutivo del sector bancario relató esta experiencia relacionada con la "capacidad de trabajo":

—Uno de los otros ejecutivos de nuestro banco nos dejó, con un preaviso muy breve. Esto puso a nuestro departamento en apuros. El sujeto que partió había desempeñado un importante cargo y su trabajo no podía ser pospuesto ni quedarse sin hacer.

Al día siguiente de su marcha, el vicepresidente encargado de mi departamento me llamó. Me explicó que había hablado ya individualmente con los otros dos de mi grupo preguntándoles si se podían dividir el trabajo del hombre recién salido hasta que pudiese hacerse su reemplazo. Ninguno de ellos rehusó terminantemente —dijo el vicepresidente— pero cada cual constató que se halla hasta el cuello actualmente con su propio trabajo apremiante. Y me preguntó si usted podría asumir una parte del rezago, temporalmente.

Durante toda mi vida de trabajo, he aprendido que nunca se debe rechazar lo que aparenta ser una oportunidad. Por tanto, conviene y prometí hacer lo posible para manejar el cargo vacante hasta donde lo permitiese mi propia labor. El vicepresidente estuvo complacido con ello.

Salí de su oficina sabiendo que había aceptado una enorme responsabilidad. Yo estaba literalmente tan ocupado como los otros dos de mí departamento que eludieron esta obligación extra. Pero busqué un medio para desempeñar los dos trabajos. Terminé mi labor de la tarde y cuando las oficinas estuvieron cerradas me senté a meditar de qué modo acrecentaría mi eficiencia personal. Tomé un lápiz y comencé a anotar todas las ideas que se me ocurrieron.

Y ¿sabe usted?, Concebí algunas buenas ideas: por ejemplo, concertar un arreglo con mi secretaria para que me atendiese todas mis llamadas telefónicas a ciertas horas cada día, acortar mis conferencias usuales de quince minutos a diez, dar todo mi dictado una vez al día. También descubrí que mi secretaria –y estaba ansiosa de hacerlo– resolvería un cúmulo de detalles de poco tiempo en vez de hacerlo yo.

Había estado manejando mi empleo actual cerca de dos años, y francamente, me asombré al descubrir cuánta ineficiencia había dejado deslizarse en él.

Al cabo de una semana estaba dictando dos veces más, manejando cincuenta por ciento más de llamadas telefónicas, atendiendo otra vez las reuniones –todo ello sin tensión.

Transcurrieron un par de semanas. El vicepresidente me llamó. Me felicitó por estar haciendo un buen trabajo. Continuó diciendo que se había fijado en gran cantidad de gente dentro y fuera del banco, pero hasta ahora no daba con el hombre perfecto. Luego confesó que había hablado ya con el comité ejecutivo del banco, y obtuvo autorización para cambiar los dos empleos, ponerlos a mi cuidado y darme un sustancioso aumento de sueldo.

Me demostré a mí mismo que cuanto podemos hacer depende de cuánto pensamos que podemos hacer.

La capacidad es un estado de la mente.

Cada día, al parecer, esto ocupa un lugar en al acelerado mundo de los negocios. El jefe llama a un empleado y le explica que una tarea especial debe ser cumplida. Luego dice: "Ya sé que usted tiene un montón de cosas que hacer, pero ¿podría encargarse de ésta?"

Demasiado a menudo el empleado contesta: "Estoy terriblemente apenado, pero me hallo sobrecargado ahora. Desearía tomar ese trabajo, pero me siento en realidad ocupado en exceso".

Bajo tales circunstancias, el jefe no se puede pronunciar contra el empleado, porque es un "trabajo extra", como se dice. Pero el jefe se da cuenta de que la tarea puede ser hecha, y se quedará mirando hasta encontrar un empleado que se halle tan ocupado como el resto pero que siente que puede hacer más. Y este empleado es el que avanza despacio pero constantemente.

En los negocios, en la casa, en la comunidad, la combinación del éxito es *hacer mejor lo que usted hace* (mejorar la calidad de su rendimiento) *y hacer más de lo que usted puede hacer* (aumentar la calidad de su producción).

¿Se ha convencido de que le resulta más beneficioso hacer más y mejor las cosas? Entonces trate este proceso de dos pasos:

1. Acepte con avidez la oportunidad de hacer más. Es una atención ser solicitado para una nueva responsabilidad. Aceptar mayores responsabilidades sobre la ocupación le hace destacar y demuestra que es usted más estimable. Cuando sus vecinos le piden que los represente en un asunto cívico, acepte. Le ayudará a llegar a ser líder de la comunidad.

2. Enseguida concéntrese en ¿cómo puedo hacer más? Llegarán las respuestas creativas. Algunas de estas respuestas pueden ser un mejor planeamiento y organización de su labor presente o imponer cortes breves en sus actividades rutinarias, o posiblemente dejar caer juntas las actividades no esenciales. Pero, déjenme repetirlo, la solución para hacer más, aparecerá.

Como una regla personal he aceptado de lleno el concepto: si desea usted que algo se haga, déselo a hacer a un hombre ocupado. Rehúso trabajar sobre proyectos importantes con personas que dispongan de mucho tiempo libre. He aprendido de experiencias dolorosas que el sujeto que tiene abundancia de tiempo resulta ser un inefectivo compañero de trabajo.

Todas las personas afortunadas y competentes sé que están ocupadas. Cuando comienzo algún proyecto con ellas, sé que lo harán satisfactoriamente.

He sabido docenas de ejemplos de que puedo contar con un hombre ocupado para hacer cosas. Pero a menudo me ha desilusionado trabajar con la gente que, "tienen todo el tiempo del mundo".

El manejo progresivo de los negocios constantemente pregunta: "¿Qué podemos hacer para difundir la producción?" Por qué no preguntarse a sí mismo: "¿Qué puedo hacer yo para difundir mi producción?" Su mente le enseñará creativamente cómo.

En centenares de entrevistas con gente de todos los niveles he hecho este descubrimiento: cuanto más grande es la persona, más apta para estimularle a usted a hablar; cuanto más pequeña es la persona más apta es para sermonearle.

La gente grande monopoliza *el escuchar.*

La gente pequeña monopoliza *el hablar.*

Anote ahora esto: los líderes de alto nivel en todas las condiciones de la vida gastan mucho más tiempo solicitando consejos que dándolos. Antes que un gran hombre tome una decisión, pregunta, "¿Qué les parece a ustedes?", "¿Qué me recomiendan?", "¿Qué harían bajo estas circunstancias?", "¿Cómo les suena esto?"

Mírelo en este sentido: un líder es una máquina humana que fabrica decisión. Ahora bien, para manufacturar alguna cosa debe procurarse el material fresco necesario. Al alcanzar decisiones creativas, el material fresco son las ideas y sugerencias de los demás. Desde luego, no debe esperar que los demás le den soluciones hechas y preparadas. No es ésta la primera razón para preguntar y escuchar. Las ideas de los otros nos ayudan a aclarar nuestras propias ideas si es que nuestra mente es creativa.

Recientemente participé como instructor de equipo en un seminario preparador de ejecutivos. El seminario consta de doce sesiones. Una de las discusiones más sobresalientes de cada asamblea era una de quince minutos, que exponía uno de los ejecutivos sobre el tópico: "Cómo he resuelto mi más apremiante problema de gerencia".

A la novena sesión, el ejecutivo de turno, un vicepresidente de una gran compañía productora de leche, hizo algo diferente. En lugar de contar cómo había resuelto su problema, anunció su tópico así: "Se necesita ayuda para solventar mi más apremiante problema de gerencia". Rápidamente esbozó su problema y a continuación pidió al grupo ideas para solventarlo. Para estar seguro de obtener un registro de cada idea sugerida, tenía un secretario en la sala, que tomaba nota de todas las cosas que se decían.

Más tarde hablé con este hombre y le felicité por su proposición única. Su comentario fue: "Hay algunos hombres muy agudos en este grupo. Me figuré no más que iba a cosechar algunas buenas ideas. Hay una franca posibilidad de que algunas de las ideas que alguien expuso durante aquella sesión puedan darme la clave que necesito para solucionar mi problema".

Nota: este ejecutivo presentó su problema, luego escuchó. Haciendo esto, recogió material fresco para una decisión; los otros ejecutivos del auditorio animaron la discusión porque les dio oportunidad de tomar parte en ella.

Los negociantes afortunados invierten grandes sumas en alcanzar consumidores. Interrogan a la gente acerca del sabor, calidad, volumen o apariencia de un producto. Escuchar a la gente aporta ideas definidas para hacer el producto más vendible. También sugiere al manufacturero lo que debe decir a los compradores en relación con el producto en los anuncios. El procedimiento para desarrollar productos acertados es conseguir tantas opiniones como se pueda, escuchar a la gente que los comprará, y entonces diseñar el producto y su promoción para complacer a esa misma gente.

En una oficina advertí recientemente un rótulo en que se leía: "Para decir a John Brown lo que John Brown compra, necesita usted ver las cosas con los ojos de John Brown. Y el medio de saber la visión de John Brown es escuchar lo que John Brown tenga que decir".

Sus oídos son sus válvulas intocables. Ellos alimentan su mente con materiales crudos que pueden ser convertidos en poder creativo. No aprendemos nada hablando. Pero no hay límite para lo que podamos aprender preguntando y escuchando.

Pruebe este programa en tres etapas para fortalecer su creatividad a base de preguntar y escuchar:

1. Estimule a los otros para que hablen. En la conversación personal o en reunión de grupo pregúntele a la gente con insistencia: "Hábleme acerca de su experiencia..." o "¿Qué piensa usted que debería hacerse?", "¿Cuál cree que es el punto clave?" Incite a los demás para que hablen y ganará una doble victoria: su mente recibe material crudo que puede usar para producir pensamientos creativos y ganar amigos. No hay medio más efectivo para que la gente guste de usted como inducirla a hablar.

2. Pruebe sus propios puntos de vista presentándolos como preguntas. Deje que las demás personas le ayuden a pulir sus ideas. Use el recurso "¿Que piensas de esta sugerencia". No sea dogmático. No anuncie una idea fresca como si estuviera escrita sobre una tablilla de oro. Practique primero una investigación informal. Vea cómo sus asociados reaccionan. Si lo hace, sus probabilidades son que acabará por tener una idea mejor.

3. Concéntrese en lo que las demás personas digan. Escuchar es más que conservar cerrada su propia boca. Escuchar significa dejar que lo que se dice penetre en su mente. A menudo la gente pretende escuchar cuando no escucha ni mucho menos. Se limitan a esperar que la otra persona haga una pausa para poder tomar de nuevo la palabra. Concéntrese en lo que su interlocutor dice. Avalúelo. Así es como recoge alimento para su mente.

Cada vez más las principales universidades están ofreciendo programas de entrenamiento de gerencias para ejecutivos de negocios. Según los patrocinadores, el gran beneficio de estos programas no estriba en que los ejecutivos obtengan fórmulas hechas disponibles que puedan usar para operar sus negocios más eficientemente. Más bien, se benefician con la oportunidad de intercambiar y discutir nuevas ideas. Muchos de estos programas requieren que los ejecutivos vivan juntos en las instalaciones universitarias, animando así las sesiones. Reducidos por ebullición a una palabra, los ejecutivos se benefician al máximo del estímulo recibido.

Hace un año dirigí dos sesiones en una semana de adiestramiento en ventas, en Atlanta, auspiciada por *National Sales Executive*, Inc. A las pocas semanas encontré a un vendedor amigo que trabajaba para uno de los ejecutivos de ventas a quienes atendí en la escuela.

—Su gente en la escuela seguramente dio a mi gerente de ventas una multitud de cosas para hacer funcionar mejor nuestra compañía –dijo mi joven amigo. Es curioso. Le pregunté específicamente qué cambios había notado. Contó numerosas cosas –una revisión del plan de compensaciones, dos reuniones de ventas al mes en lugar de una, nuevas tarjetas comerciales y material de escritorio, una revisión de zonas de venta –no una que se recomendó específicamente en el programa de adiestramiento. El gerente de ventas no obtuvo un manojo de técnicas en serie. En lugar de eso, consiguió algo mucho más valedero: la estimulación para pensar ideas directamente beneficiosas para su organización particular.

Un joven contador de una manufacturera de pinturas me comentó sobre una aventura afortunada de esas que hacen chispear las ideas ajenas:

—Nunca tuve más que un interés casual en los bienes raíces –me dijo. He sido un contador profesional durante varios años, bastante apegado a mi profesión. Un día un amigo mío corredor de finca raíz me invitó a ser su huésped en una merienda de los corredores de fincas de la ciudad.

El orador aquel día fue un hombre mayor que había visto crecer la ciudad. Su charla versó sobre "Los próximos noventa años". Predijo que el área metropolitana seguiría creciendo hasta muy lejos dentro de la tierra de granjas circunvecinas. También predijo que habría un récord de demanda para las que llamó amablemente haciendas de dos a cinco acres, bastante grandes para que el hombre de negocios o el profesional tuviera piscina, caballos, un jardín y otros entretenimientos que requieren espacio.

La charla de aquel hombre me estimuló realmente. Lo que describió era exactamente lo que yo deseaba. En los días subsiguientes pregunté lo que pensaban acerca de la idea de poseer algún día cinco acres de terreno. Todo el mundo a quien hablé dijo: "En efecto, me gustaría eso".

Continué pensando sobre ello e imaginando cómo podría sacar partido. Luego, un día, cuando manejaba hacia el trabajo, la respuesta surgió de repente. ¿Por qué no comprar una granja y parcelarla en lotes? Reflexioné que la tierra podía valer más en piezas relativamente pequeñas que en una grande.

A 40 kilómetros del centro de la ciudad, encontré una granja inservible de cincuenta acres valorada en $150.000 dólares. La compré pagando solamente un tercera parte al contado y conseguí del propietario una hipoteca para el resto.

Acto seguido planté semillas de pino donde no había ningún árbol. Hice esto porque un hombre dedicado a los bienes raíces al que tenía por conocedor de su negocio, me dijo: "La gente desea árboles hoy día, muchos árboles".

Yo deseaba que mis compradores en proyecto viesen que en pocos años su predio se cubriría con hermosos pinos. Entonces conseguí un agrimensor para dividir los 50 acres en diez lotes de a 5 acres.

Ahora estoy dispuesto a comenzar a vender. He obtenido varias listas postales con direcciones de jóvenes ejecutivos de la ciudad y he iniciado en pequeña escala una campaña por correo. En los anuncios promocionaba que por solamente $30.000 dólares, el precio de un apartamento pequeño en la ciudad, pueden comprar toda una finca. También describía el potencial para la recreación y vida saludable en contácto con la naturaleza.

En un lapso de seis semanas, trabajando solamente por las tardes y fines de semana, he vendido los diez lotes para un total de ingresos de 300.0000 dólares. El costo total, incluyendo anuncios, medición y gastos legales, ha sido de $104.000 dólares y he obtenido un beneficio de $196.000 dólares. He realizado un negocio estupendo porque he creído en las ideas de otras personas inteligentes. Si no hubiese aceptado aquella invitación para ir a una merienda con un grupo completamente extraño a mis intereses, mi cerebro no habría atinado nunca a pensar en este plan y sacar de allí un buen provecho.

Hay muchos medios para conseguir el estímulo mental. He aquí dos que usted puede incorporar a su vida:

Primero júntese y conozca regularmente por lo menos una agrupación profesional que le aporte estímulos en su propia área. Roce sus hombros y su mente con otra gente orientada hacia el éxito. De este modo, a menudo oirá que alguien dice: "He recogido una gran idea este mediodía en la reunión". Recuerde: una mente que se alimenta solamente de sí misma, pronto se encuentra desnutrida, se debilita y llega a ser incapaz de pensamientos creativos y de progreso. El estímulo de los demás es un excelente alimento mental.

Segundo únase y participe por lo menos con un grupo, fuera de su interés ocupacional. La asociación con gente que tiene diferentes intereses de trabajo, ensancha su pensamiento y le ayuda a ver un gran cuadro. Le sorprenderá ver de qué modo mezclarse con la gente ajena a su medio habitual estimulará su pensamiento en el trabajo.

Las ideas son el fruto de su pensamiento. Pero deben ser enriquecidas y puestas a trabajar para que tengan valor.

Cada año un roble produce bastantes bellotas para poblar una selva de buenas dimensiones. No obstante, de estas cantidades de semillas quizá solamente una bellota o dos llegarán a ser un árbol. Las ardillas destruyen muchas de ellas y la dureza del suelo debajo del árbol no da a las semillas remanentes muchas probabilidades de prosperar.

Así ocurre con las ideas. Muy pocas llevan fruto. Las ideas son altamente perecederas. De no estar en guardia, las ardillas (gente con pensamiento negativo) destruirían su mayor parte. Las ideas requieren especial cuidado desde que nacen hasta que se les transforma en medios prácticos para hacer mejor las cosas. Emplee estos tres sistemas para enriquecer y desarrollar sus ideas:

1. No deje escapar sus ideas. Escríbalas en el acto. Cada día multitud de buenas ideas nacen sólo para morir rápidamente a causa de que no han sido escritas en el papel. La memoria es un débil esclavo cuando se trata de preservar y nutrir los tizones ardiendo de las ideas nuevas. Lleve consigo una libreta o varias tarjetas. Cuando tenga una idea, anótela. Un amigo que viaja mucho conserva con él una libreta, de modo que pueda escribir una idea en el instante que se le ocurre. La gente con pensamientos fértiles, creativos, sabe que una buena idea retoña a cada momento, en cualquier lugar. No deje que se le escapen las ideas; de otro modo destruye usted los frutos de su pensamiento. Guárdelas dentro.

2. Revise sus ideas. Póngalas en una hilera activa. La hilera puede ser un elaborado gabinete o el cajón de un escritorio. Una caja de zapatos sirve, pero construya una hilera y luego examine su almacenaje de ideas regularmente. Cuando vuelva sobre ellas, alguna puede por buenas razones, no tener valor alguno. Líbrese de ella. Pero hasta donde una idea contenga alguna promesa, guárdela.

3. Cultive y fertilice su idea. Haga luego que crezca. Piense en ello. Ligue la idea a otras relacionadas. Lea alguna cosa en que de algún modo pueda encontrar lo que está en cierta forma emparentado con su idea. Investigue todos los ángulos. Entonces, cuando ya tenga un tiempo de maduración, aquella idea puede trabajar para usted, su ocupación y su futuro.

Cuando un arquitecto concibe una idea para un nuevo edificio, hace un dibujo preliminar. Cuando una persona creativa lanza una idea para una televisión comercial, pone en forma de relato una serie de dibujos que sugieren lo que la idea vendrá a ser en su forma definitiva. Los escritores dotados de ideas preparan un borrador previo.

Nota. Desarrolle la idea sobre el papel. Hay dos excelentes razones para ello. Cuando la idea toma forma tangible, usted puede leerla literalmente, ver sus evasivas, lo que necesita en el sentido de pulirla. También las ideas tienen que ser "vendidas" a alguien: clientes, empleados, al jefe, a los amigos, a los compañeros de club, a los inversionistas. Alguno puede "comprar" la idea; de no ser así, no tiene valor.

Un verano estuve conectado con dos vendedores de seguros de vida. Ambos deseaban trabajar mi programa de seguros. Ambos prometieron volver con un plan para hacer los cambios necesarios. El primer vendedor me dio estrictamente una representación oral. Me dijo de palabra lo que yo necesitaba. Pero en seguida me sentí confundido. Se redujo a tasas, opciones, seguridad social, todos los detalles técnicos de mi programa de seguros. Francamente, me hizo perder el tino y tuve que decirle que no.

El segundo vendedor usó otro procedimiento. Había puesto por escrito sus recomendaciones. Todos los detalles estaban expuestos en forma de diagrama. Podía comprender fácil y rápidamente su proposición porque era posible verla literalmente.

Resuelva poner sus ideas en forma vendible. Una idea escrita o bajo alguna forma de dibujo o diagrama posee muchas veces más poder que la idea presentada únicamente en forma verbal.

Use estas herramientas y piense creativamente

1. Creer que puede lograrse. Cuando cree que algo puede lograrse, su mente encontrará los medios de hacerlo. Creyendo, una solución pavimenta el camino a la solución. Elimine los "Imposible", "No dará resultado", "No puede hacerse" de su pensamiento y vocabulario hablado.

2. No permita que la tradición paralice su mente. Sea receptivo a las ideas nuevas. Experimente. Pruebe nuevos acercamientos. Sea progresivo en todo lo que haga.

3. Pregúntese cada día: ¿Cómo puedo hacerlo mejor? No hay ningún límite para el mejoramiento. Cuando se pregunte a sí mismo: ¿Cómo puedo hacerlo mejor?, Las sanas respuestas aparecerán, pruébelo y verá.

4. Pregúntese: ¿Cómo puedo hacer más? La capacidad es un estado de la mente. Formular esa pregunta pone su mente a trabajar en busca de acercamientos inteligentes. La combinación del éxito en los negocios es: hacer mejor lo que hace (mejorar la calidad de su producción) y, hacer más de lo que hace (aumentar la cantidad de su producción).

5. Practique el preguntar y escuchar. Pregunte y escuche y obtendrá material fresco para alcanzar decisiones justas. Recuerde: la gente grande monopoliza el escuchar; la gente pequeña monopoliza el hablar.

6. Enderece su mente. Estimule. Asóciese con gente que le pueda ayudar a pensar en nuevas ideas, nuevos medios de hacer cosas. Mézclese con gente de diferentes ocupaciones e intereses sociales.

6

USTED ES LO QUE PIENSA QUE ES

Es obvio que la conducta humana es enigmática. ¿Se ha preguntado por qué una persona que vende saluda a un parroquiano con un vivaz: "Sí señor, podemos servirle", pero virtualmente no hace caso de otro? ¿Por qué un hombre abre la puerta para una mujer pero no para otra? ¿O por qué un empleado lleva a cabo convenientemente las instrucciones de un superior pero tan sólo con molestia verifica lo que le solicita otro? ¿O por qué prestamos extrema atención a lo que dice una persona pero no a otra?

Mire a su alrededor. Observará mucha gente que recibe el tratamiento: "Hola Alfredo" o "Qué tal Pancho", mientras otras reciben el sincero e importante: "Sí, señor". Vigile. Observará mucha gente que impone confianza, lealtad y admiración, en tanto que otros no lo hacen.

Mire más de cerca todavía. Observará también que aquellas personas que inspiran el mayor respeto son a la vez las más afortunadas.

¿Cuál es la explicación? Puede ser sintetizada en una palabra: *pensar*. Nuestro pensamiento lo hace suceder. Otros ven en nosotros lo que nosotros vemos en nuestro interior. Recibimos la clase de tratamiento que *pensamos* que debemos merecer.

Pensar lo hace suceder. El sujeto que piensa que es inferior, sin tomar en cuenta lo que su calificación real pueda ser, es inferior. Porque pensar regula las acciones. Si un hombre se siente inferior, actúa en este sentido, y ninguna capa de disimulo ocultará por mucho tiempo este sentimiento básico. La persona que cree que no es importante, no lo es.

Por otro lado, un sujeto que realmente cree ser adaptado a su tarea, lo es.

Para ser importantes, debemos pensar que somos importantes, realmente, pensémoslo así. Aquí de nuevo está la lógica:

>Como usted piensa determina como usted actúa.

>Como usted actúa a su vez determina:
>*cómo los demás reaccionan hacia usted.*

En otras fases de su programa personal para el éxito, conquistar respeto es fundamentalmente sencillo. Para ganar el respeto de los demás, debe primero pensar que merece respeto. Y cuánto más respeto tenga por sí mismo, más tendrán los demás por usted. Pruebe este principio. ¿Tiene mucho respeto para el habitante de los barrios bajos? Desde luego que no. ¿Por qué? Porque el pobre individuo no se respeta a sí mismo. Se ha dejado corromper por falta de respeto a sí mismo.

El respeto por sí mismo se manifiesta a través de todas las cosas que hacemos. Permítanos enfocar nuestra atención ahora en alguno de los medios específicos con que podemos aumentar el autorespeto y con eso ganar mayor respeto de los otros.

Aparentar importancia le ayuda a que piense que usted es importante. Regla: recuerde lo que su apariencia "proyecta". Con toda seguridad dice cosas positivas de usted.

Nunca salga de casa sin estar seguro de que se le ve como la clase de persona que desea ser.

Uno de los más honestos consejos que jamás han aparecido impresos es: "¡Vista correctamente. No le conviene dejar de hacerlo!", lema auspiciado por el American Institute of Men's and Boy's Wear. Este lema merece ser colocado en todas las oficinas, salas de descanso, dormitorios y aulas de América. En un anuncio, habla un policía y dice:

"Por lo general, usted puede formar un juicio erróneo sobre un muchacho, por lo que aparenta. Seguro es injusto, pero es un hecho: la gente juzga a un jovencito por su apariencia. Y una vez que se ha encasillado a un muchacho, son difíciles de cambiar las opiniones acerca de él, las actitudes hacia él. Mire a su muchacho. Mírelo a través de los ojos de su maestro, de sus vecinos. ¿Podría su aspecto, la ropa que viste, darles una impresión errónea? ¿Está usted seguro de que se ve correcto, bien vestido dondequiera que va?"

Este consejo, desde luego, se refiere de preferencia a los niños. Pero se puede aplicar también a los adultos. En la cláusula que comienza con mire, sustituya el vocablo él por usted mismo, superior donde dice maestro y asociados por vecinos y relea el texto. Mírese a sí mismo a través de los ojos de su superior, de sus asociados.

Cuesta tan poco ser limpio. Tome ligeramente el slogan. Interprételo al decir: vista bien; siempre remunera. Recuerde: aparezca importante porque le ayuda a pensar importante.

Use su vestuario como una herramienta para elevar su espíritu y edificar confianza. Un antiguo profesor mío de Psicología acostumbraba dar este consejo a los estudiantes en el último minuto de los preparativos para el examen final: "Vistan de etiqueta para un importante examen. Cómprense corbata nueva. Traigan su traje planchado, brillen sus zapatos. Luzcan brillantes porque les ayudará a pensar con brillantez".

El profesor conocía su Psicología. No se equivoque al respecto. Su exterior físico afecta a su interior mental. Lo que usted luce por fuera afecta a cómo piensa y siente por dentro.

Todos los jóvenes, se me ha dicho, atraviesan la "jornada del sombrero". Esto es, usan sombreros que los identifiquen a sí mismos con la persona o carácter que desean ser. Siempre recordaré un incidente de sombrero con mi propio hijo Davey. Una vez se opuso terminantemente a representar al Llanero Solitario porque no tenía el sombrero adecuado. Traté de persuadirle para que lo sustituyera con otro. Su protesta fue:

"Pero, papá, no puedo pensar como Llanero Solitario sin un sombrero de Llanero Solitario".

Me rendí finalmente y le compré el sombrero que necesitaba. Seguro, además que con el sombrero puesto, él era el Llanero Solitario.

A menudo recordé aquel incidente porque dice mucho acerca del efecto de la apariencia en el pensamiento. Todo aquel que ha servido en el ejército sabe que un soldado siente y piensa como soldado cuando está de uniforme. Una mujer siente más que va a ir a una fiesta cuando está vestida para la fiesta.

Por el mismo motivo, un ejecutivo siente más que es un ejecutivo cuando va vestido como tal. Un vendedor me lo expresaba de este modo: "No me puedo sentir próspero —y lo tengo que sentir yendo a hacer grandes ventas— a menos que dé la impresión de serlo".

Su apariencia le habla a usted; pero también habla a los demás. Ayuda a determinar lo que otros piensan de usted. En teoría, es lisonjero oír que la gente debiera apreciar el intelecto de un hombre, no sus vestidos. Pero no nos engañemos. La gente le evalúa a usted sobre la base de su apariencia. Su apariencia es la primera base de evaluación de que disponen las demás personas. Y la primera impresión perdura, fuera de toda proporción con el tiempo que se lleva formarla.

En un supermercado advertí una mesa de uvas sin semilla marcadas a $4 la libra. En otra mesa, donde aparecían racimos idénticos, esta vez empacados en bolsas de celofán, estaban marcados a 2 libras por $9.

—¿Cuál es la diferencia entre las uvas marcadas a $4 la libra y las de $9 dos libras?— Pregunté al joven de la báscula.

—"La diferencia", repuso, "es la bolsa". Vendemos casi el doble de uvas en esta forma. De este modo lucen mejor.

Piense en el ejemplo de las uvas la próxima vez que vaya a venderse. "Empacado" debidamente tiene una mejor probabilidad de hacer la venta. Y a un precio más alto.

El punto es: cuanto mejor empacado esté usted, más público aceptará recibirle.

Mañana fíjese en quien es tratado con más respeto y cortesía en restaurantes, autobuses, en vestíbulos atestados, en almacenes y en el trabajo. La gente mira a otra persona, hace una rápida y a menudo subconsciente apreciación y luego la trata en consecuencia.

Miramos a unas personas y respondemos con la actitud: "Hola Alfredo" o "Qué tal Pancho". Miramos a otras y respondemos con la percepción: "Sí, señor". Sí, la apariencia de una persona habla en definitiva. El sujeto bien vestido dice cosas positivas. Dice a la gente: "He aquí una persona importante: inteligente, próspera y confiable. Este hombre puede ser mirado, admirado y considerado. Se respeta a sí mismo y yo le respeto a él".

El sujeto de aspecto desarrapado dice cosas negativas. Es descuidado, ineficiente, poco importante. Es una persona del promedio. No merece consideración especial. Está hecho para ser empujado de un lado a otro.

Cuando enfatizo: "Respete su apariencia" en los programas de adiestramiento, casi siempre me hacen esta pregunta: "Estoy convencido. La apariencia es importante. Pero ¿cómo espera usted que me provea de la clase de ropa que realmente me hace sentir bien y que causa que los demás me vean como alguien distinguido?" Esta pregunta intrigaba a mucha gente y también me intrigó personalmente durante largo tiempo. Pero la respuesta es de lo más sencilla:

Pague el doble pero lleve la mitad. Aprenda este hábito de memoria. Luego practíquelo. Aplíquelo a los sombreros, trajes, calzados, medias, abrigos; todas las cosas que usa. En cuanto a lo que concierne a la apariencia, la calidad es mucho más importante que la cantidad. Cuando usted practique este principio encontrará a la vez su respeto por sí mismo y el respeto de los otros por usted se elevará. Y verá también que, por encima de cualquier mesura con respecto al dinero, es más provechoso pagar el doble y llevar la mitad porque:

1. Sus prendas durarán el doble porque tienen el doble de calidad, y así lucirán durante el tiempo que duren.

2. Lo que usted compra permanecerá de moda más tiempo. Las ropas mejores siempre lo están.

3. Obtendrá mejor consejo. Los comerciantes que venden trajes de $1000 dólares suelen estar mucho más interesados en ayudarle a encontrar el traje "más indicado" para usted que los comerciantes que venden trajes de $500 dólares.

Recuerde: Su apariencia le habla a usted y a los demás. Tenga la certeza de que dice: "He aquí una persona que se respeta a sí misma. Es importante. Trátele de esa forma".

Lucir excelente es algo que usted le debe a los demás —pero más importante todavía, se lo debe a usted mismo—.

Usted es lo que piensa que es. Si su apariencia le hace sentir inferior, es inferior. Si le hace pensar que es pequeño, es pequeño. Luzca excelente y usted va a pensar y actuar de esa manera.

Piense que su trabajo es importante. Hay una historia que se cuenta a menudo acerca de las actitudes en el trabajo de tres colocadores de ladrillos. Es clásico, nos permitimos repetirla una vez más. Cuando se les preguntó: ¿Qué está haciendo usted?, el primer albañil replicó: "Coloco ladrillos". El segundo dijo: "Gano $9.30 dólares por hora". Y el tercero dijo: "¿Yo? Estoy construyendo la catedral más grande del mundo".

Ahora bien, la historia no nos dice lo que les ocurrió a los tres albañiles en años sucesivos. Pero, ¿qué cree usted que les sucedió? Las probabilidades son que los dos primeros hayan permanecido siendo eso: albañiles. Carecían de visión. No sentían respeto por su trabajo. No había nada en ellos que los impulsara hacia el éxito mayor.

Pero usted puede apostar lo que posea a que el albañil que se visualizó a sí mismo construyendo una gran catedral no seguirá siendo un albañil. Quizá llegó a maestro de obra, o quizá a constructor, o posiblemente a arquitecto. Avanzó y creció. ¿Por qué? A causa del pensamiento de hacerlo así.

El albañil número tres estaba sintonizado con los canales de pensamiento que apuntan al medio de autodesarrollar su trabajo. El trabajo pensante dice mucho en relación con la persona y su potencial de más amplias responsabilidades.

Un amigo que dirige una empresa de selección de personal me dijo hace poco: "Una cosa que siempre busco al estudiar a un aspirante para un cliente es cómo él piensa acerca de su labor presente. Me siento siempre favorablemente impresionado cuando encuentro que un solicitante piensa que su ocupación actual es importante, aunque haya alguna cosa a propósito de ella que no le satisface".

"¿Por qué? Simplemente por esto: si el aspirante siente que su labor actual es importante, lo más probable es que también se sienta orgulloso en la futura. He hallado una correlación estrecha entre el respeto de una persona a su empleo y su desempeño de él".

Al igual que su apariencia, el modo en que piensa de su trabajo dice cosas acerca de usted a sus superiores, asociados y subordinados. De hecho, a todos con quienes ha establecido contacto.

Hace pocos meses invertí varias horas con un amigo que es director de personal de una fabrica de aparatos electrónicos. Hablamos acerca de los "hombres constructivos". Expuso su "sistema de auditoría de personal" y lo que había aprendido con él.

Tenemos alrededor de 800 individuos no productivos. En nuestro sistema de auditoría al personal, un asistente y yo entrevistamos a cada empleado cada seis meses. Nuestro objetivo es sencillo. Deseamos aprender cómo podemos ayudarles en su tarea. Pienso que esta es una buena táctica porque cada persona que trabaja con nosotros es importante, si no fuera así no estaría en la nómina.

Somos cuidadosos de no hacer a los empleados ninguna pregunta directa. En lugar de ello les estimulamos a hablar acerca de cualquier cosa que deseen. Nuestro blanco es obtener sus opiniones sinceras. Después de cada entrevista llenamos un formato sobre las actitudes de los empleados hacia los aspectos específicos de su empleo.

Y he aprendido algo. Nuestros empleados se acomodan en dos categorías, grupo A y grupo B, sobre la base de lo que piensan acerca de su ocupación.

Una persona del grupo B habla principalmente sobre su seguridad, los planes de retiro de la empresa, la políticas de ausencias por enfermedad, los periodos de vacaciones, cómo vamos a mejorar nuestros programa de seguro médico y si van a tener que trabajar tiempo extra el próximo marzo, como tuvieron que hacerlo el marzo pasado. Ellos también hablan sobre tareas que les desagradan, actitudes que no les gustan de sus compañeros de trabajo y otras detalles. La persona del grupo B —que resultan ser cerca del 80% de su personal no vinculado con producción— ve su trabajo como una especie de mal necesario.

Una persona del grupo A ve su tarea a través de ópticas diferentes. Se interesa por su futuro y desea sugerencias concretas sobre lo que puede hacerle progresar más rápidamente. No espera de nosotros que le demos nada excepto una oportunidad. La gente del grupo A piensa a una escala más amplia. Hacen sugerencias para mejorar el negocio. Miran estas entrevistas en mi oficina como constructivas. Pero el grupo B a menudo siente nuestro sistema de investigación de personal nada más que como un lavado de cerebro y se alegran de acabarlo pronto.

Ahora, hay un medio de que yo compruebe las actitudes y el propósito que abrigan respecto al éxito del negocio. Todas las recomendaciones, ascensos y aumentos de paga y privilegios especiales son canalizados hacia mí, por el inmediato supervisor de empleados. Casi invariablemente, es una persona del grupo A la recomendada. Y además, casi sin excepción, los problemas parten de la categoría del grupo B.

El reto más grande en mi cargo, —explicó—, es tratar de ayudar a la gente del grupo a que pasen al grupo A. No es fácil, sin embargo, porque hasta que una persona piensa que su empleo es importante y se ocupa positivamente de él, no puede ser ayudada.

Esta es una concreta evidencia de que usted es lo que piensa que es, lo que su poder de pensamiento le dirige a llegar a ser. Piense que es débil, piense que usted carece de lo que deleita, piense que es una persona de segunda clase, piense de esta manera y se verá sumido en la mediocridad.

Pero piense que, por el contrario, "yo soy importante, tengo lo que me deleita, soy un realizador de primera clase, mi misión es importante". Piense de esta manera y será dirigido directamente al éxito.

La clave para ganar lo que usted desea reside en pensar positivamente de sí mismo. La única base real que los demás tienen para juzgar sus capacidades, es la acción, Y su acción está controlada por sus pensamientos.

Usted *es* lo que *piensa* que es.

Calce por unos momentos los zapatos de un supervisor y pregúntese qué persona recomendaría para un ascenso y una promoción:

1. ¿Al secretario que, cuando el ejecutivo se halla fuera de la oficina, malgasta el tiempo leyendo revistas, o al secretario que emplea ese mismo tiempo en hacer aquellas pequeñas cosas que ayudan al ejecutivo a realizar más a su regreso?

2. ¿Al empleado que dice: "Oh, bien, yo puedo siempre obtener otro empleo. Si no les gusta mi modo de trabajar, los dejaré en el acto"?, ¿O al empleado que ejerce la crítica constructiva y sinceramente trata de hacer un trabajo de más alta calidad?

3. ¿Al vendedor que dice a un cliente: "Oh, yo hago simplemente lo que me dicen que haga. Me dicen que salga a ver si usted necesita alguna cosa" o al vendedor que dice: "Señor Brown yo estoy aquí, para servirle"?

4. Al supervisor que confía a un empleado: "A decir verdad, no me gusta mucho mi trabajo. Los tipos de arriba me dan dolor de cabeza. No sé de qué están hablando la mitad del tiempo" o al supervisor que expresa: "En cualquier trabajo ocurren cosas desagradables, pero le aseguro que los directivos están atentos y harán lo mejor por nuestro bienestar".

¿No es obvio por qué muchas personas permanecen en un nivel toda su vida? Su pensamiento solitario las mantiene allí.

Un ejecutivo de publicidad me dijo una vez en relación con el entrenamiento informal que tenía su agencia para "enseñar" a jóvenes nuevos e inexpertos:

"Como plan de acción de la compañía, entendemos que el mejor entrenamiento inicial es hacer que los jóvenes, que en su mayoría son graduados universitarios empiecen como mensajeros. No lo hacemos, desde luego, porque creamos necesario que un sujeto necesite cuatro años de estudios para llevar el correo de una oficina a otra. Nuestro propósito es dar a los novatos el máximo de exposición a las muy variadas cosas que se hacen en una agencia de trabajo. Después que sabe su camino, le damos una ocupación.

Ocasionalmente, inclusive después de haber explicado cuidadosamente por qué le hacemos comenzar por el correo, un joven siente que este reparto de correspondencia es deprimente y poco importante. Cuando se da este caso, sabemos que hemos dado con la persona equivocada. Si no posee la visión para apreciar que repartir cartas es un paso práctico y necesario para comisiones importantes, entonces no tiene porvenir alguno en el negocio de la publicidad.

Recuérdelo, los ejecutivos contestan la pregunta: *¿Qué debería él hacer en este nivel específico?*, Respondiendo primero a la pregunta: *¿Qué clase de empleo desempeña donde se encuentra ahora?*

He aquí algo lógico, recto y fácil. Léalo por lo menos cinco veces antes de seguir adelante:

Una persona que piensa que su trabajo es importante, recibe señales mentales sobre cómo hacerlo mejor; y un mejor trabajo conduce a más ascensos, más dinero, más prestigio y más felicidad.

Todos hemos observado de qué modo los niños adquieren las actitudes, miedos y preferencias de sus padres; ya sean preferencias alimenticias, modismos, miras religiosas o políticas, o cualquier otro tipo de conducta, el niño es un reflejo viviente de cómo piensan sus padres o encargados, porque aprende por medio de la imitación. ¡Y así hacen los adultos! La gente continúa imitando a los demás a lo largo de su vida. E imitan a sus líderes y supervisores; sus pensamientos se hallan influidos por ellos.

Puede usted comprobar esto fácilmente. Estudie a uno de sus amigos y la persona para la cual trabaja, y notará la similitud de pensamiento y acción. He aquí van algunos de los medios por los que su amigo puede imitar a su jefe o a otros asociados: jerga o lenguaje escogido, modo de fumar, algunas expresiones faciales y amaneramientos, selección de ropa, preferencias en automóviles. Hay más, muchas más, por supuesto.

Otro medio de notar el poder de la imitación es observar las actitudes de los empleados y compararlas con las del jefe. Cuando el jefe está nervioso, tenso, preocupado, sus asociados próximos reflejan las mismas actitudes. Pero cuando el señor jefe está en la gloria, y se siente bien, lo mismo sus empleados.

El punto es éste: *el modo en que pensamos de nuestro empleo, determina cómo nuestros subordinados piensan acerca de los suyos.*

Las actitudes frente al trabajo de nuestros subordinados son reflejos directos de nuestras propias actitudes al respecto. Bueno es recordar que nuestros puntos de superioridad –y debilidad– se manifiestan en la conducta de quien se relaciona con nosotros, cabalmente como un niño refleja las actitudes de sus padres.

Considere nada más una de las características de la gente afortunada: el entusiasmo. ¿Se ha dado cuanta alguna vez de cómo una persona vendedora entusiasta en un departamento de almacén le hace a usted, al cliente, entusiasmarse aún más acerca de la mercancía? ¿O ha observado usted cómo un ministro entusiasta u otro orador cuenta con un auditorio ampliamente despierto, alerta, entusiasmado? Si usted posee entusiasmo los que le rodean lo poseerán también.

¿Pero cómo hace uno para desarrollar entusiasmo? El paso básico es simple: piense con entusiasmo. Construya en sí mismo un optimista resplandor progresivo, un sentimiento de que "esto es grande y yo estoy cien por ciento en ello".

Usted es lo que usted piensa. Piense con entusiasmo y será entusiasta. Para conseguir una alta calidad de trabajo, sea entusiasta en cuanto a la tarea que desea hacer. Los demás captarán el entusiasmo que usted genera y así usted podrá lograr un desempeño inmejorable.

Pero sí, en un estilo negativo, usted "defrauda" a la compañía sobre gastos de dinero, abastecimientos, tiempo u otros pequeños medios, entonces ¿qué puede esperar que hagan sus subordinados? Si habitualmente llega tarde y se va temprano, ¿qué piensa que sus tropas vayan a hacer?

Y hay un mayor incentivo para nosotros al pensar correctamente en relación con nuestro trabajo y es que nuestros subordinados pensarán correctamente del suyo. Nuestros superiores nos evalúan midiendo la cantidad y calidad de la producción que obtenemos de los que dependen de nosotros.

Mírelo bajo este aspecto: ¿A quién elevaría a gerente de la división de ventas, al gerente del ramo cuyos vendedores están haciendo un trabajo superior, o al gerente del ramo de ventas cuyos vendedores rinden tan sólo el promedio de resultados? O a quién recomendaría para una promoción a gerente de producción, ¿al supervisor cuyo departamento alcanza su cuota o al supervisor cuyo departamento se rezaga?

He aquí dos sugerencias para conseguir que otros hagan más por usted:

1. Adopte siempre posiciones positivas hacia su trabajo, de manera que sus subordinados aprendan a pensar correctamente.

2. Cuando se aproxime a su trabajo cada día, pregúntese: ¿Valgo la pena en algún aspecto de ser imitado? ¿Son mis costumbres de las que me alegraría ver en mis subordinados?

Dése a usted mismo una charla vigorizante varias veces al día

Hace varios meses un vendedor de automóviles me habló a propósito de la técnica productora de éxito que él desarrolla. Es razonable. Léala.

"Una gran parte de mi tarea, por espacio de dos horas al día", explicó, "consiste en telefonear a mis prospectos para convenir citas de demostración. Cuando comencé a vender coches hace tres años, este era mi gran problema. Era tímido y miedoso y sabía que mi voz sonaba de este modo en el aparato. Era fácil para la gente a quien llamaba decir: no me interesa, y colgar.

Todos los lunes por la mañana, en aquel tiempo, nuestro gerente de ventas celebraba una reunión de vendedores. Era un asunto bastante inspirador y me hacía sentir bien. Y lo que es más, siempre aparenté arreglar más demostraciones en lunes que en otro día. Mas el conflicto era que muy poco de mi inspiración del lunes se extendía al martes y al resto de la semana.

Entonces tuve una idea. Si el gerente de ventas puede vigorizarme ¿por qué no puedo yo mismo? ¿Por qué no darme una charla vigorizante precisamente antes de comenzar las llamadas telefónicas? Aquel día decidí probar. Sin decir nada a nadie fui al lote y encontré un carro vacante. Entonces, durante algunos minutos hablé conmigo. Y me dije: soy un buen vendedor de autos, y concedo tratos buenos. La gente a quien hablo por teléfono necesita estos carros y voy a vendérselos.

Bueno, desde el principio esta autosupercarga, resultó. Me sentí tan bien que no temí hacerme estas charlas. Deseé hacerlas. Sin tardanza fui al lote y me senté en un carro para darme una charla. Pero uso todavía la técnica. Antes de marcar un número me recuerdo en silencio que soy un vendedor cumbre con agallas y voy a obtener resultados. Y los obtengo".

Esta es una buena idea, ¿verdad? Para ser un as, debe alterar sus deseos de serlo. Cítese para una charla vigorizante y descubra cuánto más grande y fuerte se siente.

Recientemente, en un programa de adiestramiento que dirigí, cada persona era invitada a dar diez minutos de charla sobre "ser un líder". Uno de los asistentes daba una miserable impresión. Sus rodillas chocaban literalmente y le temblaban las manos. Olvidó lo que iba a decir. Después de revolver papeles durante cinco o seis minutos, se sentía completamente deshecho.

Después de la sesión hablé largamente con él, lo bastante para pedirle que estuviera allá quince minutos antes de la próxima sesión. Según lo prometido estuvo presente con quince minutos de anticipación sobre la hora de comenzar. Los dos nos sentamos a discutir su parlamento de la noche anterior. Le pedí que recordase con la mayor claridad posible lo que pensó cinco minutos antes de pronunciar su charla.

"Bien, sospecho que todo lo que pensé al respecto fue cuán asustado estaba. Sabía que me estaba poniendo en ridículo. Sabía que me encaminaba al fracaso. Me quedé pensando: ¿Quién soy yo para hablar acerca de ser un líder? Traté de recordar lo que me proponía decir pero todo lo que pude pensar en relación con ello, fue el fracaso".

"Precisamente ahí", interpuse, "está su problema. Antes de levantarse a hablar usted se propina a sí mismo una terrible paliza mental. Se convence de que fracasará. ¿No es sorpresa que su disertación no llegue a buen fin? En lugar de desarrollar valor, desarrolla miedo".

"Ahora la sesión de esta tarde", continué "va a comenzar dentro de cuatro minutos justos. He aquí lo que me gustará que haga. Dése a sí mismo una charla vigorizante durante los pocos minutos que faltan. Vaya a esa habitación vacía al otro lado del vestíbulo y dígase: "Voy a pronunciar una gran charla, cuento con algo que esa gente necesita oír y que yo deseo decir". Procure repetir esas sentencias poderosamente, con una convicción completa. Entonces entre en el salón de conferencias y pronuncié su charla de nuevo".

Quisiera que ustedes pudiesen haber estado allí para apreciar la diferencia. Aquella breve charla vigorizante autoadministrada, dio en el blanco y le ayudó a hacer un espléndido discurso.

Moraleja: practique el autoelogio de elevación. No practique el autocastigo de empequeñecimiento.

Usted es lo que piensa que es.

Piense *más* de sí mismo y obtendrá aún mayores resultados personales.

Construya su propio comercial para "vender su imagen". Piense por un momento que es uno de los productos más populares de América, la Coca Cola. Cada día sus ojos y oídos se ponen en contacto muchas veces con buenas noticias sobre la Coca Cola. La gente que la fabrica se la está vendiendo continuamente y por una buena razón. Si dejan de hacerlo existen probabilidades de que usted se vuelva tibio y definitivamente frío. Entonces las ventas decaerían.

Pero la compañía Coca Cola no va a permitir que eso suceda. Le venden, le revenden y le vuelven a vender Coca Cola.

Todos los días usted y yo vemos personas vivas a medias que han dejado de venderse a sí mismas. Carecen de autorespeto para su más importante producto: ellas mismas. Estas personas son indiferentes. Se sienten pequeñas. Se sienten parecidas a "Don Nadie". Y puesto que sienten de este modo, eso es lo que son.

Quienes están vivos a medias necesitan volver a creer en sí mismos. Necesitan darse cuenta de lo que es una persona de primera clase. Necesitan una honrada y sincera creencia en ellos mismos.

Tom Staley es un sujeto joven que está progresando aprisa. Él regularmente se elogia tres veces diarias con lo que denomina "Los 60 segundos comerciales de Tom Staley". Lleva en todo momento su personificación comercial en la billetera. He aquí exactamente lo que dice:

> "Tom Staley, encuentra a Tom Staley —una persona realmente importante—. Tom, tú eres un gran pensador, así que piensa en grande. Piensas en grande acerca de cualquier cosa. Posees la plena capacidad para desempeñar un puesto de primera clase, así que vas a hacer un trabajo de primera clase.
>
> Tom, tú crees en la felicidad, el progreso y la prosperidad. Por consiguiente:
>
> Habla solamente de felicidad.
>
> Habla solamente de progreso.
>
> Habla solamente de prosperidad.
>
> Tienes un gran impulso, Tom, multitud de impulsos.
>
> Por tanto pon a trabajar esos impulsos.
>
> Nada puede detenerte. Nada.
>
> Tom, tú eres entusiasta. Deja que tu entusiasmo se muestre a cada instante.
>
> Tú luces bien, Tom, y te sientes bien. Permanece en ese camino.
>
> Tom Staley, eras un gran sujeto ayer y vas a ser hoy un sujeto todavía más grande.

Ahora ve por ello. Ve hacia adelante".

Tom acredita su programa comercial que le ayuda a ser una persona más afortunada y dinámica. «Antes de comenzar a venderme a mí mismo –dice Tom– pensaba ser inferior casi a cualquiera y a todo el mundo. Ahora me he dado cuenta que poseo lo necesario para vencer y estoy venciendo. Y siempre voy a vencer.

He aquí cómo construir su propio comercial para "vender su imagen".

1. Seleccione sus triunfos, sus puntos de superioridad. Pregúntese: ¿Cuáles son mis mejores cualidades? No sea tímido al describirse a sí mismo.

2. Ponga estos puntos sobre el papel en sus propias palabras. Escriba su comercial para usted. Relea el comercial de Tom Stanley. Entérese de cómo Tom habla a Tom. Háblese a sí mismo. Sea muy directo. No piense en otro cualquiera que no sea usted, como dice su comercial.

3. Practique su comercial en voz alta, en privado, por lo menos una vez al día. Le ayudará mucho hacerlo ante un espejo. Coloque su cuerpo en él. Repita su anuncio comercial fuertemente, con determinación. Haga que su sangre circule más de prisa a través de su cuerpo y le acalore.

4. Lea su comercial en silencio varias veces al día. Léalo antes de abordar alguna cosa que requiere valor. Léalo cada vez que se sienta decaído. Mantenga a mano su comercial en todo momento. Luego úselo.

Una sola cosa más. Gran cantidad de gente, tal vez una mayoría, puede reírse de este hallazgo de la técnica del éxito. Esto se debe a que rehúsan creer que el éxito viene de un pensamiento dirigido. ¡Por favor! No acepte el juicio del promedio de la gente. Usted no es promedio. Si tiene usted alguna duda en cuanto a la firmeza del principio "venda su imagen" pregunte a la persona más afortunada que conozca lo que piensa de ello. Pregúntele, y después comience a venderse usted a sí mismo.

Mejore la calidad de su pensamiento: piense como pensaría la gente importante

Perfeccionando su pensamiento perfecciona sus acciones y así produce el éxito. He aquí un fácil medio de ayudarse a lograr más de sí mismo al pensar al modo que piensa la gente importante. Use el cuadro que sigue, como guía.

¿Cómo estoy pensando?

Situación	Pregúntese
1. Cuando estoy preocupado	¿Se preocuparía por esto una persona importante?
2. Una idea	¿La persona más importante que conozco se turbaría por esto?
3. Mi apariencia	¿Trato de parecerme a alguien que se tiene el máximo de respeto?
4. Mi lenguaje	¿Estoy usando el lenguaje de la gente importante?
5. Lo que leo	¿Leería esto una persona importante?
6. Conversación	¿Es esto lo que discute la gente importante?
7. Cuando pierdo mi sangre fría	¿Una persona importante se pondría furiosa por lo que yo me pongo?
8. Mis bromas	¿Es esta la clase de broma que contaría una persona importante?
9. Mi tarea	¿De qué modo una persona importante describe su tarea a las demás?

Adhiera a su mente la pregunta: ¿Es éste el modo en que una persona importante lo hace? Emplee esta pregunta para hacer de usted una persona más grande y afortunada.

En pocas palabras, recuerde:

1. Aparezca importante; le ayuda a pensar importante. Su apariencia le habla a usted. Esté seguro de que eleva su espíritu y edifica su confianza. Su apariencia habla a los demás. Haga realidad lo que dice: he aquí una persona importante, inteligente, próspera y de confianza.

2. Piense que su trabajo es importante. Piense de este modo y recibirá signos mentales de cómo hacer mejor su trabajo. Piense que su trabajo es importante y sus subordinados también pensarán que lo que usted hace es importante.

3. Dése todos los días una charla vigorizante. Construya un comercial al estilo "véndase usted a sí mismo". Acuérdese en toda oportunidad que usted es una persona de primera clase.

4. En todas las situaciones de la vida, pregúntese: ¿Es éste el modo de obrar de una persona importante? Obedezca a la respuesta.

7

MANEJE SU MEDIO AMBIENTE: VAYA EN PRIMERA CLASE

Su mente es un mecanismo maravilloso. Cuando su mente está en acción de una manera puede dirigirlo hacia un éxito increíble. Pero si la misma mente, actúa de manera diferente puede producir una quiebra total.

La mente es el instrumento más delicado y sensitivo de toda creación. Vamos a ver ahora lo que hace a la mente pensar del modo que lo hace.

Millones de personas son conscientes de su régimen alimenticio. Somos una nación que cuenta calorías. Gastamos millones de dólares en vitaminas, minerales y otros complementos dietéticos. Y todos sabemos por qué. Mediante investigaciones de la nutrición, hemos aprendido que el cuerpo refleja la dieta que lo alimenta. Aguante físico, resistencia a la enfermedad, volumen del cuerpo, inclusive el tiempo que vivimos, todo se halla estrechamente relacionado con lo que comemos.

El cuerpo es lo que se alimenta. Del mismo modo, la mente es lo que la mente se alimenta. Este alimento, desde luego, no viene en envoltorios ni lo puede usted comprar en la tienda. Es lo que le rodea – todas las innumerables cosas que influyen en su pensamiento consciente y subconsciente. La clase de alimento que la mente consume determina nuestros hábitos, actitudes, personalidad. Cada uno de nosotros hereda una cierta capacidad de desarrollo. Pero cuánta de esta capacidad desarrollemos y el camino por el cual la hemos desarrollado depende de la clase de alimento mental con el que nos nutrimos.

La mente refleja lo que su ambiente la nutre, tan seguramente como el cuerpo refleja el alimento que usted consume. ¿Ha pensado alguna vez qué clase de persona habría sido de criarse en algún país diferente a los Estados Unidos? ¿Qué clase de alimentos preferiría? ¿Sus preferencias en el vestir serían las mismas? ¿Qué clase de entretenimiento le agradaría más? ¿Qué clase de trabajo estaría haciendo? ¿Cuál sería su religión?

Puede usted, desde luego, hallar contestaciones a estas preguntas. Pero las probabilidades son que sería una persona materialmente distinta si hubiese crecido en un país diferente. ¿Por qué? Porque se habría visto influido por un ambiente diferente. Como dice el adagio, usted es un producto de lo que le rodea.

Fíjese bien. El ambiente nos modela. Nos hace pensar la vía que seguiremos. Pruebe a nombrar solamente un hábito o un modismo suyo que no haya aprendido de otras personas. Cosas relativamente menores, como el camino que recorremos, toser, sostener una taza, nuestras preferencias en música, literatura, distracciones, vestidos, todo se origina en gran parte de nuestro ambiente. Más importante aún, el volumen de sus pensamientos, sus metas, sus actitudes, su verdadera personalidad, se forma con su ambiente.

La asociación prolongada con gente negativa nos hace pensar negativamente; el contacto estrecho con individuos mezquinos desarrolla hábitos mezquinos en nosotros. En el lado halagüeño, la camaradería con gente dotada de grandes ideas eleva el nivel de nuestro pensamiento. El contacto seguido con gentes ambiciosas nos confiere ambición.

Los expertos convienen en que la persona que usted es hoy, su personalidad, ambiciones, posición persistente en la vida, son ampliamente el resultado de su medio ambiente psicológico. Y también convienen los expertos en que la persona que será, cinco, diez, veinte años más adelante, depende casi por entero de su ambiente futuro.

Usted cambiará durante los meses y los años. Esto es sabido. Pero del modo que cambiará depende de su ambiente futuro, del alimento que provea a su mente. Veamos ahora lo que podemos hacer para que nuestro ambiente futuro nos pague con satisfacción y prosperidad.

Primer paso: reacondiciónese su vida para tener éxito. El obstáculo número uno en la senda de su alto nivel de éxito es el sentimiento de que su mayor aspiración parece difícil de alcanzar.

Esta actitud tiene su origen en un sinfín de fuerzas represivas que dirigen nuestro pensamiento hacia niveles mediocres. Para comprender estas fuerzas, regresemos al tiempo de nuestra niñez. Siendo niños, todos tuvimos altas metas. A una edad sorprendentemente joven, forjamos planes para conquistar lo desconocido, ser líderes, alcanzar posiciones de alta importancia, hacer cosas excitantes y estimulantes, llegar a ser saludables y famosos, en una palabra, ser lo primero, mayor y mejor. Y en nuestra bendita ignorancia vimos claro nuestro camino para obtener estas metas.

¿Pero qué sucedió? Mucho tiempo antes de alcanzar la edad en que pudimos empezar a propender hacia nuestros grandes objetivos, una multitud de influencias supresoras vino a trabajar. De todos lados oímos decir: "Es locura ser soñador", y que nuestras ideas eran "impracticables, estúpidas, cándidas o locas", que usted debe haber "pagar para obtener un buen empleo", que "la suerte determina quién se sitúa a la cabeza o que su éxito depende de que usted logre tener amigos importantes", o que usted es "demasiado viejo o demasiado joven".

Como resultado de ese bombardeo con la propaganda tipo "usted no puede ir a la cabeza así que no se moleste en probar", la mayor parte de la gente que usted conoce puede ser clasificada en tres grupos:

Primer grupo: aquellos que se rindieron por completo. La mayoría de la gente está profundamente convencida en su interior de que no ha de conseguir lo que pretende, que el éxito real, que el logro es para otros que tienen suerte o son afortunados en algún concepto especial. Usted puede fácilmente distinguir a esta gente porque llega al extremo de buscar explicación a su estado y exponer cuán "felices" son realmente.

Un hombre muy inteligente, de 32 años, que se había encerrado a sí mismo en una posición segura pero mediocre, gastó recientemente algunas horas contándome por qué estaba tan satisfecho con su empleo. Realizó una buena labor al racionalizar porqué se estaba solamente embromando a sí mismo y lo sabía. Lo que realmente deseaba era trabajar en una situación retadora en la que pudiera crecer y desarrollarse. Pero esa "multitud de fuerzas supresoras" lo había convencido de que no era bueno para grandes cosas.

Este grupo es, en realidad, el extremo opuesto de los inconformes que van de un lado para otro buscando una nueva oportunidad.

Justificar el hecho de esclavizarse a una rutina, lo cual, dicho sea de paso, se ha descrito como una fosa de extremos abiertos, puede ser tan malo como errar a la deriva esperando una oportunidad que de algún modo, algún día le azote la cara.

Segundo grupo: aquellos que se rinden parcialmente. Este grupo entra en la vida adulta con una esperanza considerable en el éxito. Es gente que se prepara a sí misma. Trabaja. Planea. Pero, después de una década o algo así, la resistencia empieza a edificar, la competencia por los altos empleos parece escabrosa. Este grupo entonces decide que el mayor éxito no vale el esfuerzo.

Racionalizan: "Estamos ganando más del término medio y vivimos mejor que ese término medio. ¿Por qué deberíamos noquearnos a nosotros mismos?"

En realidad este grupo ha desarrollado una serie de temores: temor a fracasar, temor a la desaprobación social, temor a la inseguridad, temor a perder lo que ya tiene. Esta gente no está satisfecha porque en su más profundo fuero interno se ha rendido. Este grupo comprende mucha gente talentosa e inteligente que eligió arrastrarse a través de la vida porque le da miedo levantarse y correr.

Tercer grupo: son los que nunca se rinden. Este grupo, acaso un dos o tres por ciento del total, no deja que el pesimismo dicte, no cree en la rendición ante fuerzas supresoras, no cree en el arrastrarse. En lugar de eso, esta gente vive y respira éxito. Es el grupo más feliz porque realiza lo más que puede. Las personas de este grupo ganan más de $200.000 dólares al año. Llegan a ser jefes de ventas, ejecutivos, líderes en su campo respectivo. Estas personas encuentran estímulos, recompensas y valen la pena. Ellas miran hacia adelante a cada nuevo día, a cada nuevo encuentro con otras personas, como aventuras que hay que vivir plenamente.

Seamos honrados. Todos nosotros desearíamos estar en el tercer grupo, el que encuentra mayores éxitos cada año, el que hace cosas y obtiene resultados.

Para ingresar —y permanecer— en este grupo, debemos expulsar las influencias supresoras de nuestro alrededor. Para comprender cómo las personas del primer grupo y el segundo, tratarán sin saberlo, de retenerlo a usted relegado, estudie este ejemplo:

Suponga que usted dice a varios de sus amigos "promedio", con la mayor sinceridad: "Algún día voy a ser vicepresidente de esta compañía". ¿Qué sucederá? Sus amigos pensarán probablemente que está usted bromeando. Y si creyesen que usted aspira a eso, dirán:

"Tú, pobre tipo, ten la seguridad de que debes aprender un montón de cosas".

A espaldas suyas podrán inclusive preguntarse si está en su sano juicio. Ahora bien, imagine que repite la misma afirmación con igual sinceridad al presidente de su compañía. ¿Cómo reaccionará? Una cosa es cierta, no se reirá. Le mirará fijamente y se preguntará: "¿Este sujeto piensa eso realmente?" Pero, repetimos, no se reirá. Porque los grandes hombres no se ríen de las grandes ideas.

O supongamos que usted cuenta al promedio de la gente su plan de poseer una casa de $500.000 dólares y podrán reírse de usted porque piensan que ello es imposible. Pero confíe su plan a personas que ya viven en una casa de $500.000 dólares, y no se sorprenderán. Saben que no es imposible, porque ellas ya lo han hecho.

Recuerde: la gente que le diga que no puede hacerlo, casi siempre son seres infortunados, estrictamente término medio, o, en el mejor caso, mediocres en cuanto a realizaciones. Las opiniones de este sector pueden ser veneno.

Desarrolle una defensa contra quien desee convencerle de que no puede. Acepte los consejos negativos tan sólo como un desafío para que pruebe que puede hacerlo.

Sea extra precavido acerca de esto: no permita a las personas que piensan negativamente —negativos— que destruyan su plan para conseguir su éxito. Los negativos están en todas partes y parecen deleitarse en sabotear los progresos positivos de los demás.

En la universidad tuve por compañero, un par de semestres, a W.W. Era un fino amigo, la clase de sujeto que le prestaría a usted unos cuantos dólares cuando anda corto de ellos o le ayudaría en cualquier pequeñez. A despecho de esta exquisita lealtad, W. W., era casi ciento por ciento desabrido y amargo hacia la vida, el futuro, la oportunidad. Era un negador real.

Durante este período fui un entusiasta lector de cierto columnista de periódico que hacía énfasis en la esperanza, el acercamiento positivo y la oportunidad. Cuando W. W., Me encontraba leyendo a este columnista, o cuando su columna era mencionada, se movía de un lado a otro verbalmente y decía: "Oh, por la salud de mi padre, Dave. Lee la primera página. Es donde aprenderás acerca de la vida. Deberías saber que este columnista sólo está escribiéndole a la gente lo que le gustaría escuchar".

Cuando nuestras discusiones giraban sobre ganar la delantera en la vida, W. W. Se mantenía rígido con su fórmula de hacer dinero. Con sus propias palabras venía a decir: "Dave, hay tres medios solamente de hacer dinero estos días. Uno, casarse con una mujer rica; dos, robar por un método sutil, limpio y legal; o tres, conocer entre la gente honesta, alguien con mucha influencia".

W. W. Estaba siempre preparado a defender su fórmula con ejemplos. Aferrándose a la página frontal, estaba pronto a citar al líder laborista entre mil que habían trasegado un montón de dinero de la gaveta de su unión y huido con él. Abría los ojos de asombro ante la extraña circunstancia del inusual matrimonio entre un recolector de fruta y una "millonaria". Y citaba el caso de un tipo que conoció a alguien que a su vez conoció a un sujeto importante que logró sacar provecho de un gran negocio que lo hizo millonario.

W. W. Era varios años mayor que yo y obtuvo excelentes grados en su clase de Ingeniería. Me miraba como a una especie de hermano más joven y corrí el riesgo de abdicar de mis convicciones básicas acerca de lo que él entendía por éxito y aceptar la filosofía de negador.

Afortunadamente, una noche después de una larga discusión con W. W. Logré sostenerme en mis convicciones y me di cuenta que estaba escuchando la voz del fracaso. Me pareció que W. W., Estaba hablando más para convencerse a sí mismo que para convertirme a su modo de pensar. Desde entonces miré a W. W. Como un objeto de lección, una especie de cerdo de Guinea experimental. Más que comprar lo que decía, le estudié, tratando de figurarme por qué pensaba del modo que lo hacía y a dónde le llevaría aquel pensamiento. Convertí a mi negador amigo, en un experimento personal.

No he visto a W.W. Durante 11 años. Pero un común amigo lo vio hace pocos meses. Está trabajando como dibujante mal pagado en Washington. Pregunté a mi amigo si W. W. Ha cambiado.

—No, excepto que en alguna cosa es más negativo que cuando le conocimos. Se mantiene tenaz al respecto. Tiene cuatro hijos y sus ingresos le vuelven rudo. El viejo W. W. Posee cerebro para ser cinco veces lo que es, si supiera cómo hacer uso de ello.

Los negativos están por doquiera. Algunos negativos, a la manera del que casi me echó la zancadilla, son gente de buena intención. Otros, son gentes celosas que, no yendo adelante ellos, desean que usted tropiece también. Se sienten inadaptados, y así pretenden hacer de usted una persona mediocre. Sea extra cuidadoso. Estudie a los negativos. No les permita destruir sus planes para el éxito.

Un joven oficinista me explicó recientemente por qué cambió su grupo de trabajo.

—Un compañero, me dijo, no hablaba de otra cosa que de la pésima empresa para la que trabajábamos. A pesar de lo que hacía la gerencia, en todo hallaba falta. Era negativo con todo el mundo, de su supervisor para arriba. Los productos que vendíamos no eran buenos. Toda política contenía algo erróneo en ella. Según él lo veía, absolutamente, todas las cosas llevaban algo erróneo dentro.

Todas las mañanas llegaba yo al trabajo tieso, y bien cerradas mis heridas. Y cada noche después de oírle predicar y despotricar durante 45 minutos sobre todas las cosas erróneas cometidas aquel día, llegaba a mi hogar desencantado y deprimido. Finalmente, tuve bastante buen sentido para unirme a otro grupo de trabajo. Esto produjo un mundo de diferencia, porque ahora estoy con un grupo de compañeros que pueden ver los dos lados de una cuestión.

Este joven amigo, cambió su ambiente. Inteligente, ¿verdad?

No cometa errores acerca de ello. Usted es juzgado según la compañía que conserva. Pájaros de una misma pluma llegan juntos en tropel. Los camaradas trabajadores no todos son semejantes. Algunos son negativos, otros son positivos. Algunos trabajan porque "tienen que hacerlo"; otros son ambiciosos y trabajan para progresar. Algunos se asocian para empequeñecer cualquier cosa que el jefe haga o diga; otros son mucho más objetivos y se dan cuenta de que deben ser buenos secuaces antes de poder ser buenos líderes.

Lo que nosotros pensamos es afectado directamente por el grupo en que figuramos. Esté seguro de que vuela en la bandada que piensa correctamente.

Hay escollos a vigilar en su ambiente de trabajo. En cada grupo hay personas que, secretamente enteradas de sus propias inadaptaciones, desean interponerse en su camino y privarle de hacer progresos. Muchos compañeros ambiciosos se han reído de ello, inclusive amenazados, porque tratan de ser más eficientes y producir más. Hágales frente. Algunos hombres, por ser celosos, desean hacer que se sienta usted entorpecido porque desea moverse hacia arriba.

Esto ocurre a menudo en fábricas donde los compañeros de trabajo algunas veces miran de reojo al que desea acelerar la producción. Ocurre en el servicio militar donde una pandilla de individuos con mente negativa empuja por divertirse y trata de humillar al soldado joven que desea ingresar a la escuela de oficiales. Acontece también en los negocios, cuando unos pocos individuos no calificados para avanzar tratan de bloquear el camino a cualquier otro.

Usted ha visto que se produce una y otra vez en las altas escuelas, cuando un grupo de obtusos se mofa de un alumno destacado que tiene el buen sentido de aprovechar al máximo sus oportunidades y salir con ocho grados. Algunas veces –y con frecuencia demasiado mal– el estudiante que brilla es burlado hasta que saca la conclusión que no es listo ser inteligente.

No haga caso de tales pensadores negativos en su medio porque a menudo las observaciones hechas en dirección nuestra no son tan personales como puede usted pensar, en principio. Son una mera proyección del propio sentimiento de fracaso y desaliento de los habladores.

No permita que los pensadores negativos le atraigan a su bajo nivel. Déjelos deslizarse por él, sin efecto alguno. Adhiérase a la gente que piensa progresivamente. Vaya hacia arriba con ellos. ¡Usted puede hacerlo simplemente pensando en forma correcta!

Una palabra especial de precaución: sea cuidadoso acerca de su fuente de consejos. En la mayoría de organizaciones encontrará consejeros mercenarios que "conocen las tretas" y están tremendamente ávidos de guiarle en ellas. Una vez acerté a oír a un consejero mercenario explicando los hechos de la vida de oficina a un joven listo, recién ingresado. Decía el negador: "El mejor camino para ir lejos aquí es permanecer fuera del camino de otro cualquiera. Si llegan a conocerle, todo lo que harán será amontonar más trabajo sobre usted. Sea especialmente cuidadoso en apartarse del Sr. Z., (gerente del departamento). Si piensa que no ha encontrado usted bastante trabajo, le cargará el de él..."

Este consejero mercenario había estado con la compañía casi treinta años y era ya el hombre del fondo del pilar totémico. ¡Qué consultor para un joven que desea ir hacia arriba en el negocio!

Siga la regla de buscar consejo de gente que conozca. Hay gran cantidad de pensamientos incorrectos acerca de que los hombres afortunados son inaccesibles. La verdad escueta es que no lo son. Como regla, es la gente afortunada la más humilde y dispuesta a ayudar. Como están sinceramente interesados en su propio trabajo y en el progreso, están deseosos de ver que su labor continúe y de que alguien apto ocupe su lugar cuando se retiren. Y, la mayoría de las veces, es la gente que "hubiera sido grande", la más brusca y difícil de llegar a conocer.

Un ejecutivo de $100 dólares la hora mencionó lo siguiente: "Soy un hombre ocupado. Pero no hay ningún cartel de 'no molestar' en la puerta de mi oficina. Aconsejar a la gente es una de mis funciones claves. He dado entrenamiento en serie, de una clase u otra, a todo el mundo en la compañía. Pero la consejería personalizada, "tutela", como gusto llamarle, está disponible con sólo pedirlo.

Me hallo dispuesto a ayudar a los compañeros que entran aquí con problemas de la compañía o personales. El que despliega curiosidad y manifiesta deseos reales de saber en cuanto a su trabajo y cómo lo relaciona con otros, es el individuo que más me place ayudar.

Pero —añadió— por razones obvias, no puedo perder tiempo en ofrecer consejos a cualquiera que no sea sincero al solicitarlos.

Vaya a la primera clase cuando deba hacer preguntas. Buscar el consejo de un fracasado, es como consultar a un charlatán sobre cómo se cura el cáncer.

Muchos ejecutivos no emplean hoy personas para sus puestos clave sin entrevistar primero a sus esposas. Un ejecutivo de ventas me explicaba:

—Quiero estar seguro de que el candidato a vendedor tiene una familia tras él, que coopere no objetando nada a los viajes, horas irregulares y otros inconvenientes que forman parte del vender; una familia que ayude al vendedor en aquellos puntos inevitablemente ásperos.

Los ejecutivos se dan cuenta hoy de que lo que sucede en los fines de semana y de las 6 p.m. a las 9 a.m. afecta directamente el rendimiento de las personas entre las 9 a.m. y las 6 p.m. La persona con una vida de descanso constructivo, casi siempre es más afortunada que la persona que vive en una situación hogareña apagada y melancólica.

Veamos por los medios tradicionales a dos colegas, John y Milton, invertir sus fines de semana. Veamos, también, por último, los resultados.

La dieta psicológica de John en sus fines de semana es algo parecido a esto: por lo general, una velada la dedica a algunos amigos cuidadosamente elegidos e interesantes. Otra, habitualmente se consagra tal vez al cine, a un proyecto cívico o comunal, o a la casa de algún amigo. John dedica la mañana del sábado al trabajo de Boy Scout. El sábado por la tarde hace tareas y mandados para la casa. A menudo trabaja en algún proyecto especial. Generalmente construye un gallinero en el corral. El domingo John y su familia hacen algo especial. En uno reciente, treparon a una montaña; en otro visitaron un museo. En ocasiones van en coche al distrito rural cercano donde John desea comprar una finca rústica en un futuro no demasiado lejano.

La velada del domingo transcurre apaciblemente. John acostumbra leer un libro y se entera de las noticias. Los fines de semana de John son planeados. Muchas actividades refrescantes mantienen echado el cerrojo al tedio. John logra plenitud de claridad psicológica.

La dieta psicológica del Milton es mucho menos planeada que la de John. Sus fines de semana no tienen plan. Milton por lo general está muy «cansado» el viernes por la noche, y se limita a preguntar a su mujer: ¿Deseas hacer algo esta noche?, Pero el plan muere ahí. Raramente los Milton agasajan a nadie y raramente son invitados. Milton duerme hasta muy tarde la mañana del sábado y el resto del día se lo llevan quehaceres de todas clases. El sábado por la noche Milton y su familia suelen ir a un cine o ven la televisión. (¿Qué otra cosa harían?). Los Milton consumen buena parte de la mañana del domingo en la cama. Por la tarde van en coche a casa de Bill y Mary, o Bill y Mary van a su casa. (Bill y Mary son la única pareja que Milton y su esposa visitan con regularidad).

El entero fin de semana de Milton se caracteriza por el aburrimiento. Durante el tiempo que transcurre el domingo la familia en pleno se siente mutuamente nerviosa como resultado de la "fiebre de encierro". No hay abatimiento ni peleas prolongadas pero hay horas de combate psicológico.

El fin de semana de Milton es insípido, monótono, tedioso. Milton no obtiene ninguna luz psicológica.

Y bien, ¿cuál es el efecto de estos dos ambientes hogareños sobre John y Milton? Durante un período de una semana o dos no hay posiblemente efecto perceptible. Pero tras un período de meses y años, el efecto es tremendo.

El ambiente habitual de John le deja refrescado, le da ideas nuevas, armoniza su pensamiento. Se parece a un atleta alimentado con filetes.

El ambiente habitual de Milton le deja psicológicamente hambriento. Su mecanismo pensante está descompensado. Se parece a un atleta alimentado con bombones y malta. John y Milton pueden hallarse hoy a un mismo nivel, pero gradualmente se abrirá un ancho abismo entre ellos en los meses venideros, con John en la posición de primacía.

Los observadores casuales dirán: "Bueno, sospecho que John lleva más en la cabeza que Milton". Pero aquellos de nosotros que sabemos, nos explicaremos que mucha de la diferencia en el desempeño del trabajo es el resultado de la diferencia del alimento mental consumido por los dos colegas.

Todo cultivador de cereales sabe que si pone abundancia de fertilizantes en su trigo, llegará a tener un campo más grande. Al pensamiento también le debe ser dada nutrición adicional si deseamos conseguir mejores resultados. Mi esposa y yo, junto con cinco parejas más, pasamos una maravillosa velada el mes pasado como huéspedes de un ejecutivo de un centro comercial y su esposa. Mi esposa y yo nos demoramos un poco más que los otros y esto me dio ocasión de preguntar a mi anfitrión, al que conozco bien, algo que se mantuvo en mi mente toda la velada.

—Esta fue una velada realmente maravillosa —dije—, pero estoy perplejo respecto a una cosa. Esperé encontrar aquí principalmente a los ejecutivos de otros centros comerciales esta noche. Pero sus huéspedes, todos, representaban otros campos. Un escritor, un doctor, un ingeniero, un contador y un maestro.

—Bueno —dijo sonriendo— nosotros nos entretenemos a menudo en elegir a la gente. Porque Elena y yo encontramos que es muy refrescante mezclarnos con gente que hace alguna cosa más que vivir. Temo que si confinásemos nuestra hospitalidad a la gente que sólo tiene intereses similares a los nuestros, no saldríamos de la vieja y consabida ruta.

Además —prosiguió— la gente es mi negocio. Todos los días miles de personas de todos los grupos imaginables de ocupación visitan nuestro almacén. A cambio de lo que puedo aprender acerca de otras personas —sus ideas, intereses, puntos de vista—, el mejor trabajo que puedo hacer es darles la mercancía y el servicio que necesitan y quieren comprar.

He aquí un procedimiento muy sencillo para hacer de primera clase su ambiente social:

1. Circule en grupos nuevos. Restringir su ambiente social al mismo pequeño grupo, produce fastidio, somnolencia, insatisfacción e igualmente importante, recuerde que su programa de construir éxito requiere que llegue a ser un experto en el conocimiento de la gente. Tratar de aprender todo lo que hay que saber acerca de la gente por el estudio de un grupo reducido es como querer aprender matemáticas leyendo un breve manual.

Haga nuevos amigos, únase a organizaciones nuevas, ensanche su órbita social. Luego, también, la variedad de gente. La variedad ayuda a espaciar la vida y darle una dimensión más vasta.

2. Seleccione amigos que posean miras diferentes de las suyas. En esta edad moderna el individuo estrecho no tiene mucho futuro. La responsabilidad y las posiciones de importancia gravitan sobre personas que sean capaces de ver los dos lados. Si es usted republicano, tenga la seguridad de que cuenta con amigos demócratas y viceversa. Trate de conocer personas de diferentes credos religiosos. Asóciese con opositores. Pero esté seguro de que son personas con verdadero potencial.

3. Seleccione amigos que se mantengan por encima de las cosas mezquinas y poco importantes. Gente que esté más interesada por los pies cuadrados de su casa, o los utensilios que posee y no por sus ideas y conversación, son personas inclinadas a lo mezquino. Vigile su ambiente psicológico. Seleccione amigos que se interesen por las cosas positivas, amigos que realmente deseen que usted triunfe. Encuentre amigos que respiren estímulo a sus planes e ideales. Si no lo hace, si selecciona pensadores pequeños como amigos íntimos, desarrollará gradualmente un pensador pequeño dentro de sí mismo.

Somos una nación consciente de la toxicidad, es decir las sustancias tóxicas para el cuerpo. Cada restaurante está en guardia contra los alimentos tóxicos. Bastan un par de casos de ello, para que el cliente no se acerque más a este restaurante. Hemos legislado toneladas de decretos que protegen al público contra centenares de toxinas. Ponemos —o deberíamos poner— los tóxicos en lo alto de los estantes para que los niños no puedan alcanzarlos. Llegamos a cualquier extremo para evitar que las sustancias tóxicas entren a nuestro cuerpo. Y es bueno que lo hagamos.

Pero hay otro tipo de veneno quizá un poco más insidioso —los que envenenan el pensamiento— comúnmente llamado "chisme". Los venenos del pensamiento difieren de las sustancias tóxicas en dos aspectos. Aquellos afectan la mente, no el cuerpo como los segundos y son más sutiles. La persona que esta envenenada por lo general no lo sabe.

Los venenos del pensamiento son sutiles pero provocan efectos descomunales. Reducen nuestra capacidad de reflexión al forzarnos a concentrar nuestro pensamiento en asuntos sin importancia. Tuerce y retuerce nuestra opinión acerca de la gente porque se basa en una distorsión de hechos y crea un sentimiento de culpabilidad en nosotros que se exterioriza cuando encontramos a la persona de quien hemos chismorreado. Los venenos del pensamiento son 0% correctos; es decir 100% erróneos.

Y contrariamente a lo que en general se opina, las mujeres no tienen una franquicia exclusiva sobre el chisme. Cada día los hombres también viven en un ambiente parcialmente intoxicado. Cada día millares de chismes ponzoñosos susurrados por los hombres tiene lugar en tópicos como los problemas maritales o financieros del jefe; la política de Bill para adelantar en los negocios; en la posibilidad de que John sea trasladado; la razón de por qué un favor especial sea adjudicado a Tom; y las razones para las cuales trajeron a una nueva persona. El chisme conduce a algo como esto: "Dime... acabo de oír... no, porque... bueno, no debe sorprenderme... había de sucederle... desde luego, esto es confidencial".

La conversación es una gran parte de nuestro ambiente psicológico. Alguna conversación es saludable. Le anima a usted. Le hace sentir como si estuviera dando un paseo en el tibio amanecer de un día de primavera. Alguna conversación le hace sentirse semejante a un vencedor.

Pero hay otra conversación que se parece más a pasear en una nube ponzoñosa y radioactiva. Le ahoga a usted. Le hace sentir enfermo. Le convierte en un perdedor. El chisme es una conversación negativa acerca de la gente y la víctima de los venenos del pensamiento comienza a pensar que lo disfruta. Le parece encontrar una forma de alegría venenosa al hablar negativamente de los demás, sin saber que para la gente afortunada este tipo de persona llega ser desagradable y poco confiable..

Uno de estos adictos al veneno del pensamiento intervino en una conversación que sostenía con algunos amigos respecto a Benjamín Franklin. Tan pronto como el señor Matagozo se enteró el tópico de nuestra charla, prorrumpió en escogidos bocados acerca de la vida personal de Franklin, en un sentido negativo. Quizá es verdad que Franklin fue un personaje en algunos aspectos y que pudo haber sido el tema de "escándalo" de las revistas que circularon en el siglo 18. Pero el punto es que, Benjamín Franklin, en su vida personal, no tenía por qué figurar en la conversación, y no pudo ayudarme a estar contento el que no estuviésemos discutiendo de alguien a quien no conocimos íntimamente.

¿Hablar acerca de la gente? Sí, pero mantenernos en el lado positivo.

Permítame aclarar un punto: no toda conversación es chisme. Las charlas en las que se dicen sandeses, las pláticas sobre compras y la simple palabrería superficial son necesarias a veces. Sirven a un buen propósito cuando son constructivas. Usted puede probar su propensión a ser un chismoso mediante esta prueba:

1. ¿Esparzo rumores acerca de otras personas?
2. ¿Tengo siempre cosas buenas que decir respecto a los demás?

3. ¿Me gusta saber acerca de los últimos escándalos?
4. ¿Juzgo a los demás solamente con los hechos?
5. ¿Induzco a los demás a traerme sus rumores?
6. ¿Hago preceder mis conversaciones con "no hablemos de nadie"?
7. ¿Mantengo en secreto la información confidencial?
8. ¿Me siento culpable de lo que digo en relación con otras personas?

Las contestaciones correctas son obvias. Medite sobre este pensamiento: empuñar un hacha, destruir y hacer pedazos con ella el mobiliario de su vecino no hará que su propio mobiliario luzca ni un ápice mejor. Y usar hachas verbales y granadas contra otra persona no es hacer una cosa que le vuelva mejor a usted ni a mí.

Vaya en primera clase. Ésta es una regla excelente a seguir en cualquier cosa que haga, incluyendo los alimentos y servicios que compre. Una vez, para mostrar la incondicional verdad del pensamiento "ir en primera clase", pedí a un grupo de estudiantes que me dieran un ejemplo de cómo habían escatimado en lo pequeño y derrochado en lo grande. He aquí algunas réplicas de muestra:

Compré un traje rebajado a un comerciante ocasional. Y aunque fue una ganga, el traje no era de calidad.

Mi carro necesitaba una nueva transmisión automática. Se encargó de ello un taller que convino en hacer el trabajo por $25 dólares menos que un comerciante autorizado. La "nueva transmisión" duró 1.800 millas y el mecánico se negó a reponerla.

—Durante meses comí en un sitio de baja categoría, tratando de ahorrar dinero. El lugar no estaba limpio, los alimentos no eran sanos, el servicio –bueno, no se le podía llamar así–, y la clientela la componía un racimo de zarrapastrosos. Un día, un amigo me persuadió de que fuera con él a almorzar a uno de los mejores restaurantes de la ciudad. Ordenó el almuerzo para ejecutivos y yo hice lo mismo. Me asombré de lo que obtuve: buena comida, buen servicio, buena atmósfera por un poco más de lo que había estado pagando en aquel sitio. Aprendí una gran lección.

Hay muchas otras anécdotas. Un sujeto informó que se vio en un conflicto con la Oficina de Rentas Públicas porque usó un contrato como contador; otro acudió a un doctor de tarifa baja y más tarde supo que el diagnóstico recibido fue completamente equivocado. Otros relataron los costos de elegir la "segunda clase" en reparaciones caseras, hoteles, y otros alimentos y servicios.

Desde luego, he oído muchas veces el argumento "pero yo no puedo costear la primera clase". La respuesta más simple es: usted no puede costear ir en otra. Ciertamente a la corta o larga, ir en primera clase cuesta de hecho menos que ir en segunda clase. Luego, también es mejor poseer pocas cosas y de calidad que no muchas y tener basura. Es mejor, por ejemplo, tener un par de zapatos realmente buenos que tres pares de segunda clase.

La gente lo avalúa a usted por la calidad, a menudo subconscientemente quizá. Desarrolle un instinto en pro de la calidad. Resulta. Y no cuesta más, a menudo menos, que la segunda clase.

Haga que su entorno le vuelva afortunado

1. Tenga conciencia de su entorno. De la misma forma que una dieta le hace bien a su cuerpo, una dieta mental beneficia a su mente.

2. Haga que su ambiente trabaje para usted, no contra usted. No permita que las fuerzas supresoras –la gente negativa, que le dice que usted no puede hacerlo– haga que se sienta derrotado.

3. No deje que la gente de pensamiento pequeño le retenga. La gente celosa desea verle tropezar. No les dé esa satisfacción.

4. Obtenga consejo de gente afortunada. Su futuro es importante. Nunca se arriesgue con los consejeros mercenarios que viven de fracasos.

5. Consiga plenitud de claridad psicológica. Circule en nuevos grupos. Descubra cosas nuevas y estimulantes para hacer.

6. Expulse de su ambiente los venenos del pensamiento. Evite el chisme. Hable acerca de la gente pero permanezca en el lado positivo.

7. Vaya en primera clase en cualquier cosa que haga. No puede costear ir en ninguna otra.

8
HAGA DE SUS ACTITUDES SUS ALIADAS

¿Puede usted leer la mente? Quizá nunca ha pensado en ello, pero usted lee la mente de otras personas todos los días y ellas leen la suya.

¿Cómo lo hacemos? Lo hacemos automáticamente a través de la evaluación de sus actitudes.

¿Recuerda la canción *You Don't Need to Know the Language to Say You're In Love?* Bing Crosby la hizo famosa hace algunos años. Hay un volumen de Psicología aplicada envuelto en esta sencilla canción. Usted no necesita saber ningún lenguaje para decir que está enamorado. Cualquiera que haya estado enamorado alguna vez, lo sabe. Usted no necesita saber ningún lenguaje para decir "me simpatiza usted" o "le desprecio" o "pienso que es usted importante" o "poco importante" o "le envidio". No necesita saber palabras o usarlas para decir "me gusta mi empleo" o "estoy aburrido" o "tengo hambre". La gente habla sin decir una sola palabra.

Cómo pensamos se manifiesta a través de cómo actuamos. Las actitudes son espejos de la mente. Reflejan el pensamiento. Usted puede leer la mente del compañero que está sentado en su escritorio. Percibe, observando sus expresiones y modismos, cómo siente en relación con su trabajo. Puede leer las mentes de los vendedores, estudiantes, maridos y esposas; no solamente puede, lo hace.

Los actores expertos –aquellos demandados por el cine y la televisión año tras año– en cierto sentido no son actores del todo. No desempeñan sus papeles. En lugar de ello pierden su propia identidad y realmente piensan y sienten como el personaje desempeñado. Lo han conseguido. De otro modo parecerían falsos y su fama podría hundirse.

Las actitudes hacen más que exteriorizarse. También "suenan". Una secretaria hace más que identificar una oficina cuando dice: "Buenos días, oficina del señor Shoemaker". En seis palabras justas, una secretaria dice: "Me agradan ustedes. Estoy contenta de que me manden. Pienso que son ustedes importantes. Me encanta mi empleo".

Pero otra secretaria diciendo exactamente las mismas palabras pueden significar: "Ustedes me molestan. Deseo que no me manden nada. Estoy fastidiada con mi oficio y no me agrada la gente que me molesta".

Leemos las actitudes a través de las expresiones y tonos de voz e inflexiones. He aquí por qué. En la larga, historia del hombre, un lenguaje hablado, siquiera remotamente parecido al que se habla hoy, es una invención muy reciente. Tan reciente, que usted puede decir, en términos de la gran campana del tiempo, que hemos desarrollado un lenguaje solamente esta mañana. Durante millares y millares de años el hombre logró pasar con poco más que gemidos, quejas, gruñidos y rugidos.

Así, durante millares de años los hombres se comunicaron con otros hombres mediante expresiones del cuerpo, la cara, los sonidos y no las palabras. Y nosotros aún comunicamos nuestras actitudes y sentimientos hacia la gente y las cosas, del mismo modo. Aparte del contacto directo del cuerpo, sus movimientos y las expresiones faciales y sonidos, son los únicos medios de comunicarnos con los niños. Y éstos, muestran una misteriosa habilidad para rechazar lo falso.

El profesor Erwin H. Schell, una de las más respetables autoridades de América en dotes de mando, dice: "Obviamente, lo que ayuda a cumplir un logro es algo más que las facilidades y la competencia. He llegado a creer que este factor de acoplamiento, esta catálisis, si ustedes quieren, puede definirse con una simple palabra: actitud. Cuando nuestra actitud es correcta allana el camino para que realice usted un buen matrimonio; las actitudes correctas le hacen efectivo en el trato con la gente, capaz de desarrollarse como líder. Las actitudes correctas vencen por usted en cualquier situación". Cultive estas tres actitudes. Hágalas sus aliadas en todo aquello que realice:

1. Cultive su actitud de estoy activado.
2. Cultive la actitud de usted es importante.
3. Cultive la actitud del servicio primero.

Veamos ahora cómo hacerlo.

Hace años me hallaba en una universidad como estudiante de segundo año, inscrito en una clase de Historia de América. Recuerdo vívidamente la clase, no por lo mucho que aprendí del tema, sino porque por un medio desusado conocí el principio básico de vivir feliz: *Para activar a los demás, debe usted primero activarse a sí mismo.*

La clase de Historia era muy vasta y se daba en un ventilado auditorio. El profesor, un señor de mediana edad y aparentemente bien educado, era no obstante, patéticamente aburrido. Más bien que interpretar la Historia como un tema vivo fascinante, el profesor la explicaba como un hecho de muerte tras otro. Era una pavorosa maravilla cómo podía hacer un tema interesante tan terriblemente tedioso. Pero lo hacía.

Usted puede imaginar el efecto que el aburrimiento del profesor ejercía sobre los estudiantes. Hablando y durmiendo consiguieron en seguida que el profesor dispusiera un grupo de dos asistentes en los pasillos para interrumpir las conversaciones estudiantiles y despertar a los dormidos.

Ocasionalmente, el profesor se detenía, y, asestando su dedo a la clase decía:

"Les estoy previniendo. Deben esforzarse por prestar atención a lo que digo. Deben dejar de hablar y es todo lo que hay que hacer".

Desde luego, producía escasa impresión en los estudiantes, muchos de los cuales, como veteranos, se habían jugado su vida sólo meses antes y habían hecho su historia entre islas y bombardeos.

Puesto que yo me sentaba allá observando cómo aquella experiencia potencialmente grande y maravillosa se convertía en una farsa repugnante, me hallé a mí mismo luchando con la pregunta: ¿Por qué los estudiantes no hacen caso de lo que dice el profesor?

Llegó la respuesta. Los estudiantes no se interesaban por lo que el profesor decía porque el profesor mismo no tenía ningún interés. Estaba fastidiado de la Historia y lo daba a entender. *Para activar a los demás y comunicarles entusiasmo, debe primero ser entusiasta usted.*

En el curso de los años he probado este principio en centenares de ocasiones distintas. Siempre encierra verdad. Un hombre que carece de entusiasmo nunca lo transmite en otro. Pero una persona que es entusiasta, pronto cuenta con entusiastas seguidores.

El vendedor entusiasta no necesita nunca preocuparse por tener compradores entusiastas. El maestro entusiasta no necesita nunca preocuparse por el desinterés de sus alumnos. El ministro eclesiástico activado no necesita angustiarse ante una congregación somnolienta.

El entusiasmo hace las cosas mil cien por ciento mejor. Hace dos años los empleados de un negocio de quienes soy conocido donaron $94.35 dólares a la Cruz Roja. Este año los mismos empleados con casi la misma nómina dieron cerca de $1.100 dólares, un incremento de $1.100 por ciento.

El impulsor que recogió $94.35 dólares estuvo totalmente falto de entusiasmo. Hacía observaciones como esta: "Supongo que es una organización valiosa"; "Nunca he tenido contacto directo con ella"; "Es una gran organización y colecta una enormidad entre la gente rica"; "Así que supongo que no es demasiado importante que usted contribuya"; "Si puede hacer un donativo, búsqueme". Este sujeto no hizo nada para inspirar a nadie el deseo de apoyar a la Cruz Roja y hacerlo de un modo grande.

El animador de este año era de otro estilo. Tenía entusiasmo. Aportaba ejemplos de casos que demostraban cómo la Cruz Roja actúa con energía cuando surgen desastres. Hacía ver cómo la Cruz Roja depende de los donativos de todo el mundo. Pedía a los empleados que diesen lo mismo que desearían dar a su vecino si el desastre lo acometiese. Decía: "¡Miren lo que la Cruz Roja ha hecho!" Nótese, no mendigaba. No decía: "De cada uno de ustedes se espera que aporte equis dólares". Todo lo que hizo fue mostrar entusiasmo en cuanto a la importancia de la Cruz Roja. Naturalmente el éxito le acompañó.

Piense por un momento en un club u organización cívica que usted sabe que está en decadencia. Las probabilidades son que todo lo que necesita es entusiasmo para devolverla a la vida.

Los resultados vienen en proporción con el entusiasmo aplicado. El entusiasmo es simplemente: "¡Esto es grande!" He aquí por qué.

A continuación, un procedimiento en tres tiempos que le puede ayudar a desarrollar el poder del entusiasmo.

1. Profundice en el asunto. Haga esta pequeña prueba. Piense en dos cosas en las cuales tenga poco o ningún interés. Pueden ser los naipes, ciertas clases de música, un deporte. Ahora, pregúntese: ¿Cuánto sé realmente acerca de estas cosas? Las apuestas son de cien a uno que va a contestar: no mucho.

Confieso que durante años no tuve absolutamente ningún interés por el arte moderno. Para mí eran remiendos de muchas líneas, hasta que dejé que un amigo que conoce y ama el arte moderno me lo explicara. En realidad, ahora que he profundizado en él, lo encuentro fascinante.

Este ejercicio facilita una clave importante para construir entusiasmo: para ser entusiasta, aprenda primero más acerca de aquello que no sabía.

Las probabilidades son que no le entusiasmen los abejorros. Pero si usted los estudia, descubre lo bueno que hacen, cómo se relacionan con las demás abejas, cómo se reproducen, dónde viven en invierno. Si aprende todo esto acerca de los abejorros, pronto se encontrará interesado en ellos.

Al enseñar a mis alumnos de qué modo se puede desarrollar el entusiasmo mediante la técnica de profundizar en el asunto, algunas veces uso un invernadero como ejemplo. De un modo deliberadamente casual pregunto al grupo: ¿Alguno de ustedes está interesado en fabricar y vender invernaderos? Ni una sola vez he recibido una respuesta afirmativa. Entonces aduzco algunos puntos a propósito de invernaderos: recuerdo al grupo cómo, al ascender nuestro nivel de vida, la gente llega a interesarse más y más en cosas innecesarias. Sugiero de qué modo la joven América gozaría viendo crecer sus propios brotes de naranjas y orquídeas. Hago notar que si miles de familias pueden costear piscinas privadas de natación, millones podrían costear invernaderos porque los invernaderos son relativamente poco costosos. Les demuestro que si usted puede vender invernaderos a 600 dólares, tan sólo a una familia de cada 50, desarrolla seiscientos millones de dólares en la producción de invernaderos y quizá doscientos millones y medio en la industria de suministrar plantas y semillas.

¡La única dificultad en este ejercicio consiste en que este grupo diez minutos antes completamente frío en materia de invernaderos, se vuelve tan entusiasta que no desea pasar al tema siguiente!

Use la técnica de profundizar en el asunto para desarrollar el entusiasmo hacia otra gente. Declare todo lo que pueda acerca de una persona –lo que hace, su familia, sus antecedentes, sus ideas y ambiciones– y encontrará que su interés y entusiasmo hacia ella asciende. Prosiga ahondando y esté seguro que encontrará algún interés común. Siga ahondando y por fin encontrará una persona fascinante.

El profundizar en el asunto es una técnica que trabaja también en desarrollar entusiasmo hacia nuevos lugares. Hace varios años algunos jóvenes amigos míos decidieron trasladarse de Detroit a una pequeña ciudad de Florida media. Vendieron su casa, cerraron sus conexiones de negocios, dijeron adiós a sus amigos y partieron.

Seis meses después estaban de regreso en Detroit. La razón fue que nada había que hacer en cuanto a empleo. Más bien, como dijeron: "No podíamos seguir viviendo en una ciudad pequeña. Además, todos nuestros amigos se hallaban en Detroit. Hemos tenido que volver"

En conversaciones posteriores con aquella gente, me enteré del motivo real por qué no les agradó la pequeña localidad de Florida. Durante su corta estancia allá, habían adquirido solamente una idea superficial de la comunidad, su historia, sus planes para el futuro, sus gentes. Trasladaron sus cuerpos a Florida, pero dejaron sus mentes en Detroit.

He hablado con docenas de ejecutivos ingenieros y vendedores que han sufrido trastornos en su carrera porque sus compañías deseaban destinarlos a otras localidades pero no querían ir a ellas. "No concibo verme transferido a Chicago" (o San Francisco, Atlanta, Nueva York o Miami), es una observación repetida muchas veces al día.

Existe un medio para construir entusiasmo hacia una nueva localidad. Aprender todo lo que se pueda respecto a ella. Mezclarse con la gente. Hacerse usted mismo a sentir y pensar como un ciudadano de la comunidad desde el primer día. Haga esto y será un entusiasta de su nuevo ambiente.

Hoy millones de americanos invierten millones en valores corporativos. Pero hay muchos millones más que no tienen ningún interés en la bolsa. Esto se debe a que la gente no se ha familiarizado con lo que es la bolsa de valores, cómo opera de un día para otro la fábula de los negocios americanos.

Para crear entusiasmo acerca de algo –gente, lugares cosas– ahonde en ello más profundamente. Ahonde en ello más profundamente y desarrollará entusiasmo. Ponga a trabajar este principio la próxima vez que deba hacer algo que no desea. Ponga este principio a trabajar la próxima vez que se encuentre inclinado al fastidio. Apenas ahonde en ello más profundamente descubrirá interés.

2. En toda cosa que haga, dele vida. El entusiasmo o la falta de él se manifiestan a través de lo que haga o diga. Vivifique su apretón de manos. Cuando estreche manos, estréchelas. Haga que su presión de mano diga: "Estoy contento de conocerle", "Me agrada verle de nuevo". Un apretón de manos cauteloso, acechante, es peor que ningún apretón de manos. Hace pensar a la gente: "Este tipo está más muerto que vivo". Trate de encontrar una persona afortunada con apretón de manos cauteloso. Tendrá que buscar mucho, pero mucho tiempo.

Dé vida a su sonrisa. Sonría con sus ojos. A nadie le gusta una sonrisa artificial, lejana, elástica. Cuando sonría, sonría. Muestre un poco los dientes. Tal vez sus dientes no sean atractivos, pero eso no tiene nada de importancia real. Porque cuando realmente sonríe, la gente no ve sus dientes. Ve una personalidad calurosa, entusiasta, alguien que les gusta.

Dé vida a sus "gracias". Un "gracias" rutinario, automático, es casi semejante a decir "je, je". Es una simple expresión. No dice nada. No cumple resultados. Haga que sus "gracias" signifiquen "gracias, muchas gracias".

Dé vida a lo que habla. El doctor James F. Bender, notable autoridad como orador, en su excelente libro *How to Talk Well (Como Hablar Bien)*, dice: ¿Sus "buenos días" son realmente buenos? ¿Son sus "enhorabuena" entusiastas? ¿Revela interés su "cómo está usted»"? Cuando hace un hábito de colorear sus palabras con sinceros sentimientos "nota un gran ascenso en su capacidad de mantener la atención". La gente se deja llevar por el individuo que cree lo que dice. Lo dice con vida. Ponga vitalidad en sus conversaciones. Ya sea que usted hable a un beisbolista, o un posible cliente, o a sus hijos, ponga entusiasmo detrás de lo que dice. Un sermón pronunciado con entusiasmo puede ser recordado durante meses, e inclusive, años.

Pero un sermón dicho sin entusiasmo será olvidado por la mayoría, antes de que llegue el próximo domingo.

Y cuando ponga vida en su habla, automáticamente ponga más vida en usted. Pruébelo ahora mismo. Diga alto con fuerza y vigor: "¡Me siento más grande hoy!" Y bien, ¿se siente mejor de lo que se sentía antes de decirlo? Hágase vivo por todas partes. Dé vida. Esté seguro de que todas las cosas que hace y dice dicen a la gente: "Este hombre vive", "Lo da a entender", "Está yendo lejos".

3. *Esparza buenas noticias*. Usted y yo hemos presenciado muchas situaciones en que alguien estalló diciendo: "Traigo buenas noticias". Inmediatamente esta persona atrae la atención del noventa por ciento de los presentes. Las buenas noticias hacen más que atraer la atención; las buenas noticias agradan a la gente. Las buenas noticias desarrollan entusiasmo. Las buenas noticias alientan la buena digestión.

Precisamente porque hay más difusores de malas noticias que de buenas, no debe engañarse. Nadie se gana nunca un amigo, nadie gana nunca dinero, nadie realiza nada difundiendo malas noticias.

Transmita buenas noticias a su familia. Cuénteles lo bueno que ha sucedido hoy. Evoque las cosas divertidas y placenteras que ha experimentado y deje enterradas las cosas desagradables. Propague buenas noticias. Esto priva el efecto de las malas. Si tan sólo consigue preocupar a su familia, la pone nerviosa. Derrame en el hogar algo de luz de sol todos los días.

¿Advirtió alguna vez que los niños raramente se quejan del tiempo? Trasponen el tiempo caluroso de una zancada hasta que los nuevos cuerpos negativos les enseñan a tener conciencia de las temperaturas molestas. Convierta en un hábito el hablar favorablemente del tiempo, sin tomar en cuenta el que esté haciendo en realidad. Lamentarse del tiempo le indispone y difunde la indisposición entre los demás.

Esparza buenas noticias respecto a cómo se siente. Sea un "me siento grande" en sí mismo. Diga nada más: "me siento grande" en toda eventualidad posible y se sentirá mejor. Por el mismo estilo, diga a la gente: "me siento muy mal, verdaderamente mal", y se sentirá peor. Cómo se siente usted, lo determina en gran parte como usted piensa que se siente. Recuerde, también que la demás gente anhela verse rodeada de personas vivas y entusiastas. Estar entre quejumbrosos y gente medio muerta, es incómodo.

Transmita buenas noticias a quienes trabajan con usted. Deles aliento, halágueles en toda oportunidad. Hábleles acerca de las cosas positivas que está haciendo la compañía. Escuche sus problemas. Sea servicial. Anime a la gente y ganará su apoyo. Palméeles el hombro por lo que están haciendo. Deles esperanza. Déjeles saber que cree que van a tener éxito, que usted tiene fe en ellos. Practique el alivio de las preocupaciones.

Haga esta pequeña prueba regularmente para mantenerse en el buen sendero. Siempre que deje a una persona, pregúntese: "Honestamente, ¿se sentirá mejor esta persona después de haber hablado conmigo?" Este método de autoentrenamiento da resultados. Aplíquelo cuando hable con empleados, asociados, parientes, clientes, e inclusive conocidos casuales.

Un vendedor amigo es un real difundidor de buenas nuevas. Visita a sus clientes cada mes y siempre se hace el propósito de tener algunas buenas noticias para pasar de una a otra.

Ejemplos: "Encontré a uno de mis amigos la semana pasada. Me encargó que le salude. Desde que estuve aquí la última vez, han sucedido grandes cosas. Cerca de 350.000 bebés han nacido el mes último y más pequeñuelos significan más negocios para usted y para mí".

Por lo regular pienso de los presidentes de banco que son gente excesivamente reservada, que no se emocionan y que nunca son amistosos. No ocurre así con un presidente de banco. Su modo favorito de contestar el teléfono es decir: "Buenos días, es una palabra maravillosa. ¿Puedo venderle a usted algo de dinero?" ¿Impropio de un banquero? Alguien puede creerlo así, pero permítame decir que el banquero que usa estos saludos es Mills Lane, Jr., presidente del *Citizens and Southern Bank*, el más grande en todo el sudoeste.

Las buenas noticias atraen buenos resultados. Difúndalas.

El presidente de una compañía productora de cepillos al que visité recientemente tenía esta máxima dentro de un marco sobre su escritorio frente a la silla del visitante: "Déme una buena palabra o ninguna". Le felicité diciéndole que yo pensaba que la máxima era un medio inteligente para hacer a las personas optimistas. Sonrió y dijo:

"Es un recordatorio efectivo. Pero desde que yo me siento aquí es aún más importante". Dio vuelta al marco y de este modo puede verlo por el lado del escritorio. Decía: "Deles una buena palabra o ninguna".

Difundiendo buenas noticias se activa usted, se hace sentir mejor. Difundiendo buenas noticias hace el bien a los demás.

Cultive la actitud "Usted es importante"

Este es un hecho de capital significado: todo ser humano, ya viva en la India o en Indianápolis, sea ignorante o destacado, civilizado o por civilizar, joven o viejo, abriga un deseo: sentirse importante.

Medite sobre esto. Todo el mundo, sí todo el mundo –su vecino, su esposa, su jefe– alienta el deseo natural de ser "alguien". El deseo de ser importante es el más fuerte del hombre, el hambre no-biológica más compulsiva.

Los anunciadores afortunados saben que la gente anhela prestigio, distinción, reconocimiento. En el encabezado que produce ventas se lee algo como esto: "Para jóvenes amas de casa inteligentes", "Las personas con gustos distinguidos, usan..."; "Usted aspira solamente a lo mejor"; "Sea la envidia de todo el mundo"; "Para mujeres que deseen ser envidiadas por las mujeres y admiradas por los hombres".

Para satisfacer este anhelo, esta hambre de ser importante, encamínese hacia el éxito. Es el equipo básico en su caja de herramientas del éxito. Con todo (y lea esta sentencia otra vez antes de pasar adelante) aunque desplegar la actitud "Usted es importante" obtenga resultados, aunque no cueste nada, son pocas las personas que la usan. Una pequeña digresión es necesaria aquí para demostrar por qué.

En el lado filosófico, nuestras religiones, nuestras leyes, nuestra cultura en globo, se basan en la creencia de la importancia del individuo.

Supongamos, por ejemplo, que usted está volando en su propio aeroplano y se ve forzado a aterrizar en una aislada región montañosa. Tan pronto como el accidente es conocido, dará comienzo a una búsqueda en gran escala. Nadie preguntará, ¿es importante ese sujeto? Sin saber acerca de usted otra cosa sino que es un ser humano, helicópteros, otros aparatos, grupos de investigadores a pie comenzarían a buscarle. Y buscándole seguirían gastando miles de dólares en el proceso, hasta encontrarle o perder toda esperanza de hallar ninguna huella.

Cuando un niño pequeño se extravía dentro de un bosque, o cae en un pozo, o incurre en algún otro acto peligroso, nadie se ocupa de si el niño viene o no de una familia «importante». Todo esfuerzo se hace por rescatar al niño porque todo niño es importante. No es demasiado descabellada la conjetura de que todas las criaturas humanas, una entre billones es un ser humano. Una persona es una rareza biológica. Es importante en el esquema de las cosas de Dios.

Veamos ahora el lado práctico. Cuando la mayoría de la gente cambia su pensamiento de las discusiones filosóficas a las situaciones de cada día, tiende a olvidar, por desgracia, la torre de marfil de sus conceptos de la importancia individual. Mañana, lance una buena ojeada a cómo la mayoría de la gente exhibe una actitud que parece decir: "Usted no es nadie; no cuenta para nada; no significa nada; absolutamente nada para mí".

He aquí una razón por lo que la actitud "Usted es insignificante" prevalece. Muchos individuos miran a otra persona y piensan: "El no puede hacer nada por mí, por consiguiente, no es importante".

Más ahí mismo es donde la gente comete un error clásico. La otra persona, sin tener en cuenta su estatus o ingresos, es importante para usted por dos razones gigantes, razones de dólares y centavos.

Primera, la gente hace más por usted cuando la hace sentir importante. Hace años, en Detroit, tomaba yo cierto autobús para ir al trabajo todas las mañanas. El conductor era un viejo gruñón. Docenas —acaso centenares— de veces vi a este conductor arrancar del borde de la acera cuando un pasajero haciendo señales, gritando y corriendo se hallaba a un segundo o dos de la puerta. Pasado un período de varios meses advertí que este chofer mostraba una cortesía especial tan sólo hacia un pasajero y este pasajero se mostraba especialmente cortés muchas veces. El conductor esperaba a este pasajero.

¿Y por qué? Porque el pasajero había atinado con el medio de hacer sentir importante al chofer. Cada mañana le saludaba con un personalizado y sincero buenos días señor. Algunas veces este pasajero se sentaba cerca del conductor y hacía ligeros comentarios como, "De seguro que usted tiene una gran responsabilidad"; "Hace falta tener nervios de acero para manejar por entre un tránsito como éste todos los días"; "Seguramente que guarda usted estas cosas catalogadas". Aquel pasajero hizo sentir tan importante al conductor, como si pilotease un jet de 180 pasajeros. Y el conductor correspondía con una urbanidad igual hacia él.

Remunerar hace que la gente «pequeña» se sienta grande.

Hoy, en millares de oficinas de América, las secretarias ayudan a los vendedores a hacer ventas o a perderlas dependiendo de cómo el vendedor las ha tratado a ellas. Haga que alguien se sienta importante y él cuidará de usted. Y en la medida en que se preocupe por usted, hará más por usted. Los clientes le compran más. Los empleados trabajan más duro. Los socios le dejarán libre el camino para cooperar con usted, el jefe hará más por ayudarle si usted hace simplemente que todos ellos se sientan importantes.

Recompensar hace que la gente "grande" se sienta aún más grande. El gran pensador siempre ayuda a evaluar a la gente visualizándola en lo mejor, porque piensa en grande acerca de la gente y obtiene lo mejor de ella.

He aquí la segunda razón para hacer que los demás se sientan importantes: cuando usted ayuda a los demás a sentirse importantes se ayuda a sí mismo también.

Una de las ascensoristas que me llevó «arriba y abajo» durante varios meses, tenía la apariencia de completa falta de importancia escrita encima. Era una cincuentona, poco atractiva, y ciertamente no inspirada en su trabajo. Era obvio que su anhelo de ser importante se hallaba completamente incumplido. Era una de las millones de personas que viven durante meses sin saber siquiera dar con una razón para creer que alguien se da cuenta de ellas o para cuidarlas.

Una mañana, poco tiempo después de que llegué a ser uno de sus regulares «sube y baja», me di cuenta de que traía el cabello recortado. No era nada caprichoso. Obviamente un trabajo hecho en casa. Pero había sido cortado y se le veía mejor.

Señorita S, dije (había aprendido su nombre), me agrada que se haya cortado el pelo. Realmente le sienta muy bien. Ella se ruborizó y dijo "gracias, señor", y estuvo a pique de equivocarse en la siguiente parada. Apreció el cumplido.

A la mañana siguiente ¡vea usted qué cosa! Cuando entraba en el elevador oí: "Buenos días, doctor Schwartz". Ni una sola vez antes había oído que aquella operadora llamase a nadie por su nombre. Ni en los siguientes meses que tuve oficina en el edificio nunca escuché que llamase a nadie por su nombre excepto a mí. Había hecho sentir importante a la operadora. La había felicitado sinceramente y la había llamado por su nombre.

La había hecho sentir importante. Ahora me estaba correspondiendo haciéndome sentir importante. No nos engañemos. La gente que no posee un profundo sentimiento de su propia importancia está destinada a la mediocridad. Una y otra vez debe ahondar sobre este punto: usted debe sentirse importante para tener éxito. Ayudando a los demás a sentirse importantes recibe la recompensa porque le hace a usted sentirse más importante. Pruebe y verá. He aquí cómo hacerlo:

1. *Practique el aprecio.* Haga un compromiso de dejar que los demás sepan que aprecia lo que hacen por usted. Nunca permita que nadie sienta que es tomado como uno más. Practique el aprecio con una cálida y sincera sonrisa. Una sonrisa permite a los demás conocer que usted los ve y siente aprecio hacia ellos.

Practique el aprecio dejando que los otros sepan hasta qué punto depende de ellos. Un atento "Jim, no sé lo que haría sin usted", hace que la gente se sienta necesaria y cuando se siente necesaria hace con creces el trabajo mejor.

Practique el aprecio con cumplidos honestos y personalizados. La gente gana mucho con los cumplidos; sean 2 ó 20, 9 ó 90, una persona anhela con vehemencia los elogios. Desea estar segura de que está haciendo una buena labor, que es importante. No crea que debe prodigar alabanzas tan sólo por grandes realizaciones. Elogie a la gente en las pequeñas cosas: su apariencia, el modo de hacer su trabajo rutinario, sus ideas, sus leales esfuerzos. Elogie por medio de notas personales escritas a la gente, lo que usted sabe de lo que ejecuta. Haga un llamado telefónico especial, o un viaje especial para verla.

No desperdicie tiempo ni energía mental en clasificar a la gente como "personas muy importantes", "personas importantes" o "personas sin importancia". No haga excepciones. Una persona, lo mismo si es barrendero, cobrador o vicepresidente de compañía, es importante para usted. Por tratar a alguno como de segunda clase, no obtendrá resultados de primera clase.

2. Practique el llamar a cada persona por su nombre. Cada año, perspicaces manufactureros venden más carteras, lápices, biblias y miles de otros objetos no más por poner el nombre del comprador sobre el producto. A la gente le gusta ser llamada por su nombre. Realza a todo el mundo ser llamado por su nombre.

Debe usted recordar dos cosas especiales: pronunciar el nombre correctamente y deletrearlo correctamente. Si pronuncia mal o deletrea mal el nombre de alguien, esta persona cree que usted siente que no es importante. Y he aquí un recordatorio especial: cuando hable con gente a la cual no conoce bien, añada el título apropiado –señorita, señor o señora–. El chico de oficinas prefiere ser el señor Jones a ser Jones a secas. Así sucede con su ayudante más joven, o con la gente de cualquier nivel. Estos títulos ayudan tremendamente a hacer que la gente se sienta interesante.

3. No se atiborre de gloria. Confiérala en lugar de eso. Muy recientemente fui invitado a una convención de ventas de todo el día. Después de cenar aquella noche, el vicepresidente encargado de ventas de la compañía procedió a premiar a los dos gerentes de distrito cuya organización había alcanzado el mejor record en el año recién terminado. En consecuencia, el vicepresidente pidió a cada uno de los gerentes de distrito que invirtiesen quince minutos para informar al grupo en pleno de qué manera su organización lo hizo tan excepcionalmente bien.

El primer gerente de distrito (quien, según supe después, había sido ascendido a gerente sólo tres meses antes y era por consiguiente sólo parcialmente responsable del récord de su organización) se levantó para explicar cómo lo hizo.

Dio la impresión que sus esfuerzos y sólo sus esfuerzos motivaron el aumento de las ventas. Observaciones tales como: "Cuando yo tuve la prioridad", "Yo hice tal y cual cosa"; "Las cosas andaban revueltas cuando yo las puse en claro"; "No era fácil pero yo enfrenté fuertemente la situación y no la solté", caracterizaron su oratoria.

Cuando hablaba pude ver el resentimiento creciente en los rostros de sus vendedores. Estaban siendo ignorados en aras de la gloria personal de su gerente de distrito. Su duro trabajo, el cual era el causante del crecimiento de las ventas, era completamente desconocido.

Luego el segundo gerente de distrito se levantó para pronunciar una breve charla. Pero este hombre usó un sistema enteramente distinto. Primero, explicó que la razón del éxito de su organización era el esfuerzo salido del corazón de sus vendedores. Luego pidió a cada uno que se levantara para tributarle un sincero elogio personal por sus esfuerzos.

Nótese la diferencia: el primer hombre dilapidó el cumplido del vicepresidente enteramente sobre sí mismo. Haciéndolo así, ofendió a su propia gente. Sus vendedores quedaron desmoralizados. El segundo hombre traspasó el encomio a sus hombres donde pudo hacerlo mejor. Este hombre sabía que los cumplidos, como la moneda, pueden ser invertidos en pagar dividendos. Sabía que transfiriendo el crédito a sus hombres les haría trabajar aún más duro el año próximo.

Recuerde, el cumplido es poder. Invierta los cumplidos que recibe de su superior, páselos a sus subordinados con lo cual los animará para metas todavía más grandes. Cuando usted distribuye elogios, sus subordinados saben cuán sinceramente usted aprecia su valía.

He aquí un ejercicio diario que remunera sorprendentemente bien. Pregúntese cada día: ¿Qué puedo hacer hoy para que mi esposa y mi familia sean felices? Esto puede parecer casi demasiado simple, pero es maravillosamente efectivo. Una tarde, como parte de un programa de entrenamiento de ventas, estaba yo tratando de construir el ambiente del hogar para tener éxito en las ventas. Para esclarecer un punto, pregunté a los vendedores (todos ellos casados), ¿cuándo fue la última vez, aparte de Navidad, su aniversario de boda o del cumpleaños de ella, que han sorprendido a su esposa con un regalo especial?

Inclusive yo quedé escandalizado ante las contestaciones. De los 35 vendedores, sólo uno había sorprendido a su mujer el mes pasado. Muchos del grupo contestaron "en tres y seis meses". Y tantos como una tercera parte dijeron, "no recuerdo".

¡Imagine! ¡Y algunos hombres se preguntan por qué su esposa ya no les trata como al señor rey, con su corona!

Deseaba impresionar a aquellos hombres con el poder del regalo atento. A la tarde siguiente me las arreglé para hacer aparecer una florista precisamente antes de cerrar la sesión. La presenté con ellos:

—Deseo que cada uno de ustedes, descubra lo que un pequeño recuerdo inesperado hará por construir un ambiente mejor en la casa. He arreglado con la florista para que cada uno de ustedes obtenga una delicada rosa roja de largo tallo, por sólo $0,50 centavos. Ahora bien, si no disponen de $0,50 centavos, o si usted piensa que su mujer no los vale (se rieron), compraré la flor para ella, yo mismo. Todo lo que les pido es que lleven la rosa a su esposa y mañana por la tarde me dirán lo que sucedió.

Desde luego no le dirán a qué se debe que hayan comprado esta rosa para ella. Comprendieron. Sin excepción, cada sujeto testificó al otro día que el simple desembolso de $0,50 centavos hizo feliz a su esposa.

Haga a menudo algo especial para su familia. No tiene que ser nada caro. Es la consideración lo que cuenta. Cualquier cosa que muestre que pone los intereses de su familia primero, coronará el artificio.

Atraiga la familia a su equipo. Concédales atención planeada. En esta edad atareada gran cantidad de gente nunca parece capaz de encontrar tiempo para su familia. Pero si lo planeamos, podemos encontrarlo. El vicepresidente de una compañía me habló de su método, el cual me dijo que resultaba bien para él:

—Mi empleo acarrea un montón de responsabilidades, y no tengo más opción que llevarme bastante trabajo a la casa todas las noches. Pero no desatiendo a mi familia porque es lo más importante en mi vida. Es la principal razón de que trabaje tan duro como lo hago. He elaborado un horario que me permite atender a mi familia tanto como a mi trabajo. De las 7.30 a las 8.30 de la noche me consagro a mis dos hijos menores. Juego con ellos, les leo historietas, dibujamos, contesto preguntas, cualquiera que deseen hacerme. Después de una hora con esos chicos míos, ellos se sienten no solamente satisfechos sino que yo estoy cien por ciento más fresco. A las 8.30 se van a acostar y me siento a trabajar durante dos horas.

A las 10.30 dejo el trabajo y destino la hora siguiente a mi mujer. Hablamos de los chicos, de sus varias actividades, de nuestros planes para el futuro. Esta hora no perturbada por cosa alguna es un maravilloso medio de poner remate al día.

También reservo los domingos para mi familia. El día completo es suyo. Encuentro que el programa organizado para dar a mi familia la atención que merece, es bueno no solamente para ellos, sino también para mí. Me da nuevas energías.

¿Desea ganar dinero? Adopte la actitud de poner el servicio primero

Es perfectamente natural –de hecho es altamente deseable– querer ganar dinero y acumular salud. El dinero es el poder de dar a su familia y a sí mismo el nivel de vida que merecen. El dinero es el poder de ayudar al infortunado. El dinero es uno de los medios de vivir plenamente.

Una vez, criticado porque impulsaba a la gente a ganar dinero, el gran ministro eclesiástico, Rusell H. Conwell, autor de Acres de diamantes, dijo: "El dinero imprime su Biblia, el dinero edifica sus iglesias, el dinero envía misioneros y el dinero paga sus predicadores, y usted no tendría muchos de ellos, tampoco, si no los pagase".

La persona que dice que desea ser habitualmente pobre, sufre de un complejo de culpabilidad o un sentimiento de inadaptación. Se parece al jovencito que siente que no podrá tener un diez en la escuela o figurar en el equipo de fútbol, por lo cual pretende que no desea obtener ningún diez ni jugar al fútbol.

El dinero, entonces, es un objetivo deseable. Lo que es inquietante acerca del dinero es el procedimiento regresivo de que se valen muchos para tratar de ganarlo. Por todas partes ve usted gente con una actitud de "el dinero antes". Con todo, esa misma gente siempre obtiene poco dinero. ¿Por qué? Simplemente por esto: la gente con una actitud de "dinero antes" llega a ser tan consciente de él que olvida que el dinero no puede cosecharse a menos que se plante la semilla que lo produce.

Y la semilla del dinero es el servicio. Esto es por lo que "poner el servicio primero" es una actitud que crea salud. Ponga el servicio primero y el dinero cuidará de sí mismo.

Una tarde de verano estaba viajando en carro a Cincinnati. Tenía tiempo para llenar mi tanque. Me detuve en una gasolinera de aspecto ordinario, pero sorprendentemente atareada.

Cuatro minutos más tarde supe por qué aquella gasolinera era tan popular. Después de llenar mi depósito de gasolina, verificada la tapa y limpio el exterior de mi parabrisas, el operario dio la vuelta hasta mi asiento y me dijo:

—Perdón, señor. Es un día muy polvoriento. Permítame limpiar el interior de su parabrisas.

Rápida y eficientemente hizo un trabajo completo de limpieza del interior de mi parabrisas, algo que ningún mozo de gasolinera entre cientos hizo antes.

Este pequeño servicio especial hizo más que mejorar mi visibilidad nocturna (y la mejoró mucho): me hizo recordar esta estación. De tal modo sucedió que realicé ocho viajes a Cincinnati durante los tres meses siguientes. Cada vez desde luego, me detuve en aquella gasolinera. Y cada vez obtuve mayor servicio del que esperaba. Interesante también fue el hecho de que cada vez que me detuve allí (una fue a las cuatro de la mañana) había otros automóviles llenando el tanque también. Entre todos probablemente compraron cien galones de gasolina a aquella estación.

La primera vez que me detuve el mozo pudo haber pensado para sí: "Este tipo es de otro estado. Hay veinte probabilidades contra una de que nunca vuelva. ¿Por qué darle mejor tratamiento del rutinario? Es solamente un cliente por una vez".

Pero los mozos de aquella gasolinera no pensaban así. Ponían el servicio primero y por eso estaban ocupados en bombear gasolina mientras otras estaciones permanecían casi desiertas. Si la gasolina era algo mejor que la de una docena de otras marcas, no lo supe. Y el precio era competitivo. La diferencia estribaba en el servicio. Y era obvio que el servicio pagaba largamente en beneficios.

Cuando el servidor en mi primera visita limpió el interior de mi parabrisas plantó una simiente de dinero.

Ponga el servicio primero, el dinero siempre cuidará de sí mismo.

La actitud de poner el servicio al cliente como prioridad redunda positivamente en todas las situaciones. En uno de mis primeros empleos trabajé muy cerca de otro joven al que llamaré F. H., Quien se parecía a muchas personas que usted conoce. Estaba preocupado porque necesitaba más dinero en lugar de preocuparse de los medios por ganarlo. Cada semana F. H. Gastaba horas del tiempo de la compañía trabajando en sus problemas presupuestarios Su tópico favorito de conversación era "yo soy el hombre peor pagado aquí. Déjeme decirle por qué".

F. H. Tenía la actitud no poco común de "esta es una compañía grande. Es una red de millones. Está pagando salarios altos a mucha gente: así debe pagarme más también".

F. H. Había sido pasado por alto varias veces en aumentos de paga. Finalmente un día decidió que era ya tiempo de protestar y pidió más dinero. Treinta minutos más tarde bajó muy acalorado. Su expresión hacía obvio que el cheque del mes próximo se parecería exactamente al del mes en curso.

Inmediatamente F. H. Comenzó a explicarse: "Muchacho ¡estoy furioso! ¿Qué supones que 'el viejo' dijo cuando le hablé de que necesitaba más dinero? Tuvo el cinismo de preguntarme, '¿por qué cree usted que está justificada su petición de aumento?'

«Yo le di una multitud de razones —prosiguió—. Le dije que se me había pasado por alto cuando otros 'obtuvieron pagas más elevadas. Le dije que mis cuentas se hacían más grandes y mi cheque de pago no. Y le dije que hago aquí todas las cosas que piden que haga.

¿Puede rechazar esto? Yo necesito un aumento pero en lugar de pagarme más, conceden aumentos a otros tipos que no lo necesitan ni la mitad tanto como yo. Porque, dado su modo de actuar —continuó—, pensaría que estaba pidiéndole limosna. Todo lo que dijo fue, 'cuando su récord demuestre que merece más dinero, se le dará más dinero'.

Seguro puedo hacer un trabajo mejor si me pagan por ello, pero solamente un loco hace alguna cosa por la que no le pagan".

F. H. es un ejemplo de la casta que es ciega ante el "cómo" ganar dinero. Su última observación resume su error. En efecto, F. H. deseaba que la compañía le pagase más y entonces produciría más. Pero no es así como el sistema responde. No consigue usted un aumento bajo la promesa de un mejor cumplimiento. No podrá cosechar dinero a menos que plante la semilla que lo produce. Y la semilla del dinero es el servicio.

Ponga el servicio primero y el dinero cuidará de sí mismo.

Considere los productores que ganan más dinero con sus películas. El productor que tiene la idea de hacer dinero rápidamente, emprende la realización de una película. Poniendo el dinero por encima del entretenimiento (servicio), economiza por todas partes. Compra un argumento pobremente escrito y emplea guionistas mediocres para adaptarlo. En la contratación de actores, arreglo de sets, aun en la grabación del sonido, pone el dinero ante todo. Este productor piensa que los que van al cine son niños en pañales que no distinguen lo que es bueno de lo que es malo.

Pero el productor que tiene la intensión de hacerse rico rápidamente raramente se hace rico de prisa. Nunca hay multitudes rampantes listas para comprar algo de segunda clase, especialmente cuando se pide a cambio un precio de primera clase.

El productor que goza de los mayores beneficios con sus cintas pone el pensamiento por encima del dinero. Más bien que timar a los espectadores, hace todo lo posible por dar a la gente más y mejor distracción de la que esperaba. Resultado: el público gusta de la película. Se habla de ella. Consigue buenas críticas. Y hace ganar dinero.

De nuevo, ponga el servicio primero y el dinero cuidará de sí mismo. La mesera que se concentra en dar el mejor servicio posible no necesita preocuparse por las propinas; no faltarán. Pero su contrapartida que no hace caso de las tazas de café vacías 'por qué volverlas a llenar; no parecen ser de los que dan propinas', no encontrará muchas gratificaciones.

La secretaria que hace lo posible para que las cartas se vean mejores de lo que el jefe espera, obtendrá todo lo que merece en sus futuros cheques de pago. Pero la secretaria que piensa, "¿Por qué inquietarme acerca de unas pocas raspaduras?, ¿Qué pueden esperar por $400 dólares a la semana?", Está estancada con sus $400 dólares semanales.

El vendedor que presta un servicio excelente a un cliente no necesita albergar temores de que pueda perder esa cuenta.

He aquí un sencillo pero poderoso reglamento que le ayudará a desarrollar la actitud de poner el servicio primero: dé siempre al público más de lo que espera obtener. Toda pequeña cosa extra que usted hace por los demás es una semilla de dinero. Trabajar voluntariamente tarde y dejar el departamento libre de un duro aprieto es una semilla de dinero; dar a los clientes servicio extra es una semilla de dinero porque los hará volver; avanzar una nueva idea que pueda acrecentar la eficiencia es una semilla de dinero.

La semilla de dinero, desde luego, produce dinero. Plante servicio y ganará dinero.

Dedique algún tiempo cada día a contestar esta pregunta: ¿Cómo puedo dar más de lo que se espera de mí? Entonces aplique las contestaciones.

Ponga el servicio primero y el dinero cuidará de sí mismo.

En rápido accionar, cultive actitudes que le llevarán hacia el éxito.

1. Cultive la actitud "estoy en buena disposición". Los resultados advienen en proporción con el entusiasmo desplegado. Tres cosas que le harán activarse a sí mismo son:

a. Ahonde en ello más profundamente. Cuando se halle desinteresado de alguna cosa, ahonde en ella y aprenda más al respecto. Esto realza el entusiasmo.
   b. Dé vida a todas las cosas que le rodean; su sonrisa, su apretón de manos, su habla, aun su paso. Actúe vivo.
   c. Difunda buenas noticias. Nadie realizará nunca nada positivo contando malas noticias.
2. Cultive la actitud "usted es importante". La gente hará más por usted cuando la haga sentir importante. Recuerde hacer estas cosas:
   a. Demuestre el aprecio en cualquier oportunidad. Haga que la gente se sienta importante.
   b. Llame a la gente por su nombre.
3. Cultive la actitud "el servicio primero", y observe que el dinero se cuida a sí mismo. Hágase una regla: en toda cosa que realice dé a la gente más de lo que espera obtener.

9
PIENSE CON RECTITUD ACERCA DE LAS PERSONAS

Hay una regla fundamental que usted debe grabar en su mente y recordarla: *El éxito depende del apoyo de la demás gente.*

El único soporte entre usted y lo que desea ser consiste en el apoyo de los demás. Mírelo de este modo: un ejecutivo depende de la gente para cumplir sus instrucciones. Si no lo hacen, la compañía o su presidente destituirán al ejecutivo, no a los empleados. Un vendedor depende de la gente para que compre su producto. Si no lo hace, el vendedor fracasa. De igual manera, el decano de un colegio superior depende de los profesores para llevar adelante su programa educativo; un político depende de los votantes para ser elegido; un escritor depende de la gente que lee lo que él escribe. El magnate de una cadena de tiendas consigue ser magnate porque los empleados aceptaron su jefatura y los clientes su programa de comercio.

Ha habido veces en la historia en que una persona pudo ganar una posición de autoridad mediante la fuerza y la mantuvo con fuerza y/o con amenazas de fuerza. En aquellos días un hombre o cooperaba con el «líder» o se arriesgaba a perder literalmente su cabeza.

Pero hoy, recuérdelo, una persona le apoya a usted voluntariamente o no le apoya en absoluto.

Ahora es tiempo de preguntar: "De acuerdo, yo dependo de los demás en lo que concierne a lograr el éxito que deseo, pero ¿qué puedo hacer para que esa gente me apoye y acepte mi liderato?"

La respuesta, envuelta en una frase es: piense correctamente sobre la gente. Piense con rectitud sobre ella y ella se sentirá a gusto y le apoyará a usted. Este capítulo le enseña cómo.

Miles de veces al día tiene lugar una escena parecida a ésta. Un comité o grupo se halla en sesión. El propósito –considerar nombres para una promoción, un nuevo empleo, la calidad de miembro de un club, un honor– que alguien sea nuevo presidente de la compañía, nuevo supervisor, nuevo gerente de ventas. Un nombre es colocado delante del grupo. El presidente de la junta pregunta: "¿Cuál es la opinión de ustedes respecto a fulano de tal?"

Los comentarios siguen adelante. En cuanto a algunos nombres surgen observaciones positivas tales como: "Es un buen compañero. La gente habla muy bien de él. Tiene también antecedentes de buen técnico".

"¿El señor F? ¡Oh!, es una persona de buena presentación, muy humano. Creo que convendría muy bien a nuestro grupo".

Algunos nombres provocan contestaciones negativas o indiferentes. "Creo que deberíamos investigar cuidadosamente a ese sujeto. No parece llevarse muy bien con la gente". "Yo sé que es un buen académico y un técnico competente: no discuto su preparación. Pero me inquieta la aceptación que recibiría. No parece imponer mucho respeto a la gente".

Al considerar a una persona para un puesto importante, dos amplios factores saltan a la vista: los antecedentes técnicos individuales revelados por su entrenamiento y experiencia y en segundo lugar, su personalidad, su capacidad para llevarse bien con las personas.

Y bien, he aquí una observación excepcionalmente importante: por lo menos en nueve casos de cada diez el factor "don de gentes" es el primer aspecto mencionado. Y en un abrumadoramente gran número de casos, el factor "don de gentes" es tenido como de mucho más peso que el factor técnico.

Lo que antecede es verdad inclusive al elegir escolares para el profesorado universitario. En mi propia experiencia de académico he asistido a un número considerable de ocasiones en que los nombres para el nuevo personal de la facultad se hallaban en debate. Cuando sonaba un nombre el grupo consideraba con mayor cuidado pensamientos como estos: ¿Caerá bien?, ¿Agradará a los estudiantes? ¿Cooperará con los otros en la facultad?

¿Desleal? ¿Poco académico? No. Si el compañero no es simpático, no se puede esperar que sus estudiantes terminen con el máximo de efectividad.

Grabe este punto bien. Una persona no es empujada a un nivel de vida más alto. Más bien, es elevada. En nuestros días y edad, nadie tiene tiempo ni paciencia para empujar a otro en la escalera del empleo, peldaño por peldaño. Se escoge a un individuo cuyo récord le hace sobresalir por encima del resto.

Somos elevados a los altos niveles por aquellos que nos conocen por ser individuos presentables o simpáticos. Cada amigo que usted hace le eleva una talla más arriba. Y, ser simpático le hace más ligero elevarse.

La gente afortunada sigue un plan para agradar a la colectividad. ¿Lo hace usted? La gente que alcanza la cúspide no debate mucho las técnicas para pensar correctamente hacia los demás. Pero se sorprendería usted de cómo mucha gente realmente grande tiene un plan claro, definido, inclusive escrito para agradar a otros.

Consideremos el caso del expresidente norteamericano Lyndon Johnson, en su proceso de desarrollar su sorprendente poder de atracción personal, desarrolló una lista de 10 reglas "para agradar a la gente". Sus reglas, cualquier observador casual del presidente, podían verse practicadas en todo lo que él hacía. Las reglas eran:

1. Aprenda a recordar los nombres. La ineficiencia en este punto puede indicar que el interés de usted no es suficientemente amplio.

2. Sea una persona cómoda y así no habrá tirantez en estar con usted. Sea un tipo de individuo forrado a la antigua.

3. Adquiera la cualidad de relajada desenvoltura para que las cosas que hace no le desazonen.

4. No sea egoísta. Guárdese la impresión de que lo sabe todo.

5. Cultive la cualidad de ser interesante, con lo que la gente obtendrá algo de valor en su asociación con usted.

6. Estudie cómo conseguir que los elementos ásperos sean alejados de su personalidad, aun aquellos de los que pueda ser inconsciente.

7. Intente con sinceridad remediar, sobre una base cristiana, todo malentendido que pudo tener o tenga ahora. Vacíe sus agravios.

8. Practique el agradar a la gente hasta que aprenda a hacerlo genuinamente.

9. Nunca malogre una oportunidad de decir una palabra de enhorabuena sobre la realización de alguno, o de expresar simpatía en la pena o el desaliento.

10. Dé fortaleza espiritual a la gente y ella le dará genuino afecto a usted.

Poner en práctica estas diez sencillas reglas de "agradar a la gente" del expresidente Johnson hizo más fácil votar por él; más fácil tener el apoyo en el senado. Poniendo en práctica estas diez reglas el expresidente Johnson hacía su vida más fácil.

Relea estas reglas otra vez. Dése cuenta de que no hay pretensiones de superioridad. No hay ninguna idea que implique que otros vengan a mí para remendar las diferencias. No hay ninguna idea tipo: "Yo sé que todos los otros son estúpidos".

La gente grande, aquella en la cúspide de !a industria, las artes, las ciencias y la política son humanos, afectuosos. Se especializan en ser simpáticos.

Pero no trate de comprar amistad: eso no se vende. Hacer regalos es una práctica maravillosa si el regalo está respaldado con genuina sinceridad, un gusto dar o un gusto de recibir de la persona a quien es hecho. Pero sin real sinceridad, el regalo es mirado a menudo como nada más que el pago de una deuda o un soborno.

El año pasado, tan sólo unos pocos días antes de Navidad, me hallaba en la oficina del presidente de una empresa de camionaje de mediana importancia. En el instante en que me disponía a marcharme, llegó un mensajero portador de un regalo de refresco líquido de una renovadora de llantas local. Mi amigo se sintió provocado y con una cierta frialdad en la voz pidió al mensajero que devolviese el regalo al remitente.

Después que el hombre se hubo marchado, mi amigo se apresuró a explicarme:

—No me juzgue erróneamente. Me agrada recibir regalos y hacerlos. Y enumeró los que había recibido de sus amigos del negocio aquella Navidad y siguió diciendo: —Pero cuando el regalo es un intento de buscar mi negocio, un soborno obvio, no lo deseo. He dejado de hacer negocios con esa casa desde tres meses atrás porque su trabajo no es lo que debería ser y no me gustan los goleados. Pero su vendedor insiste en llamarme.

Lo que me indigna es que la semana pasada ese mismo condenado vendedor estuvo aquí y tuvo el descaro de decir: 'Seguramente me agradaría reanudar nuestros negocios. Voy a pedirle a Santa Claus que sea realmente bueno este año para usted'. Si no hubiera devuelto su licor, la primera cosa que ese tal por cual me diría la próxima vez sería: 'Apuesto a que saboreó usted nuestro regalo, ¿no es así?' "

La amistad no puede ser comprada. Y cuando lo intentamos, perdemos de dos maneras:

1. Gastamos dinero.
2. Creamos desprecio.

Tome la iniciativa de construir amistades. Los líderes lo hacen. Es fácil y natural para nosotros decirnos: "Déjémosle hacer el primer movimiento", "Déjémosle hablarnos", "Déjémosle hablar primero".

Es fácil, también, ignorar a la demás gente. Sí, es fácil y natural, pero no es pensar con rectitud de la gente. Si sigue usted la regla de dejar que los otros construyan los cimientos para la amistad, puede usted no tener muchos amigos.

En realidad, es una marca de jefatura real tomar la dirección al atraer a la gente conocida. La próxima vez que se encuentre en un grupo grande, observe una cosa muy significativa: la persona presente, más importante, es la más activa en presentarse a sí misma.

Siempre que una persona grande se acerca a usted, ofrece su mano y dice: "Hola, soy Jack R.". Resuma esta observación por un momento y descubrirá la razón por la que el sujeto es importante. Es que trabaja en la construcción de amistades.

Piense con rectitud hacia la gente. Como expresa un amigo mío: "Puedo no ser importante para él, pero él es importante para mí. Por esto he procurado conocerle".

¿Se ha dado cuenta alguna vez cómo la gente se muestra de fría cuando espera los ascensores? A menos que estén con algún conocido, muchos hombres nunca dicen nada a la persona que aguarda a su lado. Un día resolví hacer un experimento.

Resolví decir algo al extraño que esperaba donde estaba yo. Seguí la pista de su reacción 25 veces consecutivas. Y por 25 veces obtuve una respuesta positiva y amistosa.

Cierto que hablar a los extraños no es muy urbano, pero la mayoría de la gente gusta de ello sin embargo. Y aquí está el pago:

Cuando usted hace un comentario agradable a un extraño, usted lo hace sentir un grado mejor. Esto lo hace a usted sentirse mejor y lo ayuda a relajar. Cada vez que usted diga algo positivo a otra persona, se compensa a sí mismo. Es como calentar el motor de su carro en una mañana fría. *Aquí puede encontrar seis maneras de ganar amigos ejercitando solamente una pequeña iniciativa.*

1. Presentarse a los demás en toda oportunidad posible: fiestas, reuniones, aviones, en el trabajo, en todas partes.

2. Asegúrese de que las otras personas retienen su nombre firmemente.

3. Asegúrese de que puede pronunciar el nombre de la otra persona del modo que lo pronuncia ella.

4. Ponga por escrito el nombre de la otra persona y cerciórese de que lo deletrea correctamente; la gente tiene como un fetiche el deletreo correcto de su nombre. Si es posible, consiga su dirección y su teléfono también.

5. Escriba una nota personal o hable por teléfono a los nuevos amigos que sienta deseos de conocer mejor. Este es un punto importante. La gente más afortunada lleva hasta el fin sus nuevas amistades con una carta o una llamada telefónica.

6. Y por último, pero no menos importante, diga cosas agradables a los extraños. Le hace más amistoso y le predispone para la tarea que tiene por delante.

Poner estas seis reglas a trabajar es pensar realmente con rectitud de la gente. Seguramente, no es el medio que piensa el promedio de las personas. El señor "promedio" nunca toma la iniciativa para hacer presentaciones. Espera que la otra persona se presente primero.

Tome la iniciativa. Parézcase al afortunado. Siga su camino y conozca gente. Y no sea tímido. No tenga miedo de ser raro. Encuentre quién es la otra persona y esté seguro de que sabe quién es usted.

Recientemente un asociado mío y yo estuvimos contratados para hacer la selección preliminar de un aspirante para un empleo industrial de ventas. Encontramos que el aspirante al que llamaremos Ted, tenía algunas buenas calificaciones. Era excepcionalmente inteligente, poseía buena apariencia y parecía tener grandes ambiciones. Pero descubrimos algo que nos obligó a descalificarlo, por lo menos temporalmente. La gran limitación de Ted era esta: esperaba la perfección de los demás. Le incomodaban muchas cosas pequeñas, como las faltas gramaticales, la gente no cuidadosa con los cigarrillos, la gente que tenía mal gusto en el vestir y así sucesivamente. Ted quedó sorprendido al saber este hecho que le afectaba. Pero estaba ávido de conseguir un empleo mejor pagado y preguntó si había alguna cosa que le pudiésemos decir para ayudarle a superar sus debilidades. Le hicimos tres sugerencias:

1. Reconocer el hecho de que ninguna persona es perfecta. Algunas están más cercanas a la perfección que otras, pero ningún humano es absolutamente perfecto. La calidad más humana en cuanto a las personas es que pueden cometer errores, toda clase de ellos.

2. Reconocer el hecho de que el otro compañero tiene una razón para ser diferente. Nunca juegue a ser Dios con ninguna cosa. Nunca tenga aversión por la gente a causa de que sus costumbres sean diferentes de las nuestras, o porque prefieran ropas diferentes, religiones, partidos políticos o automóviles. No tiene usted que aprobar lo que hace otro, pero no debe aborrecerle por hacerlo.

3. No sea un reformador. Ponga un poco más de la frase: "vivir y dejar vivir" en su filosofía. A la mayoría de la gente le desagrada que le digan: "Está usted equivocado". Usted tiene derecho a su opinión propia, pero a veces es mejor guardarla para sí mismo.

Repare en algunos de los más afortunados miembros de la televisión hoy, hombres semejantes a Jack Bailey, Art Linkietter y Bill Cullen. La gente gusta de ellos porque son geniales y tolerantes; aman al pueblo y pasan por alto los errores.

Ted aplicó concienzudamente estas sugerencias. A los pocos meses sostenía un punto de vista fresco. Aceptaba la gente por lo que era: no cien por ciento buena ni cien por ciento mala.

—Además, dijo, las cosas que acostumbraban a molestarme, ahora las encuentro divertidas. Finalmente comienzo a comprender lo que un mundo obtuso como éste sería si la gente fuese toda igual y cada uno fuese perfecto.

Nótese este simple hecho, pero un hecho clave: ninguna persona es buena del todo ni ninguna es mala del todo. La persona exactamente perfecta no existe.

Ahora bien, si dejamos a nuestro pensamiento incontrolado, podemos encontrar mucho desagrado en casi todo el mundo. Por el mismo motivo, si dirigimos nuestro pensamiento debidamente, si pensamos con rectitud acerca de la gente, podemos encontrar muchas cualidades que gustar y admirar en la misma persona.

Véalo de este modo. Su mente es una emisora. Este sistema de difusión transmite mensajes a usted por dos canales igualmente poderosos: Canal P (positivo) y Canal N (negativo). Veamos cómo trabaja su sistema de emisión. Supongamos que hoy su superior en el negocio (le llamaremos señor Jacobs) le llamó a su oficina y revisó con usted su trabajo. Le felicitó por él, pero aventuró algunas sugerencias específicas de cómo podía hacerlo mejor. Por la noche es natural que usted evoque el incidente y emita algunos pensamientos al respecto.

Si sintoniza en el Canal N., El anunciador estará diciendo algo de este tenor: "¡Cuidado! Jacobs está a punto de atraparte. Tiene mal genio. No necesita usted sus advertencias. Al diablo con él. ¿Recuerda lo que Joe contó respecto a Jacobs? Tenía razón. Jacobs desea pulverizarle como hizo con Joe. Resístale. La próxima vez que le llame, pelee. Mejor aún, no lo espere. Mañana vaya a preguntarle lo que quiso decir en realidad con su crítica..."

Pero si sintoniza en el Canal P., Dirán algo de lo que reflejan estas líneas: "Usted sabe que el señor Jacobs es un buenísimo compañero. Esas sugerencias que hizo me suenan muy bien. Si puedo usarlas, podré hacer probablemente un mejor trabajo y situarme a mí mismo para un aumento. El viejo me hizo un favor. Mañana iré a verle para agradecer su ayuda constructiva. Bill tenía razón: Jacobs es un hombre bueno para trabajar con él..."

En este caso específico, si escucha el Canal N., Esté seguro de cometer algún error malo, tal vez fatal, en sus relaciones con su superior. Pero si usted sintoniza el Canal P., Tenga la completa seguridad de que se beneficiará con las observaciones de su superior y al mismo tiempo le acercará más estrechamente a él. Apreciará esta visita. Pruébelo y verá.

Lleve en la mente el tiempo máximo que permanece sintonizado con el Canal P., O con el Canal N., Lo que más le interesa llegar a ser y lo arduo que resulta conectar canales. Esto es verdad porque un pensamiento positivo o negativo hace estallar una reacción en cadena de pensamientos similares.

Puede, por ejemplo, comenzar con un sencillo pensamiento menos negativo como es el acento de una persona y encontrarse pronto pensando negativamente acerca de tópicos no afines, como sus opiniones políticas y religiosas, el automóvil que maneja, sus costumbres personales, sus relaciones con la esposa, inclusive el modo de peinar sus cabellos. Y pensando de este modo seguramente no conseguirá usted llegar a donde desea.

Usted es dueño de manejar su pensamiento, su emisora. Cuando sus pensamientos se inclinen a la gente, haga un hábito de escuchar el Canal P. Si el Canal N., Interfiere, dígale ¡alto! Entonces conecte sus canales. Para la conexión todo lo que debe hacer es pensar en la cualidad positiva del individuo. Al estilo de verdadera reacción en cadena, este pensamiento dirigirá a otros y otros. Y se sentirá alegre.

Cuando está solo, usted y solamente usted puede decidir si escuchará el Canal P. o el Canal N. Pero cuando está conversando con alguien más, esta persona tiene una medida de control sobre lo que usted piensa.

Debemos recordar que la mayor parte de la gente no comprende los conceptos de pensar con rectitud hacia los demás. De aquí que sea una experiencia para la gente, verle dolorida por saber alguna cosa negativa acerca de una persona conocida de ambos: un colaborador desea hablarle de las discutibles cualidades de otro empleado; o un cliente desea especificar las faltas de su competidor, a quien usted visitará en breve.

Los pensamientos engendran pensamientos parecidos. Existe el peligro real de que si escucha usted comentarios negativos respecto a otra persona, se vuelva usted también negativo hacia ella. De hecho, si no se mantiene en guardia puede encontrarse efectivamente ayudando a alimentar el fuego con: "Sí, y eso no es todo. Oyó usted decir..." Estos son tiros por la culata, bumerán.

Hay dos medios para impedir a los demás cambiarnos del Canal P., al Canal N. Uno es suscitar tópicos tan rápida y quietamente como sea posible, con alguna observación así: "Perdón John, pero mientras pienso en ello se me ha ocurrido preguntarle..." Un segundo medio consiste en excusarse con un: "Lo siento, John, pero se me hace tarde..." O "Tengo que pagar algo que esta por vencer, ¿me excusa usted?".

Hágase una enérgica promesa. Rehúse dejar que los otros perjudiquen su pensamiento. Siga sintonizado con el Canal P. Una vez que haya dominado la técnica de pensar solamente cosas buenas a propósito de la gente, el éxito más grande estará garantizado.

Voy a contarles lo que un vendedor de seguros, raramente afortunado, me dijo acerca de qué manera pensar buenas cosas respecto a la gente, le recompensó:

—Cuando intervine primero en los negocios de seguros —comenzó— la partida fue dura, créame. Al principio me pareció que había tantos agentes competidores como prospectos. Y pronto aprendí lo que sabe todo asegurador, que nueve prospectos de cada diez creen firmemente que no necesitan ningún seguro más.

Me está yendo bien. Pero déjeme decirle que no es a causa de lo que he aprendido acerca del lado técnico de los seguros. Esto es importante, no lo entendamos mal, pero hay hombres que tratan de vender seguros que conocen mejor que yo pólizas y contratos. Es un hecho que yo conozco un hombre que escribió un libro sobre seguros, pero no pudo vender una póliza a un hombre que sabía que le quedaban solamente cinco días de vida.

Mi éxito —continuó—, se basa en una cosa: me gusta, realmente me gusta el tipo a quien estoy vendiendo. Déjemelo decir otra vez, realmente me gusta. Algunos de mis compañeros vendedores tratan de pretender que ellos gustan al otro sujeto, pero no les da resultado. Usted no puede engañar si quiera a un perro. Sus modismos, ojos, expresiones faciales, todo se deletrea F-A-L-S-O, cuando usted lo pretende.

Ahora, cuando estoy amontonando información acerca de un prospecto, hago lo que hacen los demás agentes. Me entero de su edad, de dónde trabaja, como cuánto hace, cuántos niños tiene y así sucesivamente.

Pero también consigo alguna cosa más que la mayoría de los vendedores nunca buscan. Esto es, alguna razón por la que me pueda simpatizar el prospecto. Tal vez el trabajo que hace aportará la razón, o quizá podré encontrarla en algún lugar de su récord pasado. Pero encuentro algunas buenas razones para que me guste.

Entonces siempre que mi atención se enfoca sobre el prospecto, yo reviso las razones por las cuales me agrada. Construyo una imagen amable del prospecto antes de decirle una palabra a propósito de seguros.

Esta pequeña técnica surte efecto. A causa de que el sujeto me simpatiza, tarde o temprano le simpatizo yo. Bastante pronto, en lugar de sentarme a la mesa frente a él, paso al otro lado con él, y trabajamos juntos en su plan de seguro. Cree y confía en mi juicio porque soy un amigo.

Claro está que la gente no siempre me acepta sin discusión, pero he encontrado que tanto tiempo como continúa simpatizándome un sujeto, acabará por asentir y podremos ultimar el negocio.

Precisamente la semana pasada —prosiguió mi amigo—, estaba haciendo la tercera visita a un prospecto difícil. Me recibió en la puerta y antes de poderle decir siguiera 'buenos días' me mandó al diablo. Prosiguió en este tono, sin detenerse ni para respirar, hasta que haló la cuerda y acabó diciendo: 'Y nunca vuelva más por aquí otra vez'. Después que dijo esto, permanecí de pie mirándole a los ojos durante unos cinco segundos y entonces dije suavemente y con genuina sinceridad por qué lo pensaba: 'Pero señor S. Esta noche le estoy visitando como amigo'. Ayer me compró una póliza de 10.000 dólares.

Sol Polk es llamado popularmente rey de las herramientas en Chicago. Comenzó con nada hace 21 años y hoy vende por encima de sesenta millones de herramientas en un año en el Chicago metropolitano. Sol Polk afirma que su éxito se debe a su actitud hacia los compradores. "Los clientes –dice el señor Polk– deben ser tratados como si fuesen huéspedes en mi hogar".

¿No es esto pensar con rectitud acerca de la gente? Sustituya la palabra "empleados" en lugar de "clientes" y así se lee: "Los empleados deben ser tratados como huéspedes en mi hogar". Dé tratamiento de primera clase a sus empleados y obtendrá cooperación de primera clase, rendimiento de primera clase. Piense en primera clase acerca de cualquiera de los que le rodean y recibirá a cambio resultados de primera clase.

Uno de los revisores de una versión reciente de este libro es un amigo íntimo personal que posee su propia oficina consultora de manejo de negocios. Cuando leyó el ejemplo citado más arriba comentó: "Este es el resultado de agradar y respetar a la gente. Permítame contarle una experiencia personal la cual demuestra lo que sucede si usted no gusta y respeta a la gente".

Su experiencia es muy interesante. ¡Aquí está!

"Mi firma había obtenido un contrato para suministrar servicios de consultoría a un negocio de bebidas embotelladas, relativamente pequeño. El contrato era sustancial, de unos $45.000 dólares. El cliente no tenía gran educación formal, su negocio se hallaba en baja forma y en los años recientes había cometido algunos errores costosos. Tres días después de que cerramos el contrato, un socio mío y yo, nos dirigimos a la planta que distaba unos 45 minutos de nuestras oficinas. Aquel día no sé cómo empezó, pero de algún modo estuvimos hablando acerca de las cualidades negativas de nuestro cliente.

Antes que nos diésemos cuenta de ello, conversábamos de cómo su propia estupidez había dado origen a la confusión en que se veía en lugar de discutir el mejor modo con el que podría resolver sus problemas. Recuerdo una observación que hice, la cual estimé particularmente aguda. 'Lo único que mantiene a este hombre es su gordura'. Mi socio se rió y agrego una apreciación similar. '¿Y qué hay de su hijo?' El joven debe andar por los 35 pero la única calificación que posee para el trabajo es que habla español'.

Durante toda la calzada no hablamos de nada más sino de que teníamos por cliente un bodoque y débil mental. Bien, la conferencia de aquella tarde fue fría. Reflexionando, pienso que nuestro cliente de algún modo interpretó nuestra posición hacia él. Debió haber pensado: 'Estos sujetos piensan que yo soy un estúpido o algo así y todo lo que harán por mi dinero es darme alguna plática altisonante'.

Dos días más tarde recibí de aquel cliente una carta de dos frases. Decía: 'He decidido cancelar nuestro contrato por servicios de consultoría. Si hay algún cargo que hacerme por servicios hasta la fecha sírvase mandarme la cuenta'. Dejarnos llevar por pensamientos negativos durante sólo 40 minutos nos costó un contrato de "45.000 dólares. Lo hizo aún más doloroso enterarnos un mes después de que este antiguo cliente había contratado a una firma extranjera para la asistencia profesional que necesitaba. Nunca lo habríamos perdido si nos hubiésemos concentrado en sus buenas cualidades. Y las tenía. La mayoría de la gente las tiene".

He aquí cómo puede usted tener alguna diversión y descubrir un principio básico de éxito al mismo tiempo. Durante los dos próximos días escuche todas las conversaciones que pueda. Anote dos cosas: cuál de las personas en la conversación habla más y cuál es la más afortunada.

Millares de mis propios experimentos me han revelado esto: la persona que habla más y la persona más afortunada raramente son la misma persona. Casi sin excepción, la persona más afortunada, cuando más, practica en su conversación la generosidad, esto es, la que alienta a las demás personas a hablar de sí mismas, de sus miras, sus realizaciones, su familia, su ocupación y sus problemas.

La conversación con generosidad prepara el terreno a éxitos más grandes en dos importantes sentidos:

1. La conversación con generosidad gana amigos.
2. La conversación con generosidad ayuda a saber más acerca de la gente.

Recuerde esto: el promedio de personas hablaría más bien de sí mismos que de cualquiera otra cosa del mundo. Cuando usted les da oportunidad, les simpatiza por ello. La conversación con generosidad es el medio más fácil, más simple y más seguro de ganar un amigo.

Y el segundo beneficio de la conversación con generosidad, saber más acerca de la demás gente, es importante, también. Como decimos en el Capítulo I, la gente es lo que estudiamos en nuestro laboratorio de éxito. Lo más que podamos saber en cuanto a ella, sus procesos mentales, sus puntos fuertes y débiles, lo que hace y por qué lo hace, es cuanto mejor estaremos mejor equipados para influirla efectivamente en el sentido que desea. Elucidémoslo.

Una gran agencia publicitaria de Nueva York, parecida a todas las agencias, se especializa desde luego en decir al público por qué debe comprar los productos que anuncia. Pero esta agencia hace otra cosa más, también. Requiere a sus redactores de anuncios que dediquen una semana cada año detrás de los mostradores y así escuchen lo que la gente dice a propósito de los productos que fomenta. Escuchar aporta la guía que necesitan los publicistas para escribir anuncios mejores y más efectivos.

Muchos negociantes progresivos conducen las que se llaman entrevistas terminales con empleados que se despiden. La razón no es hacer aceptar al empleado que permanezca con la compañía sino poner en claro por qué se va. Luego la compañía puede efectuar mejoras en las relaciones con sus empleados. Escuchar trae retribuciones.

Escuchar sirve de mucho también al vendedor. A menudo la gente piensa que un buen vendedor es un "buen conversador" o "alguien siempre presto a hablar". Los gerentes de ventas, sin embargo, no se dejan impresionar tanto por un buen conversador tanto como por alguien que sabe escuchar, un sujeto que puede hacer preguntas y obtener las respuestas deseadas.

No interrumpa una conversación. Escuche, gane amigos, aprenda.

Una mañana un amigo me encontró en el Aeropuerto Midway de la ciudad de Chicago, para conducirme en coche a una conferencia de negocios en el centro de la ciudad. Dos veces me di cuenta que mi amigo se salió de su camino para dejar a conductores estacionados en la calle entrar en la ruta del tránsito.

La tercera vez que esto sucedió comenté riendo: "¿Quién eres, el presidente del comité de cortesía de Chicago? Debes serlo, no he visto a nadie que demuestre tanta cortesía".

Se sonrió ante esto y dijo:

—No espero en realidad que otros conductores sean corteses. Ayudar a esos tres conductores a entrar en el tránsito nos cuesta 45 segundos.

Pero me ha dado un buen sentimiento interno. Mostrar cortesía me ayuda a conservar la calma.

Mi amigo tuvo buen sentido. Es bueno ser cortés con gente a la que usted no conoce ni piensa conocer jamás. Remunera el sentimiento grato recibido. Y este sentimiento grato se refleja en su trabajo y en cualquiera otra cosa que haga.

La cortesía practicada en todas las relaciones con otras personas es el tranquilizador más fino que puede usar. Ninguna preparación comercial es tan efectiva para relajarle como hacer pequeñeces por otras personas. Pensar con rectitud hacia la gente suprime la frustración y la violencia. Cuando hierve todo en su interior, la gran causa de tensión es pensar negativamente de los demás. Así pues, piense en positivo hacia la gente y descubrirá cuán maravilloso, realmente maravilloso es este mundo.

La verdadera prueba de pensar correctamente sobre la gente, llega cuando las cosas no andan exactamente por la senda que usted desea. ¿Cómo piensa usted cuando le han pasado por alto en un ascenso? ¿O cuando fracasa en ganar un cargo en el club al cual pertenece? ¿O cuando es criticado por la labor que hace? Recuerde esto: *el modo como piensa cuando pierde determina cuánto tiempo tardará en ganar.*

La solución ideal para descifrar a las personas y pensar lo correcto sobre ellas vino de alguien muy reconocido en mi época: el señor Benjamín Fairless, quien por ese entonces era un alto ejecutivo de una empresa acerera en los Estados Unidos. Él mencionó lo siguiente en una entrevista para la revista *Life:*

"Depende de cómo mira usted las cosas. Por ejemplo, yo nunca tuve un maestro al que odiase. Naturalmente, yo no era más disciplinado que todos los otros pupilos, pero siempre me figuré que por culpa mía la disciplina era necesaria. Me han simpatizado también todos los jefes que he tenido siempre. En todo momento traté de agradarles y hacer más de lo que esperaban si me era posible, nunca menos.

He tenido algunas desilusiones, tiempos en que deseé un ascenso y alguien más lo obtuvo. Pero nunca me imaginé que era víctima de la 'política de oficina', ni prejuzgué ni juzgué mal a los jefes. En lugar de enfurruñarme o incurrir en arrebatos, razonaba las cosas. Obviamente el otro compañero mereció la promoción más que yo. ¿Qué me podía hacer a mí merecer la primera oportunidad? Al mismo tiempo nunca me enojé conmigo mismo si perdía y nunca desperdicié mi tiempo regañándome".

Recuerde a Benjamín Fairless cuando las circunstancias andan mal. Haga nada más estas dos cosas:

1. Pregúntese, ¿qué puedo hacer conmigo mismo para ser merecedor de la próxima oportunidad?

2. No malgaste tiempo ni energía en descorazonarse. No se regañe a sí mismo. Planee vencer la próxima vez.

Ponga en una cápsula estos principios de trabajo

1. Hágase más ligero para elevarse. Sea simpático. Practique ser la clase de persona que gusta a la gente. Esto gana su apoyo y pone combustible en su programa de construcción de éxito.

2. Tome la iniciativa en la consecución de amigos. Preséntese a los demás en todas las oportunidades que tenga. Asegúrese de que retiene fuertemente el nombre de la otra persona y esté seguro de que ella retiene fuertemente también el suyo. Escriba una nota a los nuevos amigos que desee conocer mejor.

3. Acepte las diferencias y limitaciones humanas. No espere que nadie sea perfecto. Recuerde, la otra persona tiene derecho a ser diferente. Y no sea un reformador.

4. Sintonice el Canal P., la estación de los Buenos Pensamientos. Encuentre cualidades para gustar y admirar a una persona, no cosas que le inspiren aversión. Y no deje que los demás prejuzguen sus sentimientos hacia una tercera persona. Piense positivamente de la gente y conseguirá resultados positivos.

5. Practique la conversación con generosidad. Guste de la gente afortunada. Estimule a la otra persona para que exprese sus miras, sus opiniones, sus cumplidos.

6. Practique la cortesía en todo momento. Ello hace que la gente se sienta mejor. Le hace a usted sentirse mejor también.

7. No culpe a los demás cuando sufra una contrariedad. Recuerde, el modo como piensa cuando pierde, determina cuánto tiempo tardará en ganar.

10

CONSIGA EL HÁBITO DE LA ACCIÓN

Hay algo en que convienen todos los líderes en todos los campos: hay un déficit de personas sobresalientes, calificadas de expertas para llenar posiciones claves. Hay, como dice el refrán: "Muchas moradas en las alturas". Según explicaba un ejecutivo, existe mucha gente casi calificada, pero a menudo falta un ingrediente del éxito: la capacidad para realizar planes y conseguir resultados.

Todo gran trabajo –ya sea operando en negocios, en un alto nivel de ventas, en la ciencia, la milicia o el gobierno– requiere un hombre que planee la acción. Los principales ejecutivos, que buscan una persona clave, solicitan respuestas a preguntas como éstas: ¿Hará el trabajo? ¿Seguirá hasta el fin? ¿Es un autoimpulsor? ¿Puede producir resultados o es un simple hablador?

Todas estas preguntas tienen punto de mira: poner en claro si el sujeto es un hombre de acción. Ideas excelentes no son bastantes. Solamente una idea bien ejecutada y desarrollada es ciento por ciento mejor que una estupenda idea que muere por nunca haber sido ejecutada.

El gran comerciante que se hizo por sí mismo, John Wanamaker, decía a menudo: "Nada viene solamente pensando en ello". Piénselo. Todas las cosas que tenemos en este mundo, desde los satélites a los rascacielos y el alimento para bebés, son exactamente ideas sobre las que se ha actuado.

Cuando usted estudia a la gente –lo mismo los afortunados que el término medio– encuentra que se divide en dos clases. Los afortunados son activos; les llamaremos "activistas". El promedio, el mediocre, el infortunado es pasivo. Les llamaremos "pasivistas".

Podemos descubrir un principio de éxito estudiando los dos grupos. El señor activista, es un hacedor. Actúa, consigue realizar sus planes, sigue hasta el extremo sus ideas y planes; el señor pasivista es "no hagamos". Pospone el hacer las cosas hasta que ha demostrado que no deben hacerse, o no se puede, o es demasiado tarde.

La diferencia entre el señor activista y el señor pasivista se manifiesta en innumerables pequeños aspectos. El señor activista planea una vacación y se la toma. El señor pasivista planea una vacación pero la pospone para el año "próximo". El señor A. Decide acudir a la iglesia regularmente y lo hace. El señor P. También piensa que es buena cosa acudir regularmente, también, a la iglesia, pero halla la manera de posponer este nuevo hábito. El señor A. Siente que debe escribir unas líneas a alguien al que conoce para felicitarle por alguna cosa hecha. Escribe las líneas. Bajo la misma circunstancia, el señor P. Encuentra una buena razón para demorar la nota y nunca se decide a escribirla.

La diferencia se destaca también en las grandes cosas. El señor A., Desea hacer negocios por su cuenta y los hace. El señor P. También desea hacer negocios por su cuenta, pero descubre en el momento crítico una "buena" razón de que es mejor no hacerlos. El señor A. De 40 años, decide que desea adoptar una nueva línea de trabajo y la adopta. La misma idea se le ocurre al señor P., Pero debate consigo mismo y nada hace al respecto.

La diferencia entre los señores activistas y pasivistas se revela en todas las formas de conducta. El señor A. Logra lo que desea y como resultado adicional de eso, gana confianza, un sentimiento interno de seguridad, autodominio y más ingresos. El señor P. No consigue lo que desea hacer porque no actuó. Como subproducto pierde la confianza en sí mismo, destruye su firmeza, vive en la mediocridad.

El señor activista, hace. El señor pasivista "va a hacer, pero no hace".

Todo el mundo desea ser activista. Pues bien, deje que se forme el hábito de la acción.

Una gran cantidad de pasivistas escoge este camino porque insiste en esperar a que todas las cosas sean cien por ciento favorables para emprender la acción. La perfección es altamente deseable. Pero nada hecho o diseñado por el hombre es, o puede ser, absolutamente perfecto. Luego aguardar el conjunto perfecto de condiciones es aguardar toda la vida.

A continuación presentamos tres casos históricos que demuestran de qué modo tres personas reaccionaron ante las "condiciones".

Caso No. 1: Por qué no se casó G. N.

El señor G. N. Se halla al final de sus treinta, es bien educado, trabaja como contador y vive solo en Chicago. Desea amor, compañía, un hogar, niños, trabajo. G. N. Ha estado próximo al matrimonio; una vez estuvo solamente a un día de él. Pero cada vez que ha estado cercano a ese estado, descubre alguna cosa en la muchacha con la cual se iba a casar. ("Precisamente a tiempo, antes de que cometiera un grave error").

Un ejemplo lo pone de relieve: hace dos años, G. N. Pensó que finalmente había encontrado la mujer apropiada. Era atractiva, agradable, inteligente. Pero G. N. Tenía que estar absolutamente seguro de que esta boda sería algo impecable. Cuando se hallaban discutiendo planes matrimoniales una noche, la futura señora G. N. Hizo unas pequeñas observaciones que molestaron a G. N.

En consecuencia, para asegurarse de que estaba enlazándose con la mujer sin tacha, G. N. Redactó un documento de cuatro páginas de aclaraciones que la joven debía aceptar antes del casamiento. El documento, nítidamente digitado y al parecer muy legal, cubría todo segmento de vida en que G. N. Pudo pensar. Había una sección religiosa: a qué iglesia irían, cuán a menudo concurrirían a ella, qué donarían. Otra sección se ocupaba de los niños: cuántos y cuándo.

Detalladamente, G. N. Esbozaba la clase de amigos que tendrían, la situación social de su esposa, dónde vivirían, cómo serían gastados sus ingresos. Para acabar el documento, G. N. Consagró media página para registrar los hábitos específicos que la muchacha debía abandonar o adquirir. Esto comprendía hábitos como fumar, beber, maquillaje, diversiones y así sucesivamente.

Cuando la candidata a novia de G. N. Revisó este ultimátum hizo lo que se podía esperar. Lo devolvió con una nota que decía: "La cláusula de matrimonio usual 'para bien o para mal', es lo bastante buena para cualquiera y lo es también para mí. Lo nuestro se terminó".

Al relatarme G. N. Esta experiencia dijo preocupado: "Y bien, ¿qué era lo injusto en este convenio escrito?". Después de todo, el matrimonio es un gran paso. y no está mal ser muy cuidadoso".

Pero G. N. Estaba equivocado. Usted puede ser demasiado cuidadoso, demasiado cauto no solamente al planear un matrimonio, sino al planear algo en este mundo donde las cosas tienen lugar. Las normas pueden ser demasiado altas. La proposición matrimonial de G. N. Era mucho más adecuada para su trabajo, sus ahorros, sus amistades o cualquier otra circunstancia.

La prueba de una persona afortunada no consiste en la habilidad de eliminar los problemas antes de que surjan, sino en solventar las dificultades cuando aparecen. Debemos estar dispuestos a establecer un compromiso inteligente con perfección a fin de que no aguardemos siempre antes de emprender la acción. Es todavía un buen consejo cruzar los puentes cuando llegamos a ellos.

Caso No. 2: ¿Por qué Juan Manuel vive en su nuevo hogar?

En toda decisión grande, la mente batalla consigo misma: actuar o no actuar, hacer o no hacer. He aquí cómo un joven eligió actuar y cosechó grandes recompensas.

La situación de J. M. Es similar a la de un millón de otros jóvenes: está en sus veinte, tiene una esposa y un niño y, sin embargo, goza solamente de un modesto ingreso.

J. M. Y su señora vivían en un pequeño departamento. Ambos deseaban un nuevo hogar. Necesitaban las ventajas de un mayor espacio, alrededores más limpios, un lugar donde jugase el niño y la posibilidad de tener una hipoteca sobre su propiedad.

Pero había una traba para comprar un nuevo hogar –el pago de contado. Un día en que J. M. Estaba llenando el cheque para pagar la próxima renta llegó a sentirse disgustado consigo mismo. Observó que el pago de la renta era mucho más grande que los abonos mensuales para un nuevo hogar. Llamó a su esposa y le dijo:

—¿Te gustaría comprar una nueva casa la semana que viene?

—¿Qué se te ha metido en la cabeza? —Repuso ella—. ¿Por qué me gastas bromas? Sabes que no podemos. No tenemos siquiera el dinero para la cuota inicial.

Pero J. M. Estaba decidido. "Hay cientos de miles de parejas como nosotros que van a comprar una casa nueva (cualquier día), pero tan sólo una mitad lo hace alguna vez. No sé todavía cómo obtendré la cuota inicial, pero la obtendré".

Y bien, a la siguiente semana compraron una casa a gusto de los dos, sin grandes pretensiones, pero linda, por $20.000 dólares de cuota inicial. Entonces el obstáculo fue encontrar el medio de reunir $20.000 dólares. J. M. No podía pedir prestado a través de los canales usuales porque esto recargaría demasiado su crédito y no podría conseguir una hipoteca por el precio de venta.

Donde hay una voluntad hay siempre un medio. Súbitamente J. M. Sintió una agitación repentina. ¿Por qué no entrar en contacto con el constructor y gestionar un arreglo de préstamo privado por $20.000 dólares ? Esto hizo J. M. En principio el constructor se mostró renuente a la idea, pero J. M. Insistió. Finalmente se convino así. El constructor adelantó, en efecto, a J. M., Los $20.000 dólares para ser reintegrados a razón de $1.200 mensuales, más un interés.

Ahora todo lo que J. M. Tenía que hacer era "encontrar" $1.200 dólares cada mes. J. M y su señora afilaron sus lápices y su creatividad y dieron con el medio de recortar $400 dólares de sus gastos mensuales. Sin embargo quedaban $800 que J. M. Debía reunir todos los meses.

J. M. Tuvo otra idea. A la mañana siguiente fue a ver a su jefe y le explicó lo que estaba haciendo. El patrón se alegró al saber que J. M. Estaba yendo a comprar una casa nueva. Luego le dijo J. M.: —Vea usted, señor T., Para llevar adelante este trato, necesito, ganar $800 dólares más cada mes. Ya sé —continuó— que usted me aumentará cuando crea que lo merezco. Lo que deseo ahora es una oportunidad para ganar más dinero. Hay algunas cosas aquí que se podrían hacer los fines de semana. ¿Usted me permitiría que yo pudiera extender mis días laborales?

El industrial quedó impresionado con la sinceridad y ambición de J. M. Propuso la solución de que J. M. Trabajase diez horas extras todos los fines de semana. Y J. M. Con su familia se trasladaron a su nuevo hogar. Estas cosas resultaron de la firme decisión de J. M. De entrar en acción:

1. La resolución de entrar en acción encendió la mente de J. M. Para pensar en los medios de dar cumplimiento a su meta.

2. J. M. Ganó tremendamente en nueva confianza. Será mucho más fácil para él emprender una acción en situaciones mayores.

3. J. M. Proporcionó a su mujer e hijo el nivel de vida que merecían. Si hubiese esperado, posponiendo en comprar la casa hasta que las condiciones fuesen perfectas, habría una posibilidad real de que nunca hubieran dispuesto de una casa de su propiedad.

Caso No. 3: C. D. Deseaba comenzar su propio negocio, pero...

El señor C. D. Representa otro caso de lo que ocurre a las grandes ideas cuando uno espera a que las condiciones sean perfectas antes de ponerlas en acción.

Poco tiempo antes de la Segunda Guerra Mundial, C. D. Obtuvo un empleo en la división de aduanas del Departamento de Correos de los EEUU. Le gustaba su trabajo, pero después de cinco años llegó a estar insatisfecho con el confinamiento, horas regulares, bajo pago, y el sistema de prioridades con sus relativamente escasas probabilidades de avance.

Entonces concibió una idea. Había aprendido mucho acerca de lo que produce ser un importador afortunado. ¿Por qué no establecerse él mismo en el negocio de importar artículos para regalos y juguetes de bajo precio? C. D. sabía de muchos importadores afortunados que carecían de sus conocimientos o de los pros y contras de estos negocios.

Han transcurrido diez años desde que C. D. Decidió que necesitaba entrar en los negocios propios. Pero hoy, sigue trabajando todavía para la oficina de aduanas.

¿Por qué? Veámoslo. Cada vez que C. D. Estaba casi dispuesto a cortar sus amarras, sucedía alguna situación que le detenía para entrar en acción: escasez de dinero, depresiones económicas y demás excusas, justificadas todas por razones para aguardar, para posponer.

La estricta verdad es que C. D. Dejó desarrollar en sí mismo a un "pasivista". Deseaba que las condiciones fuesen perfectas antes de emprender la acción. Puesto que las condiciones no fueron nunca perfectas. C. D. Nunca entró en acción.

He aquí dos cosas que hay que hacer para a evitar el costoso error de aguardar a que las circunstancias sean perfectas antes que actúe:

1. Espere futuros obstáculos y dificultades. Toda aventura supone riesgos, problemas e incertidumbres. Supongamos que usted desea conducir su carro de Chicago a Los Ángeles, pero insiste en esperar hasta tener absoluta seguridad de que no hará desviaciones, ningún percance de motor, nada de mal tiempo, ni conductores borrachos, ni riesgos de ninguna clase. ¿Cuándo arrancará? ¡Nunca! Al planear su viaje a Los Ángeles tiene sentido proyectar la ruta, revisar el motor, en una palabra, eliminar tantos riesgos como sea posible antes de arrancar. Pero usted no puede eliminar todos los riesgos antes de arrancar.

2. Haga frente a los problemas y obstáculos a medida que aparezcan. La prueba de una persona afortunada no es la habilidad para eliminar problemas antes de entrar en acción, sino la de encontrar soluciones a las dificultades cuando las encuentre. En los negocios, casamientos, o en cualquiera otra actividad, cruce los puentes cuando llegue a ellos.

No podemos comprar una póliza de seguros contra todos los problemas.

Ajuste su mente para actuar acerca de sus ideas. Hace cinco o seis años un profesor muy capacitado me contó sus planes para escribir un libro, una biografía de una controvertida personalidad de diez años atrás. Sus ideas eran más que interesantes: eran vivas, fascinantes. El profesor sabía lo que deseaba decir y poseía destreza y energía para decirlo. El proyecto estaba destinado a recompensarle con mucha satisfacción interior, prestigio y dinero.

El verano pasado volví a ver a mi amigo e inocentemente le pregunté si había terminado el libro. (Esto fue un desatino; abrió una vieja herida).

No, no había escrito el libro. Luchó consigo mismo durante un momento como si se debatiese en su interior sin explicar por qué. Finalmente expuso que estuvo demasiado ocupado, que tenía más "responsabilidades" y que no pudo llevarlo a cabo.

En realidad, lo que el profesor había hecho fue enterrar la idea muy honda en el cementerio de su mente. Dejó que ésta produjera pensamientos negativos. Visualizó el tremendo trabajo y los sacrificios que entrañaba. Vio todas las clases de razones por las que el proyecto fracasaría.

Las ideas son lo importante. No permita ningún error al respecto. Debemos tener ideas para crear y mejorar algo. El éxito rehúye a las personas que carecen de ideas. Pero no consienta errores acerca de este punto, tampoco. Las ideas en sí mismas no son bastante. Toda idea para obtener negocios, para simplificar procedimientos de trabajo es válida solamente si se actúa sobre ella.

Cada día miles de personas entierran buenas ideas porque tienen miedo de actuar sobre ellas. Y mucho tiempo después el espectro de estas ideas regresa para obsesionarlos.

Sitúe estos dos pensamientos en lo profundo de su mente:

1. De a sus ideas valor para actuar sobre ellas. Haga caso omiso de cuán buena es la idea, a menos que al hacer algo con ella, no gane nada.

2. Actúe sobre sus ideas y gane tranquilidad mental. Alguien dijo una vez que la expresión más lastimera de la lengua y de la pluma es esta: "Pudo haber sido". Todos los días oímos decir a alguien alguna cosa de este género: "Si hubiese estado en los negocios allá por 1952, estoy seguro de que ahora andaría muy bien". O "Tuve una corazonada de que esto sucedería. Desearía haber hecho algo en relación con ello". Una buena idea no actuada en seguida produce terribles dolores psicológicos. Pero una idea actuada sobre el terreno, brinda enormes satisfacciones mentales.

¿Tenemos una buena idea? Hagamos entonces algo respecto a ella.

Use la acción para curar el miedo y ganar confianza. La acción alimenta y fortalece la confianza; la inacción bajo todas las formas alimenta el temor. Para luchar contra el temor, actúe. Para aumentar el temor, posponga, espere, no lo evite.

Una vez oí explicar a un joven instructor de paracaidistas: "El salto no es realmente tan malo. Es el aguardar el salto lo que irrita a un hombre. Durante el viaje en lugar del salto siempre trato de hacer que el tiempo pase rápido para mis hombres. Sucede más de una vez que un aprendiz piensa demasiado lo que puede suceder y se asusta. Si no podemos hacerle saltar al próximo viaje, está acabado como paracaidista. En lugar de ganar confianza, a la larga pospone el saltar, lo que más le azora".

Aguardar, pone nervioso aun a los expertos. La revista *Time* informó que Edward R. Murrow, el cronista de radio cumbre de la nación, suda y está nervioso hasta el momento de salir al aire. Pero una vez que se pone en acción el temor desaparece. Muchos actores veteranos experimentan la misma sensación. Convienen en que la única cura para el miedo al público es la acción. Mantenerse bien antes de la audición es lo que cura el recelo, la preocupación, el miedo.

La acción cura el miedo. Una noche que estuvimos visitando a un amigo en su casa, su hijito de 5 años al que acostaron 30 minutos antes, lloró a gritos. El muchachito se había aterrorizado con una película y tenía miedo de que pequeños monstruos grises acabasen de entrar en su cuarto para raptarlo. Me intrigó el medio con que el padre del muchacho tranquilizó el susto de su pequeño. No le dijo: "No te inquietes, hijo. Nada te va a pasar. Vuelve a dormirte". En vez de esto emprendió una acción positiva. Hizo rápidamente un espectáculo ante el chico, inspeccionando si las ventanas estaban bien cerradas. Luego tomó una de las pistolas de plástico del niño y la puso sobre una mesa junto a su lecho y le dijo: "Billy, aquí está una pistola por si se diera el caso". El pequeño tenía una mirada de completo alivio. Minutos más tarde se durmió rápidamente.

Muchos médicos dan una "medicina" neutra y sencilla, a la gente que insiste en que necesita algo que las haga dormir. Para infinidad de sujetos, el acto de tragar una píldora aunque (no lo saben) no contenga medicación alguna, les hace sentir mejor.

Es perfectamente natural experimentar miedo en una o varias formas. Pero los métodos usuales para combatirlo no surten efecto. He tenido trato con muchos vendedores que trataban de curar el temor, que se acercan cautelosos aun al más experto de ellos algunas veces, dando varias vueltas a la manzana o ingiriendo café extra. Pero estas cosas no aportan resultados. El medio de combatir esta clase de miedo –sí, cualquier clase de miedo– es la acción.

¿Teme usted hacer cierta llamada telefónica? Hágala y desaparecerá el temor. Pospóngala y se hará más y más fuerte. ¿Teme ver a un doctor para un reconocimiento? Vaya y su inquietud se desvanecerá. Es probable que nada serio ande mal en usted, y si lo hay, sabe adónde acudir. Dilate el reconocimiento y alimentará su temor hasta hacerse tan fuerte que estará usted realmente enfermo.

¿Teme discutir un problema con su superior? Discútalo y descubrirá cómo estas inquietudes son vencidas.

Construya *confianza*. Destruya el *miedo* mediante la acción.

Encienda su máquina mental, mecánicamente

Un joven aspirante a escritor que no tenía la experiencia del éxito hizo esta confesión: "Mi apuro es que pasan días y semanas enteros sin que pueda llegar a escribir algo".

—Vea usted –observé– escribir es positivo. Tiene que conseguir estar inspirado. Su espíritu debe moverse.

Es verdad, escribir es creativo, pero he aquí cómo otro hombre creador, escritor también, explicó su "secreto" para producir cantidades de material acertado.

—Uso una técnica de "forzar la mente" –comenzó–. He alcanzado el fin de un plazo que debo satisfacer y no puedo aguardar a que mi espíritu me mueva. Debo mover yo mi espíritu. He aquí cómo funciona mi método. Me obligo a sentarme a mi escritorio. Luego tomo un lápiz y me dedico a movimientos mecánicos de escritura. Anoto alguna cosa. Garabateo, pongo mis dedos y mis brazos en movimiento, y más pronto o más tarde, sin estar consciente de ello, mi mente encuentra el buen camino.

Algunas veces, desde luego, atraigo ideas fuera de lo estricto cuando no trato de escribir –prosiguió–, pero éstos no son más que intentos. La mayor parte de las buenas ideas acuden apenas inicio el trabajo.

La acción debe preceder a la acción. Esta es una ley de la naturaleza. Nada arranca de sí mismo. Ni siquiera las docenas de adminículos mecánicos que usamos diariamente.

Su hogar recibe calefacción mecánicamente, pero usted debe elegir (entrar en acción) la temperatura que desea. Su carro cambia de marcha automáticamente solamente después que ha movido la palanca respectiva. El mismo principio se aplica a la acción mental. Debe mantener su mente en marcha a fin de que trabaje para usted.

Un joven gerente de división de una organización que realiza ventas puerta a puerta explicaba cómo entrenaba a su fuerza de ventas para manejar "el modo mecánico" y poder empezar cada día más temprano y más exitosamente.

—Existe una tremenda resistencia de los vendedores de puerta a puerta que todo aquel que ha vendido de esa forma conoce —comentó—. Y es duro, aun para un vendedor veterano, hacer la primera visita de la mañana. Sabe que lo probable es que reciba un tratamiento bastante rudo antes de que termine el día. Así, pues, es natural para él rehusar el dar inicio por la mañana. Beberá un par de tazas de café extra, tal vez cruzará por el vecindario algún tiempo o hará una docena de cosas para posponer la primera visita.

"Yo entreno a cada hombre nuevo de esta manera. Le explico que el único modo de empezar, es empezar. No pensar en ello. No posponer el comienzo. Haga esto: estacione su automóvil. Tome su caja de muestras. Vaya a la puerta, toque el timbre. Sonría. Diga "buenos días" (y haga su presentación), todo mecánicamente sin un asomo de pensamiento consciente. Comience a hacer visitas de este modo y quebrará el hielo. A la segunda o tercera visita, su mente estará despierta y sus presentaciones llegarán a ser efectivas.

Un humorista dijo una vez que el problema mayor en la vida era abandonar un lecho caliente en una habitación fría. Y tuvo gracia. Cuanto más tiempo siga acostado y piense lo desagradable que es levantarse, más difícil se le llegará a hacer. Inclusive en una operación tan simple como esta, la acción mecánica, o sea arrojar las cobijas y poner los pies en el suelo derrota el temor.

El punto está claro. La gente que logra ejecutar sus acciones en este mundo no aguarda a que el espíritu la mueva; ella mueve al espíritu. Pruebe estos dos ejercicios:

1. Use el modo mecánico para realizar negocios sencillos y algunas veces ingratos y las faenas domésticas. Más que pensar en los rasgos desagradables de la tarea, salte directamente a ella y procure ir sin un cúmulo de deliberación.

Quizá la tarea casera más desagradable para la mayoría de las mujeres es lavar platos. Mi madre no es una excepción. Pero ha dominado una vía mecánica para dispensarse de esta labor rápidamente, y volver así a las cosas que le gusta hacer.

Cuando levanta la mesa, mecánicamente coge varios platos y sin pensar en la tarea que tiene delante la empieza. En muy pocos minutos ha terminado. ¿No impide esto que se acumulen trastos y el temor a un inevitable desagrado?

Decida qué es aquello que menos desea hacer. Luego, sin permitirse deliberar ni temer la tarea, hágala. Este es el modo más eficiente de manejar quehaceres.

2. A continuación emplee el medio mecánico de crear ideas, proyectar planes, resolver problemas y hacer otros trabajos que requieren una ejecución altamente mental. Más bien que aguardar que el espíritu le mueva a usted, siéntese y mueva su espíritu.

Hay una técnica especial garantizada para ayudarle. Use lápiz y papel. Un simple lápiz de $2 dólares es la herramienta más grande de concentración que puede comprar. Si yo tuviera que escoger entre una oficina ultra elegante, cuidadosamente alfombrada, bellamente decorada, a prueba de ruidos y del otro lado papel y lápiz, escogería el lápiz y el papel en todos los casos. Con un lápiz y un papel usted puede encadenar su pensamiento a un problema.

Cuando usted escribe un pensamiento sobre papel, su atención plena se halla automáticamente enfocada a este pensamiento. Esto es porque la mente no está destinada a emitir un pensamiento y escribir otro al mismo tiempo. Y cuando escribe sobre papel, "escribe" sobre su mente, también. Los experimentos prueban concluyentemente que usted recuerda alguna cosa mucho más tiempo y más exactamente si escribe el pensamiento sobre papel.

Y una vez dominada la técnica de papel y lápiz para concentrarse, puede pensar dentro del estrépito u otras situaciones de distracción. Cuando necesite pensar, comience a escribir, a garrapatear o a trazar diagramas. Es un excelente medio de accionar su espíritu.

"Ahora" es la palabra mágica del éxito. Mañana, la semana próxima, más tarde, alguna vez, algún día, a menudo son sinónimos para la palabra de fracaso: nunca. Gran cantidad de sueños buenos nunca llegan a ser verdad porque decimos: "Comenzaré alguna vez" cuando deberíamos decir: "Comenzaré ahora, ahora mismo".

Tomemos un ejemplo, ahorrar dinero. Casi todo el mundo conviene en que ahorrar dinero es una buena idea. Pero precisamente porque es una buena idea no significa que muchas personas sigan un programa organizado de ahorros e inversiones. Muchas personas tienen intención de ahorrar pero solamente muy pocas actúan de acuerdo con esas intenciones.

He aquí cómo una joven pareja llegó a manejarse con un programa de acumulación regular de riqueza. El ingreso hogareño de Bill era de $3.000 dólares al mes; pero también gastaban mensualmente los $3.000 dólares. Ambos deseaban ahorrar, pero había siempre razones por las que sentían no poder empezar. Durante años se habían prometido a sí mismos, "Comenzaremos cuando obtengamos un aumento", "Cuando hayamos dado fin a nuestros plazos mensuales", "Cuando salgamos de apuros", "El mes que viene", "El año próximo". Finalmente Jane se disgustó ante su fracaso en ahorrar. Dijo a Bill: "Vamos a ver: ¿deseamos ahorrar o no lo deseamos?" El replicó: "Desde luego queremos, pero tú sabes también como yo que no podemos apartar nada por ahora".

Pero, por una vez, Jane se hallaba en un estado de ánimo de hacer o morir:

—Nos hemos estado diciendo durante años que íbamos a establecer un programa de ahorros. No ahorramos porque pensamos que no podemos. Ahora, empecemos a pensar que sí podemos. Vi un anuncio hoy que afirma que si ahorramos $300 dólares en un mes, en 15 años tendremos $54.000, más $19.800 de intereses acumulados. El anuncio dice también que es más fácil gastar lo que sobra después de los ahorros, que ahorrar de lo que queda después de haber gastado. Si aceptamos el reto, comencemos por ahorrar el 10% de nuestro salario y vivamos del resto. Puede que tengamos que comer galletas y leche antes que se acabe el mes, pero si debemos hacerlo, lo haremos.

Bill y Jane conocieron la estrechez por espacio de unos pocos meses pero pronto se acomodaron a su nuevo presupuesto. Ahora sienten que es mucho más divertido "gastar" dinero en ahorros que gastarlo en cualquiera otra cosa.

¿Necesita escribir cuatro letras a un amigo? Hágalo ahora. ¿Surge en su pensamiento una idea que ayudaría a su negocio? Dela a conocer ahora. Viva el consejo de Benjamín Franklin: "No dejes para mañana lo que puedas hacer hoy".

Recuerde, pensar en términos de "ahora" hace que se realicen las cosas. Pero pensar en términos de alguna vez o algún día, por lo general conduce al fracaso.

Un día me detuve a ver a un viejo amigo del negocio. Acababa de regresar de una conferencia con varios de sus ejecutivos. En el momento en que lo miré pude decir que había alguna cosa que necesitaba descargar de su pecho. Tenía la mirada de un hombre que ha sufrido un desencanto real.

Usted sabe —me dijo— que he convocado esta conferencia en la mañana porque deseaba alguna ayuda sobre un propuesto cambio de sistema. Pero, ¿qué clase de ayuda he obtenido? Había seis hombres allí y tan sólo uno contribuyó de algún modo. Otros dos hablaron pero lo que dijeron era un simple eco de lo que había dicho yo. Era como si estuviera hablando con un manojo de hortalizas. Confieso que es duro para mí encontrar lo que esos compañeros piensan.

—En realidad —asentí yo—, usted debió pensar que aquellos sujetos hablarían alto y le dejarían saber lo que pensaban. Después de todo afecta directamente a cada uno de ellos. Mi amigo no obtuvo apoyo en la conferencia. Pero debieron ustedes haber recorrido el vestíbulo después de disuelta la reunión. Los asociados jóvenes hacían observaciones de este calibre: "Sentí gusto al decir...", "Por qué no sugirió alguien..." "No pienso que...", "Debemos ir adelante..."

De este modo, con frecuencia las hortalizas, que no tienen nada que decir en el salón de conferencias, se hallan plenas de temas después de la reunión cuando lo que tienen que decir ya no puede marcar ninguna diferencia. Se les ve súbitamente llenos de vida cuando es demasiado tarde. Los ejecutivos de negocios necesitan discutir. El colega que oculta su luz bajo una mancha, se daña a sí mismo.

Adquiera el hábito de "hablar alto". Cada vez que usted habla alto, se fortalece a sí mismo. Va adelante con sus ideas constructivas. Prepara sus asignaturas. Con la mejor intención, Joe Colegio se sienta toda una tarde en algún estudio, concentrado. He aquí una norma general de cómo, demasiado a menudo, se invierte la tarde.

Joe está listo para comenzar a estudiar a las 7 p.m., Pero su cena le pareció un tanto pesada y decide ver un poco de televisión. Una ligera interrupción de una hora valió la pena puesto que el programa fue bastante bueno. A las 8 p.m., se sienta frente a su escritorio, pero se vuelve atrás porque recuerda que prometió llama a su novia. Esto se lleva cuarenta minutos (no había hablado con ella en todo el día). Una llamada de fuera consume veinte minutos más. En el camino al pupitre es atraído por un partido de ping pong. Transcurre otra hora. El ping pong le ha hecho sudar y toma una ducha. A continuación necesita un refrigerio. El efecto combinado del ping pong y la ducha le ha despertado el apetito.

Así es como la noche planeada con las buenas intenciones se fue a la deriva. Por fin a la 1 a.m., abre el libro, pero tiene demasiado sueño para asimilar el tema. Pero al cabo se rinde por completo. Al día siguiente le dice al profesor: "Espero que me dará usted un plazo. Estudié hasta las 2 a.m., para este examen".

Joe Colegio no entró en acción porque malgastó mucho tiempo en conseguir prepararse para hacerlo. Y él no es la única víctima de la "súprepreparación". Joe Vendedor, Joe Ejecutivo, Joe Trabajador Profesional, Josefina Ama de Casa, todos tratan a menudo de esforzarse y se preparan con las charlas de oficina, tazas de café, afilado de lápices, lectura de asuntos personales, tener la oficina despejada, la televisión y docenas de otros escapes artificiales.

Pero hay un medio de romper con este hábito. Dígase: "Estoy en condición de comenzar ahora mismo. No puedo ganar una cosa dejándola de lado. Usaré en lugar de eso el tiempo y la energía de 'hacer pronto lo que voy a hacer'"

—Lo que deseo más es otra cosa en nuestro negocio —decía un ejecutivo de una compañía de maquinaria para herramientas al dirigirse a un grupo de ejecutivos de ventas—, es más gente que tenga ideas sanas y entonces empujarles a través de ellas. No hay un sólo empleo en nuestra producción y suministro que no pueda ser desempeñado mejor, mucho mejor. No pretendo inferir que no estamos haciendo un buen trabajo. Lo hacemos. Pero al modo de otras compañías progresivas, necesitamos nuevos productos, nuevos mercados, nuevos y más eficientes medios de hacer las cosas. Dependemos de la gente con iniciativa. Son los portaviones de nuestro equipo.

La iniciativa es una clase especial de acción. Está haciendo algo digno de atención sin que se le diga que lo haga. La persona con iniciativa goza de una invitación permanente a unirse a los soportes de alto ingreso en cualquier negocio o profesión.

El director de investigación de mercados de una compañía manufacturera de drogas, me contó cómo consiguió ser director de la investigación a su cargo. Es una buena lección en cuanto al poder de la iniciativa.

—Hace cinco años —me dijo—, tuve una idea. Estaba trabajando entonces como una especie de vendedor misionero, visitando a los almacenistas. Descubrí que algo que me faltaba era hechos en relación con los consumidores que necesitábamos para comprar nuestra línea de drogas. Hablé de la necesidad de una investigación del mercado a todo el mundo aquí. En principio sólo encontré oídos sordos porque la gerencia no podía ver la necesidad de ello.

Yo estaba lo que se dice obsesionado con la idea de una investigación de adquisiciones en nuestra compañía, así es que agarré al toro por los cuernos. Pedí y obtuve permiso para preparar un informe mensual sobre 'Hechos de la Compra de Drogas'. Recogí información de todas las fuentes que pude encontrar. No dejé de insistir en esto y muy pronto la gerencia y los demás vendedores, se encontraron interesados en lo que yo estaba haciendo. Exactamente un año después yo comenzaba mi campaña de investigación, era relevado de mis deberes habituales y se me pidió que me concentrase en desarrollar ideas.

El resto —continuó—, no fue más que el natural desarrollo. Ahora cuento con dos ayudantes, una secretaria, y cerca de tres veces el ingreso anual que tuve cinco años antes.

He aquí dos ejercicios especiales para desarrollar el hábito de la iniciativa:

1. Sea un emprendedor. Cuando vea algo que crea que debe realizarse, tome la iniciativa y hágalo. Una nueva comunidad no lejana de donde vivo estaba casi totalmente poblada cuando de repente sufrió un estancamiento. Unas pocas familias con una actitud de descuido se mudaron allí. Esto hizo que varias de las mejores familias del área decidieran vender sus casas (algunas incluso con pérdida). Y como sucede a menudo, las familias cuidadosas se adhirieron a la actitud de descuido de sus nuevos vecinos, todos, excepto Harry L. Él se preocupó por lo que estaba sucediendo y decidió hacer una cruzada para lograr un mejor y más refinado vecindario.

Harry comenzó por visitar a varios amigos. Señaló que la comunidad contaba con un tremendo potencial pero que algo debía hacerse ahora o el área sería pronto un vecindario de segunda clase. El entusiasmo de Harry y su iniciativa halló rápido soporte. Pronto hubo proyectos para un aseo general de los predios vacantes. Se organizaron clubes de jardinería, se comenzó un proyecto masivo de plantación de árboles. Se construyó un campo de juego para los niños y jóvenes. Se creó una piscina comunal. Las familias con actitudes despreocupadas llegaron a ser ávidos ayudantes. El vecindario entero adquirió nueva vida y brillo. Constituye en realidad un placer manejar el coche a través de esa comunidad. Todo esto demuestra lo que puede hacer un emprendedor.

¿Siente que su negocio debería desarrollar un nuevo departamento o lanzar un nuevo producto, o expandirse por algún otro medio? Bien, entonces sea su propio emprendedor. ¿Siente que su iglesia necesita un nuevo edificio? , ¿Le gustaría que la escuela de sus hijos contase con un mejor equipo? Sea emprendedor y consígalo.

Tenga en cuenta una cosa que seguramente sucederá: aunque todas las campañas empiezan como campañas de un sólo emprendedor, si la idea que respalda la iniciativa es buena, pronto contará con gran cantidad de adeptos. Sea activista y emprendedor.

2. Sea un voluntario. Cada uno de nosotros se ha visto en situaciones en las cuales ha deseado ofrecerse como voluntario para alguna actividad pero no lo hicimos. ¿Por qué? A causa del miedo. No el miedo de que no podamos cumplir la tarea, sino más bien miedo de lo que nuestros asociados dirían. El miedo a hacer reír, o ser llamado anfibio, ávido, o verse acusado de atrevimiento por proponer un incremento que hace retroceder a muchos.

Es natural desear la convivencia, ser aceptado, tener la aprobación del grupo. Pero pregúntese por qué grupo desea verse aceptado: ¿el grupo que se ríe porque está secretamente celoso, o el grupo que realiza progresos haciendo cosas? La elección justa es obvia.

El voluntario permanece firme. Recibe atención especial. Lo más importante de todo, se da a sí mismo una oportunidad para demostrar que posee especial capacidad y ambición para el voluntariado. Por todos los medios, sea voluntario para esta especial asignación.

Piense en los líderes que conoce en los negocios, la milicia, su comunidad. El individuo que se estaciona en las líneas laterales, que se mantiene fuera, que es pasivo, no conduce. Pero el hacedor, el compañero que piensa en actuar, encuentra otros que desean seguirle.

La gente deposita su confianza en el hombre que actúa. Ellos naturalmente suponen que esta persona sabe lo que está haciendo. Nunca he oído a nadie adulado y ponderando porque no estorba a nadie, no emprende la acción o aguarda hasta que le digan lo que debe hacer. ¿Lo ha oído usted?

Cultive el hábito de la acción

Practique estos puntos clave:

1. Sea un activista. Sea alguien que hace cosas; un hacedor, no un no-hacedor.

2. No espere hasta que las condiciones sean perfectas. Nunca lo serán. Espere futuros obstáculos y dificultades y resuélvalos tan pronto como aparezcan.

3. Recuerde, las ideas por sí solas no traen el éxito. Las ideas sólo tienen valor cuando usted actúa sobre ellas.

4. Use la acción para curar el miedo y ganar confianza. Haga lo que teme y el temor desaparecerá. Pruébelo y verá los resultados.

5. Arranque su máquina mental automáticamente. No aguarde a que el espíritu le mueva. Emprenda la acción, ahonde en ella y moverá el espíritu.

6. Piense en términos de ahora. Mañana, la semana próxima, más tarde y otras palabras similares a menudo son sinónimos de la palabra de fracaso nunca. Sea la clase de persona que dice: estoy arrancando ahora mismo.

7. Emprenda los negocios pronto. No pierda tiempo queriendo estar listo para actuar. En lugar de eso comience a actuar.

8. Tome la iniciativa. Sea un emprendedor. Agarre el balón y corra. Sea un voluntario. Demuestre que posee capacidad y ambición para hacer.

¡ACCIONE EL ENGRANAJE Y PARTA!

11
CÓMO CONVERTIR LA DERROTA EN VICTORIA

Los trabajadores sociales y otros profesionales que trabajan en los barrios bajos, que tienen mala fama, encuentran muchas diferencias en edad, religión, fe, educación y antecedentes entre las personas que habitan allí. Algunos de estos ciudadanos son sorprendentemente jóvenes. Otros son viejos. Una minoría son graduados universitarios, unos pocos carecen esencialmente de toda educación formal. Algunos son casados; otros no lo son. Pero la gente del barrio bajo debe tener alguna cosa en común: cada uno es un derrotado, un azotado, un vapuleado. Cada cual ha encontrado situaciones que le vencieron. Todos están ávidos, inclusive ansiosos de hablarle a usted de la situación que les arruinó.

Estas situaciones cubren el límite de la experiencia humana desde "mi esposa me abandonó" o "he perdido todo lo que tenía y no tengo un lugar adonde ir" o "hice un par de cosas que me convirtieron en proscrito y así vine a caer aquí".

Cuando pasamos de estos barrios al dominio del señor y la señora promedio americano, vemos obvias diferencias en los hábitos de vida. Pero de nuevo descubrimos que el señor "mediocre" da esencialmente las mismas razones para explicar su mediocridad que el señor "barrio bajo" para exponer su colapso completo. Interiormente el señor "mediocre" se siente derrotado. Lleva heridas no curadas que padeció en las situaciones que le golpearon. Ahora es súper precavido. Se afana penosamente por la emoción de zambullirse en una vida victoriosa, descontento de sí mismo. Se siente abatido pero trata de sufrir con paciencia el veredicto de mediocridad que el "hado" le deparó.

Él también se ha rendido ante la derrota, pero de un modo razonablemente limpio, socialmente aceptado.

Ahora cuando subimos los escalones del mundo sin la corona del éxito, descubrimos de nuevo gente de todos los antecedentes posibles. Ejecutivos de corporación, ministros conductores, oficiales de gobierno, hombres cumbre en todos los campos, procedentes de hogares pobres, hogares ricos, hogares rotos, plantaciones de algodón o trigo y barriadas sucias. Esta gente que conduce todas las ramas de nuestra sociedad ha experimentado todas las situaciones rudas que pueda usted describir.

Es posible emparejar a cada señor "barrio bajo" con un señor "mediocre" o un señor "éxito" en todos los aspectos –edad, inteligencia, antecedentes, nacionalidad– con una sola excepción. Aquello que no puede emparejarlos es su respuesta a la derrota.

Cuando el sujeto a quien yo llamo señor "barrio bajo", fue noqueado, fracasó en levantarse otra vez. Yacía no más allá, chorreando. El señor "mediocre" se irguió sobre sus rodillas, pero se arrastró afuera y cuando se hubo perdido de vista, corrió en dirección opuesta para estar seguro de que nunca volvería a ser abatido.

Pero el señor "éxito" reaccionó de otra manera cuando lo noquearon. Dio un salto, aprendió la lección, olvidó la golpiza y se movió hacia adelante.

Uno de mis amigos íntimos es un consultor de gestión excepcionalmente afortunado. Cuando usted entra en su oficina, siente que se halla realmente arriba. El fino mobiliario, las alfombras, la gente ocupada, los clientes importantes, todo le dice que su compañía es próspera.

Un cínico podría decir, "Debe haber por aquí un 'memorión' de hombre para llevar a cabo una operación como ésta". Pero el cínico se equivocaría. No se trata de un 'memorión', ni tampoco de un hombre brillante o un hombre rico o de suerte. Todo (y he dudado en emplear la palabra todo, porque todo significa 'mucho' algunas veces), todo lo que se necesitó fue un hombre persistente que nunca pensó que podría ser derrotado.

Detrás de la historia de esta próspera y respetada compañía se encuentra la historia de un hombre batallador, llevando adelante su sistema: perdiendo diez años de ahorros en sus primeros seis meses de negocios, viviendo en su oficina varios meses porque carecía de dinero para pagar el alquiler de un departamento, rechazando numerosos "buenos" empleos porque prefería seguir con su idea y hacerla producir escuchando decir a los prospectos para sus servicios cien veces más a menudo "no", que "sí".

Durante los siete años increíblemente duros que le costó alcanzar el éxito, nunca oí a mi amigo quejarse una sola vez. Me explicaba: "Dave estoy aprendiendo. Este es un negocio competitivo y como esto es intangible, se hace difícil vender. Pero estoy aprendiendo cómo". Y lo hizo.

Una vez dije a mi amigo que esta experiencia se debía estar desquitando a costa de él. Pero replicó: "No, no se está desquitando de alguna cosa a costa mía: en lugar de ello, está poniendo algo dentro de mí".

Compare las vidas de la gente en *Who's who In América*? (¿Quién es quién en América?) Y encontrará que aquellos que han tenido éxito en mayor escala han sido machacados por situaciones de pérdida. Cada persona en este grupo selecto de hombres afortunados ha encontrado oposición, desencanto, retroceso y desdicha personal. Lea las biografías y autobiografías de los grandes hombres y descubrirá de nuevo que cada una de estas personas pudo haberse rendido a las corrientes contrarias muchas veces.

O haga esto. Estudie los antecedentes del presidente de su compañía, o del alcalde de su ciudad, o de cualquier otra persona distinguida que considere de éxito real. Cuando lo pruebe, descubrirá que el individuo ha superado grandes obstáculos.

No es posible ganar un alto nivel de éxito sin encontrar oposición, contrariedades y reveses. Pero sí es posible vivir el resto de su vida sin derrota. Es posible utilizar los reveses para impulsarle hacia adelante. Veamos de qué manera.

He visto recientemente que alguna empresa de aviación comercial, demostró que solamente se produce un accidente fatal por cada diez billones de millas de vuelo. El viaje aéreo es un medio muy seguro en estos días. Por desgracia, los accidentes en el aire ocurren todavía. Pero cuando es así, la Administración de Aeronáutica Civil (CAA) acude rápidamente a la escena para encontrar lo que ha causado el aterrizaje violento. Se recogen fragmentos de metal en millas a la redonda y son juntados de nuevo. Una variedad de expertos reconstruye lo que probablemente sucedió.

Testigos y supervivientes son interrogados. La investigación dura semanas y meses hasta que la pregunta: ¿qué motivó el accidente? Queda contestada. Una vez la CAA posee la contestación, inmediatamente se dan pasos para evitar que un accidente similar ocurra de nuevo. Si el siniestro fue causado por un defecto estructural, otros aviones del mismo tipo deberán corregir el defecto. O si ciertos instrumentos resultan defectuosos, se hacen las correcciones. Literalmente miles de dispositivos de seguridad en un moderno aeroplano han resultado de la investigación de la CAA.

Los estudios de la CAA preparan el camino para asegurar el viaje aéreo. Y es obvio que los esfuerzos dan resultado.

Los doctores se valen de los reveses para abrir paso a una mejor salud y larga vida. A menudo cuando muere un paciente por una causa poco cierta, los doctores realizan una autopsia para encontrar el porqué. De este modo aprenden más acerca del funcionamiento del cuerpo humano y se salvan las vidas de otras personas.

Un amigo mío ejecutivo de ventas dedica una reunión entera de ventas al mes para ayudar a sus vendedores y descubrir por qué se perdieron ventas importantes. La venta perdida se reconstruye y se examina cuidadosamente. Por este sistema los vendedores aprenden cómo evitar pérdidas similares en el futuro.

El entrenador de fútbol que gana más juegos de los que pierde, estudia los detalles de cada juego con su equipo para salir al paso de los errores. Algunos entrenadores poseen películas de cada juego y así el equipo puede ver literalmente sus malas jugadas. El propósito es: jugar mejor el próximo encuentro.

Oficiales de CAA, ejecutivos de ventas afortunados, médicos, entrenadores de fútbol y los profesionales en cualquier campo, siguen el principio del éxito: salvar la lección aprendida de cada descalabro.

Cuando un descalabro nos afecta personalmente, nuestro primer impulso a menudo llega a ser tan emocionalmente trastornador que dejamos de aprender la lección.

Los profesores saben que la reacción de un estudiante ante una calificación equivocada significa un obstáculo para su éxito potencial. Cuando yo era profesor en *Wayne State University* de Detroit, hace algunos años, no tuve opción en cuanto a dar una calificación baja a un estudiante adulto. Esto fue un golpe real para el estudiante. Había forjado ya planes de graduación y cancelarlos era embarazoso. Le quedaban dos alternativas: repetir y pasar el curso y recibir su grado en una graduación posterior, o abandonar los estudios sin ganar un grado.

Pensé que el estudiante se descorazonaría, que se mostraría quizá beligerante de algún modo, cuando se enteró de su tropiezo. Yo tenía razón. Después que expliqué que su trabajo se hallaba muy por debajo de pasar las normas, el estudiante admitió que no había hecho un esfuerzo serio en el curso.

—Pero –continuó–, mi promedio pasado es por lo menos un promedio. ¿No puede usted considerar esto? Le hice notar que no podía, porque nosotros medimos el cumplimiento de un curso una sola vez. Añadí que los rígidos códigos académicos prohibían cambiar calificaciones por ninguna razón que no fuese un error honrado de parte del profesor.

Entonces el estudiante, comprendiendo que todas las avenidas hacia un cambio de calificación estaban cerradas, llegó a sentirse molesto por ello.

—Profesor –dijo–. Yo puedo nombrar cincuenta personas en esta ciudad que han obtenido éxito en un alto sentido sin tomar este curso ni saber siquiera de él. ¿Cuál es la importancia maldita que rodea a este curso? ¿Por qué debe una simple baja nota impedirme alcanzar mi grado?

Gracias a Dios –añadió– ellos no miran las cosas 'en lo extremo' como hacen ustedes los profesores. Después de esta observación hice una pausa de unos 45 segundos. (He aprendido que cuando usted ha sido tiroteado, un medio elegante de prevenir una guerra de palabras es hacer una larga pausa antes de contestar). Luego dije a mi amigo el estudiante:

—Mucho de lo que usted dice es verdad. Hay muchos, muchísimos hombres afortunados que no saben absolutamente nada acerca del tema que trata este curso. Y es posible para usted ganar el éxito sin estos conocimientos. En el esquema total de la vida, el contenido de este curso no puede hacerle o deshacerle a usted. Pero su actitud hacia este curso sí puede.

—¿Qué quiere decirme con eso? –Preguntó.

—Sencillamente esto –repuse–, en lo extremo, ellos le gradúan a usted exactamente como nosotros le graduamos. Lo que cuenta allá, como lo que cuenta aquí es hacer el trabajo. En el extremo caso, no le ascenderían ni le pagarían más por hacer un trabajo de segunda clase. –Marqué una nueva pausa para estar seguro de que el punto quedaba terminado. Luego dije–: ¿Puedo hacer una sugerencia? Usted está altamente decepcionado ahora. Y lo menos que puedo pensar es que se siente un poco resentido conmigo. Pero mire esta experiencia positivamente. Hay una lección tremendamente importante aquí: si no produce, no conseguirá ir adonde desea. Aprenda esta lección y dentro de cinco años mírela como una de las más provechosas lecciones aprendidas en todo su tiempo invertido aquí.

Me alegré cuando supe pocos días más tarde que este estudiante se había reinscrito en el curso. Esta vez pasó con banderas desplegadas. Mucho tiempo después, me hizo una visita especial para verme y hacerme saber lo mucho que había apreciado nuestra antigua discusión.

—Aprendí alguna cosa de haber sido reprobado en su curso por primera vez –dijo–. Puede sonar raro, pero ¿sabe usted, profesor? Ahora me alegro de no haber pasado la primera vez.

Podemos convertir los reveses en victorias. Encuentre la lección, aplíquela, mire atrás sobre la derrota y sonría.

Los aficionados al cine nunca olvidarán al gran Lionel Barrymore. En 1936 el señor Barrymore se fracturó la cadera. La fractura nunca se curó. La mayoría de la gente pensó que Barrymore estaba acabado. Pero no él usó el contratiempo para abrir el camino a sus mayores éxitos de actuación. Durante los 18 años siguientes, a despecho del dolor que nunca le abatió, interpretó docenas de papeles afortunados en un sillón de ruedas.

El 15 de marzo de 1945, W. Colvin Williams viajaba dentro de un tanque en Francia. El tanque chocó con una mina, explotó y dejó ciego permanentemente al señor Williams. Pero esto no lo detuvo para perseguir su meta de ser ministro y consejero. Cuando se graduó en la universidad –con todos los honores también– el señor Williams dijo que pensaba que su ceguera sería en realidad una ventaja en su carrera. "Nunca podemos juzgar por las apariencias. En consecuencia, puedo dar siempre a una persona una segunda oportunidad. Mi ceguera me guarda de intimidarme con una persona por su modo de mirar. Deseo ser la clase de persona a quien cualquiera puede venir y sentir seguridad para expresarse".

¿No es éste un magnífico ejemplo vivo de que la cruel y amarga derrota se puede transformar en victoria?

La derrota es solamente un estado de la mente y nada más. Uno de mis amigos que es un inversionista sustancial y afortunado en el mercado de valores, aprecia cada nueva inversión que decide a la luz de sus experiencias pasadas. Una vez me dijo:

"Cuando invertí por primera vez hace 15 años, realmente me quemé unas cuantas veces. Al modo de muchos aficionados, deseaba hacerme rico de prisa. En lugar de eso sufrí rápidos quebrantos. Pero eso no me detuvo. Conocía las fuerzas básicas de la economía y esto, por encima de la ambición, los valores bien seleccionados están al alcance de las mejores inversiones que puede hacer cualquiera. Así no hice más que mirar aquellas malas inversiones primeras como parte del costo de mi educación –afirmó riendo.

Por otra parte, conozco gran número de gente que, por haber hecho una o dos inversiones imprudentes, son estrictamente 'antibolsistas'. Más bien que analizar sus errores y unirse a una buena causa, llegan a la completamente falsa conclusión de que invertir en valores comunes no es más que un simple modo de jugar con la ventaja que más tarde o más temprano todo el mundo pierde.

Decida desde ahora mismo poner a salvo algo de cada bancarrota. La próxima vez que las cosas parezcan no andar bien en el hogar, cálmese y encuentre lo que causa el trastorno. Este es el medio de evitar cometer el mismo error dos veces.

Recibir una paliza es valioso si aprendemos de ello.

Los seres humanos somos curiosas criaturas prontas a aceptar el pleno crédito por nuestras victorias. Cuando ganamos, deseamos que el mundo lo sepa. Es natural desear que los demás nos miren y digan: "Ahí va el sujeto que hizo tal y tal cosa".

Pero también somos igualmente apresurados a condenar a los demás por cada revés. Es natural que los vendedores hablen mal de los clientes cuando las ventas se pierden. Es natural que los ejecutivos culpen a los empleados o a los demás ejecutivos si las cosas se descomponen. Es natural, para los maridos, reprochar a las esposas y para las esposas reprochar a los maridos por las querellas y problemas de familia.

Es verdad que en este complejo mundo otros pueden ponernos la zancadilla. Pero también es verdad que más a menudo nos la ponemos nosotros mismos. Perdemos a causa de nuestra ineptitud personal, o de algunos errores personales.

Acondiciónese para el éxito por este medio. Recuerde que desea ser tan perfecto como sea humanamente posible. Sea objetivo. Póngase frente a un espejo y obsérvese como lo haría una persona imparcial. Vea si padece alguna debilidad de la que nunca se dio cuenta antes. Si la padece, entre en acción para corregirla. Mucha gente llega a acostumbrarse tanto a verse como es, que no puede ver los medios para mejorar.

La estrella del gran Metropolitan Opera, Risë Stevens, dijo en Readers Digest (julio 1955) que en el momento más desdichado de su vida recibió el mejor consejo que nunca antes le habían dado.

Muy temprano en su carrera, Miss Stevens perdió las "Audiciones al aire" del Metropolitan Opera. Después de la pérdida, ella quedó amargada. "Oí por mucho tiempo –decía– que mi voz era realmente mejor que la de las otras muchachas, que el veredicto era abiertamente inicuo, que yo había carecido sencillamente de las conexiones favorables para ganar".

Pero el maestro de Miss Stevens no la consintió. En lugar de ello le dijo: "Querida, tenga el valor de enfrentarse a sus defectos". –Por mucho que deseara replegarme en la autopiedad –continuó la señorita Stevens–, aquellas palabras se mantuvieron presentes en mí. Aquella noche me desvelaron. No pude dormir hasta que hice frente a mis defectos. Allí en la oscuridad, me pregunté a mí misma ¿por qué he fracasado?, ¿cómo puedo ganar la próxima vez? Y admití para mí misma que mi escala de voz no era tan buena como debiera ser, que tenía que perfeccionar mi dicción, que debía aprender más papeles.

Miss Stevens insistió en que el enfrentar sus faltas no solamente la ayudó a tener mayor éxito en la escena sino a ganar más amigos y a desarrollar una personalidad más grata.

Ser autocrítico es constructivo. Le ayuda a construir el poder personal y la eficiencia necesarios para el éxito. Culpar a los demás es destructivo. No gana absolutamente nada con "probar" que alguien más está equivocado.

Ejerza la autocrítica constructivamente. No huya de las incompetencias. Parézcase a los profesionales de verdad. Ellos buscaron sus imperfecciones y las corrigieron. Esto fue lo que los hizo profesionales.

No trate, desde luego, de encontrar sus defectos para poder decirse a sí mismo: "He aquí otra razón para que sea un perdedor". En vez de esto vea sus errores en esta forma: "He aquí otro medio de hacer de mí un ganador más grande".

El gran Elbert Hubbard dijo una vez: "Un fracasado es el hombre que ha desatinado pero no es capaz de sacar provecho de la experiencia".

A menudo culpamos a la suerte por nuestros reveses. Decimos: "Bueno, ese es el modo en que el balón rebota", y dejamos de persistir totalmente. Pero detengámonos a pensar. Los balones no rebotan en ciertos lugares por razones inciertas. El rebote de un balón lo determinan tres cosas: el balón, el modo de lanzarlo y la superficie donde cae. Las leyes físicas definidas explican el rebote de un balón, no la suerte. Supongamos que CAA diera a conocer un informe diciendo: "Lo sentimos mucho, la desgracia ocurrió, pero, amigos, ese es nada más el modo con que el balón rebota".

Usted diría que es tiempo de conseguir una nueva CAA. O supongamos que un doctor explica a un pariente: "Lo siento muchísimo, no sé lo que ha ocurrido. No es sino una de aquellas cosas que pasan". Seguramente cambiaría de doctor cuando algún pariente o usted mismo cayeran enfermos.

La expresión "es el modo con que el balón rebota" no nos enseña nada. No quedamos mejor preparados para evitar una repetición del error la próxima vez frente a una situación similar. El entrenador de fútbol que acepta la pérdida de un sábado con "bueno, muchachos, esto es el modo con que rebota el balón", no está ayudando a su equipo a evitar los mismos errores el siguiente sábado.

Orville Hubbard, alcalde de Dearborn, Michigan, durante 17 años consecutivos, fue uno de los administradores urbanos de más colorido y más respetado de la nación. Por espacio de diez años antes de llegar a ser alcalde de Dearborn, el señor Hubbard fue derrotado tres veces al tratar de obtener el nombramiento de alcalde. Otras tres pretendió ser elegido senador, pero fracasó. Una vez fue batido en una competencia para un nombramiento congresional. Pero Orville Hubbard estudió esos reveses. Los miró como parte de su educación política. Y hoy es recordado como uno de los más sagaces e invencibles políticos.

En vez de culpar a la suerte, investigue estos descalabros. Si usted pierde, aprenda. Multitud de individuos van a través de la vida explicando su mediocridad con "suerte dura", "suerte difícil", "suerte amarga" o "mala suerte". Esta gente se parece todavía a los niños no maduros en busca de simpatía. Sin darse cuenta, malogran el ver oportunidades para crecer más grandes, más fuertes, más confiados en sí mismos.

Cese de culpar a la suerte. Hacerlo nunca conduce a nadie a donde quisiera ir.

Un amigo consultor literario, escritor y crítico charló conmigo recientemente acerca de lo que cuesta ser escritor destacado.

—Una multitud de seudo escritores —explicó— simplemente no son serios en su deseo de escribir. Lo intentan durante un pequeño intervalo, pero lo dejan de lado cuando descubren que hay un trabajo real implicado. No he tenido mucha paciencia con esa gente porque está tratando de encontrar un atajo y no lo hay.

Pero —prosiguió—, no quiero dar a entender que la pura persistencia sea bastante. La verdad sea dicha, a menudo no lo es. Precisamente ahora, estoy trabajando con un sujeto que ha escrito 62 obras cortas de ficción, pero no ha vendido ni una sola. Obviamente, persiste en su meta de llegar a ser escritor. Pero el problema del individuo es que emplea el mismo tema básico en todas las cosas que escribe. Ha desarrollado un arduo formato para sus historias. Nunca ha experimentado con su material —argumentos, personajes, ni quizá el estilo. Lo que yo trato de hacer ahora es inducir a este cliente a que trate nuevos asuntos y alguna nueva técnica. Tiene habilidad y estoy seguro de que vendería mucho de lo que escribiese. Pero hasta que lo haga seguirá recibiendo rechazo tras rechazo.

El consejo del asesor literario es bueno. Debemos tener persistencia, pero la persistencia es tan sólo uno de los ingredientes de la victoria. Podemos probar y probar, y probar otra vez, y seguiremos fallando a menos que combinemos la persistencia con la experimentación.

Edison fue uno de los hombres de ciencia más persistentes de Norteamérica. Se cuenta que dirigió millares de experimentos antes de que inventase la bombilla eléctrica. Pero fíjese bien: Edison dirigió experimentos. Persistió en su meta hasta desarrollar un bombillo de luz. Pero hizo que esta persistencia diese resultado al mezclarse con la experimentación.

Persistir en una senda no es una garantía de victoria. Pero la persistencia mezclada con la experimentación garantiza el éxito.

Recientemente me informé leyendo un artículo acerca de las continuas investigaciones sobre el petróleo. Decía que las compañías petroleras estudian cuidadosamente las formaciones rocosas antes de taladrar un pozo. Todavía, a pesar de sus análisis científicos, siete de cada ocho pozos perforados acaban por convertirse en agujeros secos. Las compañías petroleras son persistentes en sus búsquedas de petróleo, no por perforar un agujero a ridículas profundidades, sino más bien por experimentar con un pozo nuevo cuando el buen criterio dice que el primer pozo no produciría.

Muchas personas ambiciosas van a lo largo de la vida con admirable persistencia y alarde de ambición, pero fallan en tener éxito porque no experimentan con nuevas proposiciones. Mantenga su meta. No oscile de ella, pero no golpee su cabeza contra la pared. Si no está obteniendo resultados, intente una nueva tentativa.

La gente dotada de persistencia de perro de presa, que puede asir alguna cosa y no soltarla, cuenta con una cualidad esencial para el éxito. He aquí dos sugerencias para desarrollar el gran poder de experimentar, el ingrediente que, cuando se mezcla a la resistencia, aporta resultados.

1. Dígase a sí mismo: "Hay una forma". Todos los pensamientos son magnéticos. Tan pronto como se dice usted mismo: "Estoy acabado", "No hay modo de resolver este problema", los pensamientos negativos son atraídos y cada uno de ellos ayuda a convencerle de que tiene razón, de que está aplastado.

Crea en cambio que: "Hay un medio para resolver este problema" y los pensamientos positivos brotarán dentro de su mente para ayudarle a encontrar una solución. Es creer que "hay un medio", lo que es importante. Los consejeros matrimoniales no refieren ningún éxito en salvar matrimonios hasta que una o preferiblemente ambas partes ven que es posible ganar nuevamente la felicidad. Los psicólogos y trabajadores sociales dicen que un alcohólico se ve sentenciado por el alcoholismo hasta que él cree que puede dominar su sed.

Este año se están formando miles de nuevos negocios. De cinco años a esta parte solamente una pequeña porción sigue operando. Muchos de los que quebraron dirán: "La competencia era mucha, en verdad. No tuvimos otra opción que abandonar el mercado". El problema real es que cuando la mayoría de la gente da con la barrera del LCED (las cosas están duras) piensa tan sólo en la derrota y se ve derrotada.

Cuando usted cree que hay un medio, automáticamente convierte la energía negativa (nos detiene, nos hace retroceder) en energía positiva (nos mantiene en marcha, nos impulsa hacia delante). Un problema, una dificultad llega a ser insoluble solamente cuando usted cree que lo es. Atraiga soluciones creyendo que la solución es posible. Rehusé, simplemente rehusé pensar o decir que ello es imposible.

2. Respáldese y comience de nuevo. A menudo nos aferramos tan íntimamente a un problema por tanto tiempo que no acertamos a ver nuevas soluciones ni nuevos supuestos.

Un amigo ingeniero fue contratado hace algunas semanas para dibujar una estructura de aluminio totalmente nueva; de hecho, no era nada que se pareciese a lo que había desarrollado o diseñado antes. Le vi hace algunos días y le pregunté cómo andaba su nueva construcción.

—No demasiado bien –replicó–. Sospecho que no he dedicado bastante tiempo a mi jardín este verano. Cuando vivo con problemas penosos de diseño por larga extensión, acostumbro a escaparme y dejar que las nuevas ideas me absorban.

"Le sorprenderá saber –continuó– cuántas ideas de ingeniería acuden a mí cuando me hallo sentado junto a un árbol regando la hierba con una manguera".

El presidente Eisenhower fue interrogado una vez en cierta conferencia de prensa por qué se tomaba tantas vacaciones de fin de semana. Su respuesta es un buen consejo para todo aquel que quiere llevar al máximo su capacidad creativa. El señor Eisenhower dijo:

"No creo que todo individuo, ya sea que gobierne la General Motors o los Estados Unidos de América, pueda desempeñar mejor su tarea nada más que sentándose a un escritorio y sumergiendo el rostro en un montón de papeles. En realidad, el presidente debe estar tratando de conservar libre su mente de detalles, sin consecuencia, y establecer su propio pensamiento sobre principios y factores básicos, de modo que pueda emitir juicios claros y mejores".

Un antiguo socio mío se tomaba regularmente 72 horas de vacaciones fuera de la ciudad con su mujer una vez al mes. Encontraba que este respaldo para empezar de nuevo, acrecentaba su eficiencia mental de tal modo que le hacía más valedero ante sus clientes.

Cuando usted enfrenta un obstáculo, no suelte el proyecto completo. Por el contrario, dese una tregua y refrésquese mentalmente. Trate cualquier cosa tan simplemente como escuchar música, dar un paseo o se dormir una siesta. Verá que al retomar el problema, la solución a menudo llega casi antes de que usted lo sepa.

Hay un lado bueno en toda situación, y cuando lo encontramos, automáticamente barreremos con el desaliento y la derrota.

Hace poco me tocó comer solo en un restaurante muy concurrido. No podía dejar de oír la conversación de dos caballeros sentados a la mesa de al lado. La conversación venía a ser ésta:

—Harry, me siento encolerizado.

—¿Qué te sucede, Bill?

—Bien, ayer Mary llevó a la pequeña Linda con el doctor y esta mañana recogí la receta. ¡$139.33 dólares! ¡Imagínate! Tener que pagar una cuenta como esa por unas pocas píldoras, de seguro enfada a cualquiera. Entonces Bill prosiguió acusando a los doctores, fabricantes de drogas y farmacéuticos, de confabularse para sacarle ventajas a la gente. Bill estaba realmente emitiendo vapor con su cuenta de la droguería.

Entonces Harry le interrumpió. Pero en lugar de darle la razón como la mayoría de gente hace en tales circunstancias, Harry dijo: Mira, Bill, $139.33 es mucho para una receta. Pero trata de ver el lado bueno. ¡Alégrate de que hayas tenido $139.33 dólares; de que hayas podido dar a Linda la mejor medicina que puede comprar el dinero! ¿No es su salud y su felicidad la razón número uno para que estés trabajando? Cuando vayas a tu casa esta tarde con la receta felicítate a ti mismo por poder darle lo mejor. Regocíjate de no haber tenido que darle a tu hija otra cosa que no sea de primera clase.

Esta fue una conversación tremendamente interesante y confieso que saboreé otros dos cafés extra, esperando oír el desenlace. Después de un pequeño cambio de puntos de vista, dijo Bill: Harry, creo que nunca lo miré antes de ese modo. Pero tienes razón. Debería estar alegre de haber sido capaz de proporcionar a mi familia lo que necesita. Debo felicitarme a mí mismo en lugar de sentirme preocupado.

Mirar el lado bueno recompensa el trato con esas cosas molestas que suceden todos los días. A menudo oye usted decir después de una menor experiencia tormentosa: "Esto me arruina el día por completo". Pero el día entero no necesita ser arruinado.

Ver el lado bueno retribuye en las situaciones, también. Un joven contó de qué modo se concentraba para ver el lado bueno cuando perdía un empleo. Lo explicaba de esta manera: "Estaba trabajando en una compañía de reportajes muy acreditada. Un día me notificaron el cese. Había una economía vacilante y despidieron a todos los empleados que eran 'de menor valía' para la compañía. El empleo no era muy bien remunerado, pero el estilo de vida que logré llevar con él, era bastante bueno. En realidad lo sentí terriblemente por espacio de unas horas, pero luego decidí mirar el despido como una bendición disfrazada. Lo cierto es que no me gustaba mucho el empleo y de haber permanecido en él, nunca habría ido lejos. Ahora tenía una coyuntura de encontrar lo que realmente quería hacer. No tardé mucho tiempo en encontrar un trabajo que me agradaba mucho más, y de paso rendía más dinero. Ser despedido de aquella compañía fue la mejor cosa que me pudo ocurrir".

Recuerde, vea en cada situación lo que espera ver. Vea el lado bueno y venza la derrota. Todas las cosas trabajan juntas para bien, si usted acierta a desarrollar una clara visión.

Un rápido repaso

La diferencia entre el éxito y el fracaso se encuentra en la actitud frente a los reveses, obstáculos, desalientos y otras situaciones de frustración. Los cinco pilares que le ayudan a transformar la derrota en victoria son:

1. Estudie los reveses para abrirse el camino al éxito. Cuando pierda, aprenda y así vencerá la próxima vez.

2. Tenga el valor de ser su propio crítico constructivo. Busque sus faltas y debilidades y entonces corríjalas. Esto le hará un profesional.

3. Deje de culpar a la suerte. Investigue cada descalabro. Encuentre lo que anda mal. Recuerde, culpar a la suerte nunca conduce a nadie a donde quisiera ir.

4. Mezcle la persistencia con la experimentación. Permanezca con su meta pero no golpee su cabeza contra la pared. Pruebe nuevos recursos. Experimente.

5. Recuerde que hay un lado bueno en toda situación. Encuéntrelo. Véalo y combata el desaliento.

12

EMPLEE METAS QUE LE AYUDEN A CRECER

Todos los aciertos del progreso humano, los inventos grandes o pequeños, los descubrimientos médicos, los triunfos en ingeniería o los negocios afortunados, fueron visualizados antes de llegar a ser realidad. Las lunas minúsculas circundan la Tierra no a causa de descubrimientos accidentales, sino porque los hombres de ciencia sienten su «conquista del espacio» como una meta.

Una meta es un objetivo, un propósito. Es más que un sueño; es un sueño sobre el cual se actúa. Una meta es más que un simple "¡Oh!, Yo deseo poder". Una meta es "aquello hacia lo que estamos trabajando".

Nada sucede, no se da ningún paso adelante hasta que se ha establecido una meta. Sin ellas, los individuos se limitan a viajar por la vida. Se deslizan a lo largo, nunca saben adónde están yendo y así nunca consiguen ir a ninguna parte. Las metas son tan esenciales al éxito como el aire lo es a la vida. Nunca nadie tropieza con el éxito sin una meta. Nadie vive nunca sin aire. Adquiera claridad respecto a donde quiere ir.

Una persona que ascendió de ganar $400 dólares a la semana en el correo de una agencia de publicidad, a presidente de otra a los 27 años, y a presidente de Good Humor Company a los 33. Esto es lo que él dice a propósito de metas:

"Lo importante no es dónde usted estuvo, ni dónde está, sino dónde quisiera estar".

Las corporaciones progresistas planean para la compañía metas a 10 ó 15 años hacia adelante. Los ejecutivos que se manejan como directores de negocios deben preguntarse: ¿Dónde desea estar nuestra compañía dentro de 10 años? Entonces calibran sus esfuerzos de común acuerdo. Se construye una planta de capacidad no para las necesidades de ahora sino para las de 5 a 10 años en el futuro. Se emprenden investigaciones para desarrollar productos que no aparecerán hasta pasada una década o más. La corporación moderna no deja su futuro al azar. ¿Lo deja usted?

Cada uno de nosotros puede aprender una preciosa lección de los negocios que miran hacia adelante. Podemos y debemos planear por lo menos 10 años más allá. Usted debe formarse una imagen ahora de la persona que aspira ser dentro de 10 años, si realmente quiere llegar a ser esa imagen. Este es un pensamiento crítico. Del mismo modo que los negocios que olvidan planear, en adelante serán apenas otros negocios (si sobreviven), así también el individuo que evita pensar en sus metas, lo más seguro es que será otra persona perdida en su existencia. Sin metas no podemos hacer que nada crezca.

Compartiremos con usted un ejemplo del porqué debemos tener metas a largo plazo si queremos lograr éxito real. Precisamente la semana pasada un hombre joven (al que llamaremos F. B.) Acudió a mí con un problema de su carrera. F. B. Parecía bien educado e inteligente. Estaba solo y había terminado sus estudios universitarios cuatro años antes.

Conversamos un rato acerca de lo que estaba haciendo ahora, su educación, sus aptitudes y demás detalles. Luego le dije: usted viene a verme para que le ayude a realizar un cambio de ocupación. ¿Qué clase de trabajo está buscando?

—Bueno –dijo–, eso es lo que vengo a tratar con usted. No sé lo que deseo hacer.

Su problema desde luego, era uno muy común. Pero me di cuenta que solamente arreglar que el joven se entrevistase con varios posibles patronos no le ayudaría. Prueba y error son un medio bastante pobre para elegir una carrera. Con docenas de posibilidades de carrera, las probabilidades de tropiezo en la elección correcta de una carrera son de doce a una. Yo sabía que tenía que ayudar a F. B., Viendo antes de que comenzara en un trabajo acertado, que consiguiese saber dónde estaba tal trabajo.

—Examine –le dije– su plan de carrera bajo este ángulo ¿Me describirá la imagen de sí mismo dentro de 10 años?

—Bueno –repuso finalmente F. B. Que había estudiado obviamente la pregunta– creo que deseo lo que casi todo el mundo desea; un buen empleo bien pagado, un hogar agradable. Aunque en realidad –continuó–, no he pensado mucho en ello.

Yo le aseguré que era muy natural. Proseguí explicándole que su acceso a la elección de una carrera se parecía a ir a la taquilla de un aeropuerto y decir: "Déme usted un boleto". Las personas que venden los boletos no le ayudarán a menos que les indique su destino. Y acabé por decir: "Yo no puedo ayudarle a usted hasta que sepa cuál es su destino, y solamente usted puede decírmelo".

Esto sacudió el pensamiento de F. B. Empleé las dos horas siguientes no en contarle los méritos de diferentes clases de empleos, sino más bien sobre el modo de plantar las metas. F. B. Aprendió, a juicio mío, la más importante lección en su planeamiento de carrera: antes que dé un primer paso, usted debe saber a dónde va a ir.

Disfrute desde ahora el hecho de hacer planes. Usted es, en cierto sentido, una unidad de negocio. Su talento, destreza y habilidades son productos. Usted desea desarrollar sus productos, así que para que ellos merezcan el precio más alto posible, tener y desarrollar un plan contribuirá a lograrlo.

He aquí dos pasos que le ayudarán:

1. Visualice su futuro en términos de tres departamentos: trabajo, hogar y sociedad. Dividir su vida de este modo le protegerá de llegarse a sentir confundido, prevendrá los conflictos y le ayudará a ver el cuadro completo.

2. Pídase a sí mismo contestaciones claras y precisas a estas preguntas: ¿Qué deseo realizar en mi vida? ¿Qué quiero ser? ¿Qué me dará satisfacciones?

Use para ayudarse la guía de planeamiento que le presentamos a continuación.

Mi imagen dentro de diez años:
Guía para planear diez años

A. Departamento de trabajo: Dentro de 10 años:

1. ¿Qué nivel de ingresos deseo alcanzar?
2. ¿Qué nivel de responsabilidades me procuro?
3. ¿Cuánta autoridad deseo ejercer?
4. ¿Qué prestigio espero ganar con mi trabajo?

B. Departamento del hogar: Dentro de 10 años:

1. ¿Qué clase de estándar de vida deseo proporcionar a mi familia y a mí mismo?
2. ¿Qué clase de casa quiero habitar?
3. ¿Qué clase de vacaciones deseo tomarme?
4. ¿Qué ayuda financiera deseo dar a mis hijos en sus primeros años adultos?

C. Departamento social: Dentro de 10 años:

1. ¿Qué clase de amigos deseo tener?
2. ¿Con qué grupos sociales debo reunirme?
3. ¿Qué nivel de posiciones me agradaría mantener con la jefatura?
4. ¿De qué causas dignas de mérito quiero ser campeón?

Hace pocos años, mi joven hijo insistió que entre los dos construyéramos una perrera para Peanut, un inteligente cachorro de pedigree dudoso, orgullo y goce de mi hijo. Su persistencia y entusiasmo ganaron, así es que procedimos a construir una casa que Peanut pudiera llamar suya propia. Nuestro talento combinado de carpinteros era igual a cero y el producto acabado reflejó claramente este hecho.

Breve tiempo después un buen amigo se detuvo a ver lo que habíamos hecho, y preguntó: ¿Qué es eso que ustedes han construido entre los árboles? ¿No será una casa de perro, o sí lo es? Le repliqué que sí lo era. Entonces se limitó a señalar unos pocos de nuestros errores y los resumió diciendo: ¿Por qué no trazaron un plano? Hoy nadie construye una perrera sin una heliografía.

Y, por favor, si usted visualiza su futuro, no tenga miedo de verse en las nubes. La gente estos días se mide por el volumen de sus sueños. Nadie realiza más de lo que se dispone a realizar. Así, visualice un gran futuro.

Más abajo cito palabra por palabra el plan de vida de uno de mis antiguos alumnos. Léalo. Observe lo bien que este amigo visualizó su hogar futuro. Mientras escribió esto, es obvio que se vio realmente a sí mismo en el futuro:

"Mi casa meta es propiamente una heredad campestre. La casa será del típico estilo *Southern Manoe*, de dos pisos, columnas blancas y todo. Tendré cercados los campos, y probablemente tenga uno o dos viveros de peces en el lugar donde a mi mujer y a mí nos agrade pescar. Instalaremos nuestros perros *Dobermann* en la parte trasera de la casa. Lo que he deseado siempre es un largo paseo de coches alineados a cada lado.

Pero una casa no es necesariamente un hogar. Voy a hacer todo lo necesario para que mi casa pueda ser más que un lugar donde se come y se duerme. Desde luego, no debemos pretender dejar a Dios fuera de nuestros planes y en el curso del año gastaremos cierta cantidad de tiempo en actividades de la iglesia.

De hoy en diez años deseo estar en posición de ofrecer un viaje a mi familia alrededor del mundo. Me gustaría mucho hacerlo antes que la familia se disperse por el país a causa de los matrimonios, etc. Si no podemos disponer de tiempo para hacer el viaje de una vez, lo dividiremos en cuatro o cinco vacaciones separadas y visitaremos cada año una parte del mundo. Naturalmente, todos estos planes en mi 'departamento hogar' dependen de cómo vayan las cosas en mi 'departamento trabajo', así es que debo mantenerme en la brecha si quiero realizar todo esto".

Este plan se escribió hace cinco años. Mi estudiante poseía entonces dos tiendas. Hoy posee cinco, y ha comprado 17 acres de tierra para su heredad campestre. Está pensando y progresando en línea recta hacia su meta.

Los tres departamentos de su vida se hallan relacionados íntimamente. Cada cual depende del otro en alguna extensión. Pero el departamento que ejerce mayor influencia sobre los otros, es su trabajo. Hace miles de años el hombre de las cavernas que vivía una vida de hogar más feliz y era más respetado por sus camaradas, era el más afortunado como cazador. Como generalización, el mismo punto prima todavía. El modo de vivir que aportamos a nuestras familias y el respeto social o de la comunidad que alcanzamos, depende en gran escala de nuestro éxito en el departamento de trabajo.

No hace mucho la Fundación McKinsey para la Investigación de Dirección y Administración, practicó un estudio en amplia escala de lo que debe llegar a ser un ejecutivo. Líderes en los negocios, el gobierno, la ciencia y la religión fueron interrogados. Una y otra vez, los investigadores obtuvieron una respuesta: la importante calificación para un ejecutivo es el puro deseo de adelantarse.

Recuerde este consejo de John Wanamaker: "Un hombre no está haciendo mucho hasta que la causa para la cual trabaja, posee todo lo que él anhela".

El deseo, engalanado, es poder. Cuando usted no sigue lo que más desea, se abre el camino a la mediocridad.

Recuerdo una conversación con un joven escritor que prometía mucho en una escuela de periodistas. El sujeto tenía habilidad. Si alguien demostraba cualidades para hacer carrera en periodismo, era él. Poco antes de su graduación le pregunté: "Bien, Dan, ¿qué vas a hacer? ¿Te dedicarás a una forma de periodismo?" Dan me miró y dijo: "¡Eso no! Me agradaría mucho escribir y hacer reportería. Tengo un montón de trabajos divertidos en el periódico de la escuela, pero los periodistas están a diez la docena y yo no deseo pasar hambre".

No vi a Dan ni supe de él durante cinco años. Entonces un atardecer lo encontré por casualidad en Nueva Orleans. Dan estaba trabajando como ayudante personal del director de una compañía electrónica. Y por la prisa que tenía en dejarme comprendí que estaba insatisfecho de su trabajo. "Oh, me pagan razonablemente, mi compañía es maravillosa pero tú sabes que mi corazón no está en esto. Deseo irme ahora con un editor o revista cuando termine mis estudios".

La actitud de Dan reflejaba aburrimiento, falta de interés. Era cínico acerca de muchas cosas. Nunca conseguiría el éxito máximo hasta que dejase su empleo presente para ingresar en el periodismo. El éxito requiere esfuerzo de corazón y alma y usted puede poner solamente su corazón y su alma en lo que realmente desea.

Dan siguiendo a su deseo, pudo haber ascendido a la cumbre más alta de alguna fase de la comunicación. Y con un fuerte tirón pudo haber hecho mucho más dinero y obtener una satisfacción personal mucho más perfecta que la que encontró en su actual género de trabajo.

Conectar lo que no le gusta hacer con lo que le gusta es parecido a montar un motor de 500 caballos de fuerza en un carro viejo de 10 años.

Todos tenemos deseos. Todos soñamos lo que realmente deseamos ser. Pero pocos de nosotros nos rendimos ante el deseo. Por el contrario, lo asesinamos. Cinco armas se usan para cometer el suicidio del éxito. Destrúyalas. Son peligrosas.

1. Autodepreciación: Ha oído usted a docenas de personas decir: "Me complacería ser doctor (o ejecutivo, artista comercial o negociar por mi cuenta) pero no puedo hacerlo", "Carezco de sesos", "Fracasaré si lo intento", "No tengo la educación ni la experiencia". Muchos jóvenes destruyen su deseo con la vieja negativa de autodepreciación.

2. Seguritis: las personas que dicen: "He alcanzado seguridad donde estoy", se valen del arma 'seguridad' para asesinar sus sueños.

3. Competencia: "Ese campo está ya poblado en exceso", "Las personas en este campo están viviendo unas sobre otras", son observaciones que matan de prisa el deseo.

4. El dictado de los padres: he oído a centenares de jóvenes explicar la carrera escogida con: "Esperaba realmente prepararme para alguna cosa más, pero mis padres me ordenan que haga esto y debo hacerlo". La mayoría de padres, creo que no intencionalmente, dictan a sus hijos lo que deben hacer. Lo que todo padre inteligente desea es ver a sus hijos vivir felizmente. Si la persona joven quiere explicar pacientemente por qué él o ella prefieren una carrera diferente, y si el padre quiere escuchar con paciencia, no habrá fricción ninguna. Si los objetivos de ambos padres y del hijo por la carrera de este son idénticos: será un éxito.

5. Responsabilidad de la familia: la actitud de «"Hubiera sido conveniente para mí cambiar hace cosa de cinco años, pero ahora he formado una familia y no puedo cambiar", es un buen ejemplo de la clase de ideas que acaban con el entusiasmo.

¡Arroje estas armas asesinas! Recuerde, el único medio de obtener pleno poder y desarrollar toda la fuerza, es hacer lo que usted desea hacer. Ríndase al deseo y gane energía, entusiasmo, vitalidad mental e inclusive mejor salud. Nunca es demasiado tarde para dejar que el deseo tome dirección.

Un joven ingeniero conocido mío no tuvo la oportunidad de practicar la clase de Ingeniería que le atraía más. Era un aburrido. Cada día trabajaba con nuevos ingenieros que doblaban su edad y ganaban solamente unos pocos cientos de dólares más al año que él. El futuro se veía amenazador. Sentía que no estaba yendo a ninguna parte. La depresión en los empleos se mostraba por todas partes. Estaba descuidado, ocioso, rendido. Con frecuencia se quejaba de no sentirse bien. Siempre que le era posible se tomaba un día de asueto.

Afortunadamente este ingeniero mantuvo el dominio de sí mismo y resolvió: "No voy a seguir viviendo medio muerto durante los próximos 35 años. Voy a conseguir empleo con una empresa privada de Ingeniería. Allí podré hacer la clase de trabajo que prefiero hacer y tendré la oportunidad de ir tan lejos como mi capacidad y empuje me lleven".

El cambio de trabajo aportó inmediatos y mayores cambios. Este joven amigo que a menudo se quejaba de tener que laborar 37.5 horas a la semana ¡ahora está trabajando 70, y a gusto! Come mejor, duerme mejor, se siente mejor. Tiene una meta y esta le da energía.

La abrumadora mayoría de personas realmente afortunadas trabajan más de 40 horas a la semana. Y no escuchará que se quejen de trabajo excesivo. La gente feliz tienen sus ojos enfocados en una meta y esto les da energía.

El punto es este: la energía crece y se multiplica cuando usted fija una meta deseada y resuelve trabajar para ella. Mucha gente, millones, pueden encontrar nueva energía seleccionando una meta y dando todo lo que tienen para alcanzarla. Las metas curan el fastidio. Las metas curan inclusive los achaques crónicos.

Ahondemos un poco más profundamente en el poder de las metas. Cuando usted se rinde a sus deseos, cuando llega a estar obsesionado por una meta, usted recibe el poder físico, la energía y el entusiasmo necesarios para realizarla. Pero usted recibe algunas cosas, igualmente valederas. Usted recibe la "instrumentación automática" necesaria para ir directamente a su objetivo.

Lo más maravilloso acerca de una meta profundamente atrincherada, es que le mantiene activo para alcanzar su blanco. No es hablar por hablar. Lo que sucede es esto: cuando usted se somete a sus deseos por lograr una meta, ella misma trabaja en su mente subconsciente. Su mente subconsciente está siempre en equilibrio. Su mente consciente no lo está a menos que esté de acuerdo con lo que piensa su mente subconsciente. Sin la plena cooperación de la mente subconsciente, una persona titubea, se ve confusa, indecisa. Ahora, con su meta absorbida dentro de su mente subconsciente, usted reacciona por el punto justo, automáticamente. La mente consciente está libre para pensar clara y rectamente.

Aclaremos esto con dos personas hipotéticas. Cuando usted lea, reconocerá estos personajes entre la gente real que conoce. Les llamaremos Tom y Jack. Estos amigos eran comparables en todos los aspectos excepto uno: Tom era poseedor de una meta firmemente atrincherada. Jack, no. Tom tenía una imagen clara como cristal de lo que deseaba ser. Se veía a sí mismo como vicepresidente de una corporación dentro de diez años.

Como Tom se había entregado a su meta, ésta, a través de su mente subconsciente le señalaba: "Haz esto" o "No hagas esto otro; no te ayudaría a ir a donde tú quieres". La meta habla constantemente: "Yo soy la imagen de lo que deseas hacer real. He aquí lo que debes hacer para convertirme en realidad".

La meta de Tom no lo dirige con vagas generalidades. Le da direcciones específicas en todas sus actividades. Cuando él compra un traje, la meta habla y muestra a Tom el apropiado. La meta muestra a Tom qué pasos debe dar para el próximo empleo, lo que debe decir en conferencias de negocios, lo que debe hacer si se presenta un conflicto, lo que debe leer, lo que debe seguir haciendo. Si anduviera a la deriva, desde luego su instrumentación automática alojada seguramente en su mente subconsciente le pondría en guardia y le diría lo que debe hacer para recuperarse, acto seguido. La meta de Tom le ha hecho bastante sensitivo ante las muchas formas de trabajo que le afectan.

Jack, por otro lado, carece de meta y también carece de la instrumentación automática que le guíe. Se confunde con facilidad. Sus acciones personales no reflejan una política personal. Jack fluctúa, cambia, conjetura lo que debe hacer. A falta de consistencia en el propósito, Jack se revuelca por el camino trillado de la mediocridad.

Puedo sugerir que relea usted la sección que precede, ahora mismo. Deje que le embeba este concepto. Luego mire alrededor. Estudie los peldaños muy altos de las personas afortunadas. Observe cómo ellos sin excepción, están totalmente dedicados a su objetivo. Note cómo la vida de una persona exitosa, se ha integrado en derredor de un propósito.

Ríndase a su meta. Realmente ríndase. Deje que le obsesione y le dé la instrumentación automática que necesita para alcanzar esa meta.

En alguna ocasión todos nosotros hemos despertado un sábado por la mañana sin ningún plan, sin ninguna agenda mental o escrita que detalle lo que vamos a hacer. En ciertos días parece que no hacemos nada. Sin un objeto determinado, nos lleva la corriente todo el día, y nos alegra que haya transcurrido así. Pero cuando enfocamos el día con un plan, hallamos que indudablemente tenemos mucho por hacer.

Esta experiencia común aporta una importante lección: para realizar algo, debemos planear.

Antes de la Segunda Guerra Mundial, nuestros hombres de ciencia vieron el poder potencial encerrado en el átomo. Pero relativamente muy poca cosa se supo acerca de cómo se fusionó el átomo y desprendió este tremendo poder. Cuando los Estados Unidos entraron en la guerra, la visión anticipada de los científicos vio el poder potencial de una bomba atómica. Se desarrolló un programa aplastante para realizar una sola meta: construir una bomba atómica. El resultado es histórico. En unos pocos años el esfuerzo concentrado pagaría la recompensa. Las bombas cayeron y la guerra terminó. Pero sin aquel programa agobiante para realizar una meta, fusionar el átomo, pudo haberse tomado quizás una década, tal vez más tiempo.

Concrete sus metas para obtener resultados. Nuestro gran sistema de producción se atascaría sin esperanza si los ejecutivos correspondientes no hubiesen establecido y adherido al blanco, datos y cuadros de producción. Los ejecutivos de ventas saben que los agentes venden más cuando se les da una nota cuidadosamente definida de lo que hay que vender. Los profesores saben que los estudiantes procuran terminar sus trabajos asignados en los tiempos en que expira el plazo.

Y bien, cuando usted presiona hacia el éxito, concrete metas: fechas fijas, blancos con datos, y esquemas autoimpuestos. Usted realizará tan sólo lo que planee realizar. Y aquí, hay alguna cosa más. Raramente realizamos más de lo que hemos decidido.

Según el doctor George E. Burch de *Tulane University School* Medicine, experto en el estudio de la longevidad humana, afirma que muchos factores determinan cuánto tiempo vivirá usted: peso, herencia, dieta, tensión psíquica, hábitos personales. Pero el doctor Burch dice: "El medio más rápido de anquilosarse, es retirarse y no hacer nada. Todo ser humano debe manifestar un interés en la vida precisamente para seguir viviendo".

Cada uno de nosotros tiene una opción. El retiro puede ser el principio o el fin. La actitud de "no hacer nada sino comer dormir y mecerse" es el autoveneno más rápido bajo la forma del retiro. Muchos sujetos que miran el retiro como el fin de una vida de ofuscación, pronto encuentran que el retiro es el fin de la vida misma. Con nada por lo cual vivir, sin metas, la gente se gasta muy de prisa.

El otro extremo, el medio sensible de retirarse, es el método: "Voy a lanzar derecho y comenzar de prisa". Uno de mis mejores amigos, Lew Gordon, ha escogido este medio para retirarse. El retiro de Lew que, hace varios años trabajó de vicepresidente del banco más grande de Atlanta, fue en realidad para él, el día del comienzo. Se estableció como consultor de negocios. Y su paz es maravillosa.

Ahora en sus sesenta, atiende a numerosos clientes y es nacionalmente "solicitado como orador". Uno de sus proyectos especiales es ayudar a constituir Pi-Sigma-Epsilon, una joven fraternidad de crecimiento rápido para vendedores profesionales y ejecutivos de ventas. Cada vez que veo a Lew parece más joven. Tiene treinta años en espíritu. Pocas personas conozco de alguna edad que recojan más de la vida que este adulto ciudadano, que ha resuelto seguir activo. Y los Lew Gordons no son los viejos fastidiosos y gruñones sintiendo en sí mismos el pesar de ser viejos.

Metas, metas intensas, pueden mantener a una persona viva cuando no quiere nada más. La señora D., Madre de un condiscípulo mío, contrajo cáncer cuando su hijo sólo tenía dos años. Para oscurecer más el hecho, su marido había fallecido solamente tres meses antes que su enfermedad fuese diagnosticada. Los médicos ofrecieron poca esperanza. Pero la señora D. no quiso rendirse. Había determinado que quería ver a su hijo de dos años salir del colegio para ocuparse de una pequeña tienda al por menor que su marido le heredó. Hubo numerosas operaciones quirúrgicas. Cada vez los doctores decían: "Solamente unos meses más". El cáncer nunca se curó. Pero estos pocos "meses más" se estiraron hasta 20 años. Ella vio a su hijo graduado en la escuela. Seis semanas después falleció. Una meta, un deseo ardiente, fue lo bastante poderoso para diferir por dos décadas una muerte segura.

Use las metas para vivir mucho tiempo. Ninguna medicina del mundo –y su médico se lo confirmará– es tan poderosa para prolongar mucho la vida como el deseo de hacer alguna cosa.

La persona determinada para realizar su máximo progreso aprende el principio de que el progreso es dar un paso cada vez. Una casa se construye ladrillo por ladrillo de una vez. Los partidos de fútbol se ganan en un juego a la vez. Un centro comercial adquiere un gran cliente nuevo a la vez. Toda realización grande es una sucesión de realizaciones pequeñas.

Eric Sevareid, bien conocido autor y corresponsal, escribió en Reader's Digest (1957) que el mejor consejo que nunca recibiera fue el principio de la "próxima milla". He aquí una parte de lo que expuso:

"Durante la Segunda Guerra Mundial, con varios camaradas tuve que saltar en paracaídas desde un desvencijado avión de transporte aéreo a la montañosa jungla en una de las fronteras con India. Esto pasó varias semanas antes de que una expedición de ayuda pudiera alcanzarnos, y entonces comenzamos una penosa y perseverante marcha 'fuera' de la civilizada India. Teníamos en frente 140 millas de caminos de carros, por lo alto de las montañas, con el calor de agosto y las lluvias de los monzones. Durante la primera hora de marcha se me hundió un clavo de la bota profundamente en el pie; al oscurecer me sangraban ampollas del volumen de una pieza de 50 centavos en ambos pies. ¿Podría yo cojear 140 millas? ¿Podrían los demás, algunos en peor forma que yo, completar aquella distancia? Estábamos convencidos de que podríamos. Pero si pudiésemos llegar hasta aquel puente, podríamos ganar el villorrio amigo más cercano para la noche. Y esto, desde luego, fue lo que tuvimos que hacer...

Cuando renuncie a mi trabajo y a mis ingresos personales para emprender la tarea de escribir un libro de un cuarto de millón de palabras, no pude soportar que mi mente viviera dentro del alcance completo del proyecto. Habría abandonado seguramente lo que debía llegar a ser fuente profunda de mi orgullo profesional. Traté de pensar solamente el próximo párrafo, no la próxima página, y ciertamente, no el próximo capítulo. Así, durante seis meses, no hice nunca otra cosa que componer un párrafo después de otro. El libro se 'escribió a sí mismo'.

Hace años me tocó escribir diariamente y emitir por la radio trabajos que hoy totalizan más de 2.000 manuscritos. Si me hubiesen pedido en la época aquella que firmase contrato 'para escribir 2.000 manuscritos' habría rehusado con desesperación ante la enormidad de la empresa. Pero sólo me pidieron que escribiera uno, al que siguió el próximo. Y eso es lo que he hecho siempre.

El principio de la "próxima milla", funcionó para Eric Sevareid y puede funcionar para usted.

El método de paso a paso es el único recurso inteligente para alcanzar un objetivo. La mejor fórmula que he oído para dejar de fumar es la que ha servido a muchos de mis amigos mucho más que otra alguna. La llamo el método hora por hora. En vez de planear la máxima meta de liberación completa del hábito –nada más que resolviendo que nunca fumará otra vez—, la persona resuelve no fumar durante una hora. Pasada ésta, el fumador renueva simplemente su resolución de no fumar por espacio de otra hora. Más tarde, cuando el deseo disminuye, se extiende el período a dos horas, luego a un día. Definitivamente se gana la meta. La persona que aspira a quitarse del todo el hábito de una vez, fracasa, porque el dolor psicológico es más del que puede soportar. Una hora es fácil; para siempre es difícil.

El vencer cualquier objetivo requiere un método de paso a paso. Para el ejecutivo joven, cada lección, por muy insignificante que parezca, puede ser vista como una oportunidad para dar un paso adelante. Un vendedor se califica ante las responsabilidades de la gerencia por una venta a la vez. Al ministro cada sermón, al profesor cada lectura, al científico cada experimento, al ejecutivo de negocios cada conferencia, les es una oportunidad de dar un paso adelante hacia la gran meta.

Algunas veces parece que alguien obtiene el éxito de una vez. Pero si usted coteja la historia de la gente que parece haber llegado repentinamente a la cúspide, descubrirá qué cantidad de sólidos cimientos han sido previamente endebles. Y aquellos hombres "afortunados" que pierden la fama tan de prisa como la ganaron, sólo fueron intentos fallidos de quien no construyó con una cimentación sólida.

Del modo con que se crea un hermoso edificio con piezas de piedra, cada una de las cuales en sí mismas es insignificante, se construye la vida afortunada.

Haga esto: comience la marcha hacia su última meta haciendo la próxima tarea que ejecute, sin tener en cuenta lo poco importante que pueda ser, siendo consciente que es un paso en la dirección correcta. Confíe esta pregunta a su memoria y úsela para valorar cualquier cosa que haga: "¿Me ayudará esto a dirigirme a donde deseo ir?" Si la respuesta es no, déjelo de lado; si dice sí, dese prisa en ir adelante.

Está claro. No haremos algo grande para brincar al éxito. Iremos dando un paso a la vez. Un plan excelente consiste en sentar cuotas mensuales para su cumplimiento. Examínese a sí mismo. Decida qué cosas específicas debe hacer para ser más efectivo. Use el formato que se incluye más abajo como guía. Debajo del encabezado mayor anote aquello que desea hacer en los próximos 30 días. Luego, pasado el período de 30 días, coteje su progreso y construya una meta de otros 30 días. Guárdese siempre de trabajar en las cosas pequeñas a fin de mantenerse en forma para las grandes.

Guía de mejoramiento en 30 días

A partir de esta fecha hasta la fecha: _____
quiero:

A. Desterrar estos hábitos: (sugerencias)

1. Posponer las cosas.
2. Lenguaje negativo.
3. No ver TV más de 60 minutos al día.
4. Chismorreo.

B. Adquirir estos hábitos: (sugerencias)

1. Un examen rígido matinal de mi apariencia.
2. Planear la noche antes del trabajo de cada día.
3. Visitar a las personas en toda oportunidad posible.

C. Acrecentar mi valor ante el jefe por estos medios:

(Sugerencias)

1. Hacer un mejor trabajo para incentivar a mis subordinados.
2. Aprender más acerca de mi compañía, lo que hace y a qué clientes sirve.
3. Hacer tres sugerencias específicas para ayudar a que mi compañía llegue a ser eficiente.

D. Acrecentar mi valor ante mi hogar de estas tres maneras:

(Sugerencias)

1. Demostrar mayor aprecio por las cosas pequeñas que hace mi esposa, las cuales había dado por supuestas.
2. Una vez por semana, hacer algo especial para toda mi familia.
3. Dedicar una hora diaria de atención específica a mi familia.

E. Agudizar mi mente en estos sentidos: (sugerencias)

1. Invertir dos horas cada semana para leer revistas profesionales en mi ramo.
2. Leer un libro de autoayuda.
3. Hacer cuatro nuevos amigos.
4. Consagrar 30 minutos diarios a pensar serenamente, sin ser molestado.

La próxima vez que usted vea una persona particularmente bien equilibrada, bien cuidada, con pensamiento claro, tenga presente que no nació de esta manera. Un cúmulo de esfuerzo, invertido día por día, hace a la persona lo que es. Edificar nuevos hábitos positivos y destruir los negativos es un proceso de día a día.

Es verdad que muchos factores ajenos a su control pueden afectar su destino. Puede haber serias enfermedades o fallecimientos en su familia, el empleo con el que usted se defiende puede ser abolido, o puede usted sufrir un accidente. Por consiguiente, hay un punto que debemos fijar con firmeza en nuestra mente: prepárese a dar rodeos a zancadas. Si está usted manejando carretera abajo y llega a una situación de "No hay paso", no vaya a acampar allí y a volverse atrás. El "No hay paso" significa sencillamente que no puede seguir donde desea por aquel camino. No tiene más que buscar otra carrera que le conduzca al lugar donde quiere ir.

Observe lo que hacen los jefes militares. Cuando desarrollan un plan maestro con el cual acometer un objetivo, forman también planes alternativos. Si surge algo imprevisto que descarte el plan A, conectan el plan B. Usted puede permanecer cómodo en un aeroplano aunque el aeropuerto sobre el que planea esté cerrado, porque sabe que el piloto que está manejando dispone de campos alternativos de aterrizaje y una reserva de combustible en su depósito.

Es rara la persona que ha realizado un alto nivel de éxito y no ha tenido que dar rodeos, muchos de ellos han tenido que hacerlo.

Cuando nos desviamos, no tenemos por qué cambiar de metas. Debemos tomar simplemente una ruta distinta.

Usted habrá oído a muchas personas decir cosas como estas: "¡Oh sí! ¡Cómo hubiera deseado haber comprado equis stocks, allá por 19... Tendría un montón de dinero hoy". Por lo general, la gente piensa esto de las inversiones, en términos de mercancías almacenadas o bonos, bienes raíces o algún otro tipo de propiedad. Pero la clase de inversión más grande y más remuneradora es la autoinversión, adquirir cosas de las que construyen poder mental y aprovechamiento.

Los negocios progresistas que se saben cuán fuertes serán dentro de cinco años, no dependen de lo que hagan en cinco años futuros, sino más bien de lo que hacen, invierten, este año. El provecho sólo proviene de una fuente: la inversión. He aquí una lección para cada uno de nosotros. Para aprovechar, conseguir la recompensa extra sobre un ingreso normal en los años venideros, debemos invertir en nosotros mismos. Debemos invertir para realizar nuestras metas.

He aquí dos sanas autoinversiones que rendirán hermosos beneficios en los años inmediatos:

1. Invertir en educación. La verdadera educación es la inversión más sana que puede hacer en sí mismo. Pero estemos bien seguros de comprender lo que es realmente la educación. Algunas personas miden la educación por el número de años pasados en la escuela o el número de diplomas, certificados y grados obtenidos. Pero este concepto cuantitativo de la educación no es necesariamente lo que produce una persona afortunada. Ralph J. Cordiner, presidente de General Electric, expresó la actitud de la alta gerencia de los negocios hacia la educación de este modo:

"Dos o tres de nuestros más destacados presidentes, como Wilson y Coffin, nunca tuvieron oportunidad de asistir a la universidad. Aunque alguno de nuestros dignatarios de la presidencia tiene grado de doctor, 12 entre 41 no tuvieron títulos universitarios. Estamos interesados en la competencia, no en los diplomas. Un diploma o grado puede ayudarle a conseguir un cargo pero no garantizará su progreso en el empleo. El negocio no se interesa en los diplomas".

Para otros, la educación significa la cantidad de información que una persona ha acumulado en su cerebro. Pero el método de educación de acumular información en su cerebro, no le llevará adonde usted quiere ir. Cada vez más dependemos de los libros, archivos, y computadores. Si sólo podemos hacer lo que hace la máquina, nos veríamos en un real aprieto.

La educación real, aquella en la que vale la pena invertir, es la que desarrolla y cultiva su mente. Cuanto mejor educada es una persona, más se mide por lo bien que su mente está desarrollada, en una palabra, por lo bien que piensa.

Cualquier cosa que mejore la capacidad de pensamiento es educación. Y usted puede obtener educación de muchos modos. Pero las fuentes más eficientes de la educación para la mayoría del mundo son los colegios y universidades próximos. La educación es un negocio.

Si no ha estado usted últimamente en una escuela, hallará en ella algunas sorpresas maravillosas. Le complacerá la amplitud de los cursos ofrecidos disponibles. Le agradará inclusive más, descubrir quién va a ella después del trabajo; no son farsantes sino personas realmente comprometidas, muchas de las cuales ya ocupan posiciones de mucha responsabilidad. En una clase nocturna de 25 personas, que dirigí recientemente, estaba el propietario de una cadena de 22 tiendas, dos compradores de una cadena nacional de alimentos, cuatro ingenieros graduados, un coronel de la Fuerza Aérea y varios más, en situaciones similares.

Mucha gente logra actualizarse en programas nocturnos, mas el grado, el cual en última instancia es solamente un pedazo de papel, no es su motivo primordial. Están yendo a la escuela para construir sus mentes, lo cual es un modo seguro de invertir en un futuro mejor. Y no cometen ningún error al respecto. La educación es un negocio real. Con una inversión de solamente unos cuantos dólares, usted dispondrá de una noche por semana en la universidad por espacio de un año. Compute el costo como porcentaje de su crecido ingreso y pregúntese: ¿No vale la pena hacer esta pequeña inversión para mi futuro?

¿Por qué no hacer una decisión de inversión ahora mismo? Llámela "Escuela": una noche por semana toda la vida. Esto le mantendrá progresivo, joven, despierto. Le conservará al frente de sus áreas de interés y le rodeará de otras personas que también están yendo a esos lugares.

2. *Invierta en arranques de ideas.* La educación le ayuda a moldear su mente, a enderezarla, a adiestrarla para encontrar nuevas situaciones y resolver problemas. Los arranques de ideas sirven a un propósito: alimentan su mente, le dan material constructivo acerca del cual pensar.

¿Dónde se hallan las mejores fuentes que desarrollan ideas? Hay muchas, pero para conseguir un constante abastecimiento de material para crear ideas de primera calidad ¿por qué no hace esto?: Adquiera por lo menos un libro de motivación cada mes y suscríbase a dos o tres publicaciones que refuercen sus ideas. Por una suma ínfima y un mínimo de tiempo, usted puede estar sintonizado con algunos de los mejores pensadores disponibles en cualquier parte.

En un almuerzo alcancé un día a oír a un joven que decía: "Pero vale $200 dólares al año. No puedo permitirme pagar la suscripción al

Wall Street Journal". Su compañero, obviamente mucho mejor formado mentalmente, replicó: "Y bien, yo encontré que no podía permitirme dejar de pagarla". Otra vez, aténgase a lo que hacen los hombres afortunados. Invierta en sí mismo.

Permítase emprender la acción

Ahora, en rápida renovación ponga estos principios de construcción de éxito a trabajar:

1. Establezca con claridad y fijeza adonde se propone ir. Cree una imagen de sí mismo en diez años.

2. Ponga por escrito su plan de diez años. Su vida es demasiado importante para dejársela al azar. Estampe sobre el papel lo que desea realizar en su trabajo, su hogar, su departamento social.

3. Ríndase a su deseo. Sitúe metas para generar mayor energía. Sitúe metas para cumplir sus propósitos. Sitúe metas y descubra la real alegría de vivir.

4. Deje que su meta principal sea su piloto automático. Cuando permita que su meta le absorba, se encontrará a sí mismo tomando decisiones correctas para alcanzarla.

5. Realice su meta con un sólo paso cada vez. Mire cada tarea que ejecute, sin tomar en cuenta lo pequeña que pueda parecer, como un paso hacia su meta.

6. Construya metas para treinta días. Día por día el esfuerzo recompensa.

7. Tome las vueltas a zancadas. Una desviación conduce simplemente a otra ruta. Nunca debe conducir hacia la rendición de su meta.

8. Invierta en sí mismo. Adquiera aquellas cosas que construyen poder mental y eficiencia. Invierta en educación. Invierta en excelentes ideas.

13

CÓMO PENSAR A LA MANERA DE UN DIRIGENTE

Cada vez que piense en los altos niveles del éxito, recuerde que a usted no lo empujan hacia allí. Más bien, es elevado por aquellos que trabajan a su lado y por debajo de usted.

Conseguir altos niveles de éxito requiere el apoyo y la cooperación de los demás. Y ganarlos requiere capacidad de liderazgo. El éxito y la capacidad para conducir a los otros es atraerlos a que hagan cosas que no querrían hacer si no fuesen conducidos; ellos caminan mano a mano.

Los principios productores de éxito explicados en los capítulos precedentes, son válidos para ayudarle a desarrollar su capacidad de liderazgo. En este aspecto queremos destacar cuatro reglas especiales o principios que pueden servirnos para que otras personas hagan cosas para nosotros en grupos como séquitos de ejecutivos, en los negocios, los clubes sociales, el hogar, o en cualquier lugar en que encontremos gente.

Estas cuatro reglas de liderazgo o principios son:

1. Transforme el pensamiento de las personas a quienes desea influenciar.
2. Piense: ¿Cuál es el medio humano de manejar esto?
3. Piense en el progreso, crea en el progreso, estimule el progreso.
4. Tome tiempo para conferenciar consigo mismo.

Practicar estas reglas produce resultados. Ponerlas en uso en todas las situaciones desvanece el misterio de esa palabra enchapada en oro: *liderazgo*. Veamos cómo.

Regla de liderazgo número 1: Transforme el pensamiento de las personas a quienes desea influir.

Renovar la forma de pensar de la gente a quien se quiere influir es un medio mágico de atraer a los demás –amigos, socios, clientes empleados– a que actúen del modo que usted quiere que lo hagan. Estudie estas dos historias de casos y verá por qué.

Ted B. Trabajaba en calidad de escritor de anuncios de televisión y director para una gran agencia publicitaria. Cuando la agencia obtuvo una nueva cuenta, una fábrica de calzado de niño, Ted fue investido con la responsabilidad de desarrollar varios comerciales para TV.

Un mes o dos después de que la compañía fue lanzada se vio claro que el anuncio estaba produciendo poco o ningún incremento para el movimiento del producto en su venta al detalle. La atención estaba enfocada sobre los comerciales de TV, porque en muchas ciudades solamente se usaban los anuncios televisados.

A través de una investigación de quienes veían televisión, se encontró que alrededor del cuatro por ciento de las personas, pensaban que era sencillamente un gran comercial: uno de los mejores, según el decir de aquel cuatro por ciento.

El remanente de 96 por ciento era, o indiferentes a los comerciales, o en lenguaje llano, pensaban que apestaban. Se oyeron cientos de comentarios, como estos: "Es incoloro", "El ritmo suena como una banda de Nueva Orleáns a las tres de la madrugada", "Mis pequeñuelos gustan de contemplar la mayoría de comerciales de TV, pero cuando llega esta cosa de los zapatos se van al baño o al refrigerador", "Yo pienso que es demasiado pretencioso", "Me parece que alguien trata de ser demasiado listo".

Algo especialmente interesante salió a relucir cuando todas las entrevistas fueron reunidas y analizadas. El cuatro por ciento que gustaba del comercial lo componían personas demasiado parecidas a

Ted, en términos de ingresos, educación, sofisticación e intereses. El restante 96 por ciento figuraba definitivamente en una clase económico y social diferente.

Los comerciales de Ted, que costaron casi $180.000 dólares, cayeron porque Ted pensó tan sólo en sus propios intereses. Había preparado los comerciales pensando en la clase de calzado que él compraría, no en lo que compra la inmensa mayoría. Desarrolló comerciales que le agradaban a él personalmente, no comerciales que complacieran al grueso de la gente.

Los resultados habrían sido muy diferentes si Ted se hubiese proyectado a sí mismo dentro del pensamiento del común de la gente y se hubiera formulado dos preguntas: "Si yo fuese un padre, ¿qué clase de comercial me haría comprar estos zapatos?", "Si yo fuese un niño, ¿qué clase de comercial me haría decir a papá y a mamá: yo quiero estos zapatos?"!

Ahora veamos otro ejemplo: ¿Por qué Joan fracasó en el comercio de venta al menudeo? Joan es una muchacha de 24 años, inteligente, bien educada y atractiva. Apenas salió del colegio, obtuvo un empleo como auxiliar del comprador en el departamento de ropas hechas a precios entre bajos y medianos de un almacén. Llegó muy bien recomendada: "Joan tiene ambición, talento y entusiasmo –decía una carta–. Está segura de tener un éxito grande".

Pero Joan no obtuvo mayor éxito. Duró ocho meses y luego dejó el menudeo por otro trabajo. Yo conocía bien al comprador y un día le pregunté qué había sucedido.

—Joan es una muchacha encantadora y posee excelentes cualidades –me dijo–, pero padece una limitación mayor.

—¿Cuál es? –Pregunté.

—Bueno, Joan estaba siempre comprando mercancías que a ella le encantaban, pero no a la mayoría de los clientes. Seleccionaba estilos, colores, materiales y precios a gusto suyo sin ponerse en los zapatos de la gente que compra aquí. Cuando le sugerí que tal vez una cierta línea no fuese adecuada para nosotros, dijo: "Oh, esto les agradará. A mí me agrada. Pienso que tendrá rápido movimiento".

Joan había crecido en un hogar "bien". Se le educó para desear la calidad. El precio no era importante para ella. Joan no podía ver en absoluto las ropas a través de los ojos de personas de bajos o medianos ingresos. De este modo, las mercancías que compraba no eran convenientes.

El punto es este: para conseguir que otros hagan lo que usted quiere que hagan, debe ver las cosas a través de sus ojos. Cuando usted quiere influenciar la forma de pensar en los demás, se manifiesta el secreto de cómo convencerlos efectivamente. Un amigo vendedor muy afortunado me hizo saber que emplea cantidad de tiempo en anticipar cómo reaccionarán los prospectos a su presentación antes de hacerla. Intercambiar ideas con el auditorio ayuda al orador en su diseño de un discurso más interesante e incisivo. Conocer la forma de pensar de los empleados ayuda al supervisor a impartir instrucciones más efectivas y mejor recibidas.

Un joven ejecutivo de crédito me explicó de qué modo su técnica operaba para él.

—Cuando fui designado en este almacén (uno de ropa confeccionada para tallas medianas) como ayudante de la gerencia de crédito, se me reservó la ocupación de manejar toda la cobranza por correspondencia. Las cobranzas por medio correspondencia del almacén me habían desilusionado en grande al usarlas. Eran duras, insultantes, amenazadoras. Las leí y pensé: "Hermano, me enfurecería como el diablo si alguien me mandase cartas como éstas. Jamás pagaría". En consecuencia, tan pronto como obtuve el trabajo, comencé a escribir la clase de cartas que me llevarían a pagar una cuenta atrasada si las recibiera. Produjo efecto. Calzando yo mismo los zapatos de los clientes morosos, como se dice, los cobros ascendieron a un alto nivel.

Numerosos candidatos políticos perdieron elecciones porque fracasaron al mirarse a sí mismos a través de las mentes de sus típicos votantes. Un candidato político para un puesto oficial, en apariencia tan plenamente calificado como su oponente, perdió por un tremendo margen, a causa de una razón muy simple: usó un vocabulario que solamente un pequeño porcentaje de los votantes logró entender.

Su opositor, por otra parte, pensó en los términos de los intereses de los electores. Cuando hablaba con granjeros empleaba su lenguaje. Si se dirigía a los obreros de las fábricas, usaba términos que les eran fácilmente familiares. Cuando hablaba en la TV se dirigía al señor votante típico, no al señor doctor de universidad.

Guarde esta pregunta en la mente: "¿Qué pensaría yo de esto si cambiase mi lugar con la otra persona?" Esto abre el camino para una acción más afortunada.

Pensar en los intereses de la gente a la cual queremos influir es una regla excelente de pensamiento en todas las situaciones. Hace pocos años un pequeño industrial de electrónica desarrolló un fusible que nunca se quemaba. El fabricante cotizó el precio de venta en $8.00 dólares y luego contrató una agencia publicitaria para su promoción.

El ejecutivo de la cuenta a cuyo cargo se colocó el anuncio inmediatamente se sintió intensamente entusiasmado. Su plan consistió en cubrir el país con anuncios en masa por TV, radio y prensa. "Esto es –dijo–. Venderemos 10 millones el primer año". Sus consejeros trataron de prevenirle, explicando que los fusibles no son un artículo popular, no poseen ningún llamado romántico, y la gente desea lo más barato posible cuando compra fusibles. ¿Por qué no –dijeron los asesores– usar magazines selectos y venderlo a los que disfrutan de altos niveles de ingresos? Fueron vencidos y la campaña en masa se emprendió solamente para ser abandonada a las pocas semanas a causa de los resultados decepcionantes.

Este fue el problema: el jefe de publicidad vió el precio alto de los fusibles con sus ojos, los ojos de una persona que gana $120.000 dólares al año. Fracasó al no ver el producto a través de los ojos de la masa del mercado que tiene ingresos de entre $14.000 y $17.000 dólares al año. Si él se hubiese puesto en esa posición, podría haber notado con buen criterio que debía dirigir la campaña hacia personas de ingresos superiores y de esta forma la cuenta podría haberse salvado.

Desarrolle su poder para intercambiar ideas con aquellos sobre quienes pretende influenciar. El ejercicio siguiente le ayudará.

Practicar el intercambio de puntos de vista (Ejercicios)

Situación	Para mejores resultados, pregúntese:
1. Dando instrucciones de trabajo a alguien	Mirando a una persona desde el punto de viste de alguien que es nuevo en esto: "¿Me habré hecho entender?"
2. Escribiendo un anuncio	"Si yo fuera un típico comprador prospecto, ¿cómo reaccionaría ante este anuncio?"
3. Modales por teléfono	"Si fuera yo la otra persona, ¿qué pensaría ella de mi voz por teléfono y de mis maneras?"
4. Regalo	"¿Este regalo es algo que me gustaría personalmente, o es algo que le gustaría a él?" (A menudo hay una diferencia enorme)
5. El modo como doy las órdenes	"¿Me agradaría cumplir órdenes si me fuesen dadas del modo que yo las doy a otros?"
6. Disciplina a los hijos	"Si yo fuera el niño – considerando su edad, experiencia y emociones– ¿cómo reaccionaría ante esta disciplina?"
7. Mi apariencia	"¿Qué pensaría de mi superior si anduviese vestido como yo?"
8. Preparando un discurso	"Considerando la educación e interés del auditorio, ¿qué pensaría yo de esta observación?"
9. Entretenimiento	"Si yo fuera mi huésped, ¿qué clase de alimentos, música y manutención preferiría?"

Ponga el principio de intercambio de puntos de vista a trabajar para usted:

1. Considere la situación de la otra persona. Póngase en su lugar como se dice. Recuerde: sus intereses, ingresos, inteligencia y educación pueden diferir considerablemente de los suyos.

2. Ahora pregúntese: "Si estuviera en su situación, ¿de qué modo reaccionaría ante esto?" (Sea lo que sea lo que usted quiera que haga).

3. Entonces emprenda la acción que le haría mover a usted si fuese la otra persona.

Regla de liderazgo número 2: –Pensar: cuál es el medio humano de manejar esto.

La gente usa diferentes recursos para las situaciones del liderazgo. Un recurso es asumir la posición de un dictador. Éste toma todas sus decisiones sin consultar a los afectados. Rehúsa escuchar a sus subordinados lo que opinan, porque, en lo profundo de sí mismo quizá, tiene miedo de que sus subordinados tengan razón y esto le causaría a él pérdida de prestigio.

Los dictadores no duran mucho tiempo. Los empleados pueden afectar su lealtad por algún intervalo, pero el desorden pronto se desarrolla. Algunos de los mejores empleados parten, y los que quedan se agrupan y conspiran contra el tirano. El resultado es que la organización cesa de funcionar blandamente. Esto pone al dictador con una mala imagen ante su superior.

Una segunda técnica de liderazgo es la fría y mecánica actitud "yo-soy un libro de reglas". El sujeto que usa este sistema maneja todas las cosas exactamente como dice el libro. No reconoce que cada regla, política o plan es solamente una guía para los casos comunes. Este "líder" trata a los seres humanos como máquinas. Y de todas las cosas que desagradan a la gente, quizá la más molesta es ser tratado como máquina. El experto frío, impersonal, eficiente, no es un ideal. Las máquinas que trabajan para él desarrollan sólo una parte de su energía.

Las personas que ascienden a niveles altísimos de liderazgo usan un tercer recurso que llamamos "Sea humano".

Hace varios años trabajé estrechamente con John S., que es un ejecutivo de la sección de Ingeniería de una gran fábrica de aluminio. John había dominado el recurso "Sea humano" y estaba muy alegre con el rendimiento. En docenas de pequeños medios, hacía decir a sus acciones: "Eres un ser humano. Te respeto. Estoy aquí para ayudarte en todo cuanto pueda".

Cuando un individuo de otra ciudad ingresaba en su departamento, John se tomaba considerables incomodidades personales para ayudarle a encontrar alojamiento confortable. Trabajaba con su secretaria y otras dos empleadas, en organizar agasajos de aniversarios para cada uno de los miembros del equipo. Los treinta minutos requeridos para este pequeño asunto no eran un costo; más bien, era una inversión para conseguir lealtad y rendimiento.

Cuando se enteraba que uno de los miembros de su personal pertenecía a una fe minoritaria, John le llamaba para explicarle que se arreglaría para que pudiese observar sus fiestas religiosas, que no coincidían con las más comunes.

Cuando un empleado o alguien de la familia de él estaban enfermos, John lo recordaba. Hallaba tiempo para felicitar a su personal individualmente por sus realizaciones fuera del trabajo.

Pero la mayor experiencia de la filosofía "Sea humano" de John, asomaba en el medio con que manejaba un problema de despido. Uno de los empleados, contratado por el predecesor de John carecía simplemente de la aptitud e interés exigido por el empleo. John manejó el caso magníficamente. No empleó el procedimiento de llamar al empleado a su oficina, para darle primero la mala noticia y segundo, 15 ó 30 días para desplazarse.

En lugar de esto, hizo dos cosas insólitas. Primero, explicó por qué le sería una ventaja personal encontrar una nueva situación donde sus aptitudes e intereses fuesen más útiles. Trabajó con el empleado y le puso en contacto con un reputado consultor de dirección vocacional. A continuación, hizo algo más por encima y más allá del llamado del deber. Ayudó al empleado a encontrar un nuevo empleo celebrando entrevistas con ejecutivos de otras compañías donde su pericia era necesaria. En total 18 días después de la conferencia dimisionaria el empleado estaba en una situación muy prometedora.

Este procedimiento de despido me intrigó, por lo cual pedí a John que me explicase su pensamiento al respecto. Lo explicó de este modo:

"Hay una vieja máxima que he formado y ayuda a mi mente –empezó–. Cualquier que se halle bajo el poder de un hombre, también se halla bajo su propia protección. Nunca debimos contratar a ese hombre, en primer lugar porque no está formado para esta clase de trabajo. Pero ya que lo hicimos, lo menos que podíamos intentar era ayudarle a colocarse.

Cualquiera –continuó John–, puede asalariar a un hombre. Pero la prueba del liderazgo consiste en el modo de manejar los despidos. Porque ayudar a este empleado a colocarse de nuevo antes de que nos dejara, construye un sentimiento de seguridad en el empleo a todo el mundo en mi departamento. Les dejo saber, por ejemplo, que nadie será arrojado a la mitad de la calle mientras yo permanezca aquí".

La marca "Sea humano" del liderazgo de John paga con creces. No existen sesiones de chismografía sobre él. Recibe indiscutiblemente lealtad y apoyo. Tiene la seguridad máxima en su empleo porque da la máxima seguridad de empleo a sus subordinados.

Durante unos 15 años he estado en relación estrecha con un camarada al que llamaré Bob W. Bob se hallaba al fin de su cincuentena. Ascendió al camino duro con una clase de educación a la buena de Dios y sin ningún dinero, Bob se encontró sin trabajo en algún momento de su vida. Pero siempre fue un luchador. No siendo un vago, Bob abrió una tienda de tapicería en su garaje. Gracias a su infatigable esfuerzo, los negocios crecieron y hoy son una planta de mobiliario moderno, con más de 300 empleados.

Hoy Bob es millonario. El dinero y las cosas materiales han dejado de importarle. Pero Bob es rico bajo otros aspectos también. Es millonario en amigos, alegría y satisfacción.

De las muchas excelentes cualidades de Bob, sobresale su tremendo deseo de ayudar a los demás. El medio humano de Bob para hacerlo es una fórmula maestra. He aquí cómo lo expresa:

"No creo que se pueda encontrar a nadie que diga que soy blanducho ni endeble. Dirijo un negocio. Cuando alguna cosa no anda bien, la enderezo. Pero lo que importa es el modo con que lo hago. Si los empleados están incurriendo en algo malo o cometen un error, soy doblemente cuidadoso de no herir sus sentimientos y hacerlos sentir pequeños o desconcertados. Me limito a usar una fórmula en cuatro tiempos:

Primero, hablarle privadamente.

Segundo, los elogió por lo que están haciendo bien.

Tercero, planteo la situación en el momento en que pudieron hacerlo mejor y les ayudo a encontrar el camino.

Cuarto, los elogió de nuevo por sus puntos buenos.

Y esta fórmula es en cuatro tiempos, –agrega Bob–. Y cuando mejor les trato mejores cosas me suceden. Honradamente, no planeo el medio. Es simplemente el medio el que trabaja. Voy a darle un ejemplo. En el pasado, unos cinco o seis años atrás, uno de los hombres de la producción vino a trabajar borracho. Al momento hubo una conmoción en la planta. Parece que el sujeto había tomado una lata de cinco galones de laca y estaba rociando con ella el suelo. Bien, los demás trabajadores le arrebataron la laca y el superintendente de la planta lo escoltó hasta la calle.

Yo salí y lo encontré sentado contra el edificio en una especie de estupor. Le ayudé a levantarse, lo coloqué en mi coche y lo llevé a su casa. Su mujer estaba frenética. Traté de serenarla diciéndole que todas las cosas irían bien. '¡Oh!, pero usted no comprende' –decía ella–. El señor W. (yo) no defenderá a nadie que esté borracho en el trabajo. Jim ha perdido su trabajo y ahora qué va a hacer'. Le dije que Jim no sería despedido. Me preguntó cómo lo sabía. La razón, expliqué, es porque el señor W., soy yo.

Casi se desmaya. Le dije lo que haría para ayudar a Jim en la planta y que esperaba que ella hiciera lo que pudiese en casa; y lo tuve en el empleo a la mañana siguiente. A mi regreso a la planta fui al departamento de Jim y hablé con sus compañeros y les dije: 'Ustedes han visto algo desagradable aquí hoy pero quisiera que lo olvidasen. Jim vendrá mañana. Sean amables con él. Ha sido un buen trabajador durante largo tiempo y le somos deudores de darle otra oportunidad'.

Jim regresó a la faena y su afición a la bebida no volvió a ser problema. Yo olvidé pronto el incidente. Pero Jim, no. Hace dos años, de la jefatura de la unión local mandaron algunos hombres a negociar el contrato de trabajo. Traían algunas demandas caprichosas, simplemente irreales, Jim —el sosegado y manso Jim— se convirtió de pronto en un líder. Terció en el asunto y recordó a los compañeros de la planta que siempre había merecido un trato correcto del señor W. y que no necesitaban intrusos que viniesen a decirnos de qué modo regir nuestros negocios.

Los extraños nos dejaron y como de costumbre negociamos nuestro contrato como amigos, gracias a Jim".

He aquí dos medios para usar el recurso "Sea humano", para hacer de usted un líder mejor. Primero, cada vez que haga frente a asuntos difíciles que impliquen a las personas, pregúntese: "¿Cuál es el medio humano de manejar esto?"

Medite sobre esta pregunta cuando haya desavenencias entre sus subordinados o cuando un empleado provoque un problema. Recuerde la fórmula de Bob W., Para ayudar a los demás a corregir sus errores. Evite el sarcasmo. Evite mostrarse cínico. Evite rebajar a la gente un grado o dos. Evite poner a otros en el lugar de ellos.

Pregunte: ¿Cuál es el medio humano de tratar con la gente? Esto siempre aprovecha. Unas veces más pronto, otras más tarde, pero aprovecha siempre.

Un segundo medio de aprovechar la regla "Sea humano" es dejar que su acción le enseñe a poner primero a la gente. Muestre interés por sus subordinados, fuera del cumplimiento del empleo. Trate a todo el mundo con dignidad. Recuerde que el primer propósito en la vida es alegrarla. Como una regla general cuanto mayor interés demuestre usted a una persona, tanto más producirá ella para usted. Y su producción es la que le lleva a usted hacia el éxito más y más grande.

Elogie a los empleados que están bajo su supervisión, conectándolos con recomendaciones favorables en cada oportunidad que tenga. Es una vieja costumbre norteamericana admirar a aquel que está al lado del más débil. Sus subordinados apreciarán su actitud, y la lealtad hacia usted crecerá. No tema que esto haga descender su propia importancia a los ojos del supervisor. Más bien, un hombre lo bastante grande para ser humilde parece más digno de confianza que el hombre inseguro que se siente compelido a llamar la atención sobre sus realizaciones. Una pequeña modestia lleva a un largo camino.

Elogie a sus subordinados personalmente en cada oportunidad. Pondérelos por su cooperación. Felicítelos por cada esfuerzo extra que lleven a cabo. La felicitación es el incentivo más grande y simple que usted puede dar a la gente, y no cuesta nada. Además, un voto escrito a menudo ha derrumbado a un conocido y poderoso candidato. Nunca sabe cuando sus subordinados pueden serle de provecho para acudir en su defensa.

Practique el ponderar a la gente.

Ponga a la gente por el camino correcto. Sea humano.

Regla de liderazgo número 3: Piense en progreso, crea en el progreso, impulse el progreso.

Una de las cosas más halagüeñas que alguien pueda decir de usted es, "Trabaja para el progreso. Es el hombre para el empleo".

Las promociones y ascensos en todos los campos los obtienen aquellos que creen en –se empeñan– en el progreso. Los líderes, los líderes de verdad, se dan poco. Los que se limitan a mantener el estado actual de las cosas, la gente que dice todo está bien, mejor no nos movamos, superan en número a los progresistas (aquellos que piensan que hay mucho que mejorar, que debemos ponernos a trabajar y hacer lo mejor). Únase a los líderes de élite. Desarrolle una visión de futuro.

Hay dos cosas específicas que usted puede desarrollar con una visión progresista:

1. Pensar en mejorar cualquier cosa que haga.

2. Establecer parámetros altos en cualquier cosa que haga.

Hace varios meses el presidente de una compañía mediana me pidió que le ayudara a tomar una decisión importante. Este ejecutivo había edificado el negocio por sí mismo y estuvo funcionando como gerente de ventas. Ahora, con siete agentes empleados, resolvió que su próximo paso sería promover a uno de sus vendedores al rango de gerente de ventas. Le dio la opción a tres, todos los cuales tenían igual experiencia y capacidad de vender.

Mi encargo era dedicar un día a cada uno de los hombres y luego informar de mis puntos de vista sobre cuál de los sujetos parecía estar mejor calificado para dirigir el grupo. Cada hombre fue notificado de que un consultor le visitaría para discutir la totalidad de su programa de ventas en el mercado. Por razones obvias, no se les notificó la finalidad específica de mi visita.

Dos de los hombres reaccionaron poco más o menos lo mismo. Ambos se mostraron desagradables conmigo. Parecían sentir que yo estaba allí para un cambio de cosas. Cada uno de estos hombres era un real defensor del statu quo. Los dos aprobaban el modo con que hacían todo. Les planteé preguntas acerca de cómo se delimitan los territorios, el programa de compensación, el material vendible proporcional, todas las facetas del esfuerzo de compra y venta. Pero en todos los puntos la contestación fue la misma: "Todas las cosas marchan muy bien". Sobre los puntos específicos estos dos hombres explicaron por qué el sistema presente no debía ser cambiado. En suma, ambos recomendaron el statu quo para mantener el statu quo. Uno de ellos me dijo mientras me dejaba en el hotel: "No sé exactamente por qué desperdicia usted el día conmigo, pero diga al señor M. Que a juicio mío todas las cosas están bien como están. No vamos a imaginar ninguna".

El tercer hombre fue maravillosamente distinto. Estaba a gusto con la compañía y orgulloso de su crecimiento. Pero no se hallaba contento del todo. Deseaba mejoras. Todo el día este tercer vendedor me expuso sus ideas para conseguir nuevos negocios, mediante mejor servicio a los clientes, reducción del tiempo gastado, revisión del plan de compensaciones para darle más incentivo, de tal forma que él –y la compañía– trabajasen más. Había proyectado nuevas campañas publicitarias que había estado pensando al respecto. Cuando le dejé, su observación de despedida fue: "Aprecio la oportunidad de hablar con alguien acerca de algunas de mis ideas. Hemos establecido una buena compañía, pero creo que podríamos hacerlo mejor".

Mi recomendación, desde luego, fue para el tercer hombre. Era una recomendación que coincidía perfectamente con los sentimientos del presidente de la compañía. Creencia en la expansión, eficiencia, nuevos productos, nuevos procesos, mejores escuelas, prosperidad incrementada.

¡Crea en el progreso –y foméntelo–; usted será líder! Siendo jovencito, tuve oportunidad de ver cómo los pensamientos diferentes de dos líderes pueden traer una asombrosa diferencia en la actuación de sus seguidores. Yo asistía una escuela elemental en el campo: ocho grados, un maestro, y cuarenta chiquillos estrujados juntos dentro de cuatro paredes de ladrillo. Una nueva maestra era siempre un gran cebo. Guiados por los mayores –los de séptimo y octavo grado– los pupilos se disponían a ver cuánto les podría costar vencerla.

Un año hubo poco menos que un caos. Cada día se daban docenas de las habituales jugarretas escolares, guerras, bolitas y aeroplanos de papel. Entonces vinieron los mayores incidentes tales como dejar a la maestra fuera de la escuela, encerrada durante medio día en aquel tiempo, o en otra ocasión lo contrario, encerrarla a ella dentro del edificio por muchas horas. Otro día cada muchacho de los grados altos introdujo su perro en la sala de clase.

Debo añadir que aquellos niños no eran delincuentes. Robar, hacer violencia física o perjudicar deliberadamente, no eran sus objetivos. Eran rapaces saludables, acondicionados por la vida rural, necesitados de dar salida a sus energías e ingenuidades enjauladas.

De todos modos, la maestra se las arregló para permanecer en la escuela hasta el fin del año. No sorprendió a nadie que hubiese una maestra nueva el siguiente septiembre. La nueva maestra extrajo de sus chicos una conducta sorprendentemente distinta. Apeló a su orgullo personal y sentido del respeto. Les estimuló a desarrollar juicios. A cada muchacho le asignó una responsabilidad específica como la de limpiar los pizarrones y los borradores o practicar sobre papel ejercicios para los más pequeños. La nueva maestra encontró medios creativos para usar la energía que había sido tan mal dirigida meses antes. Su programa educativo se centraba en la construcción del carácter.

¿Qué hizo que los niños actuasen como diablos un año y se portasen como ángeles el siguiente? La diferencia estribó en el líder, la maestra. En todo ello, no podemos honradamente culpar a los pequeños por hacer diabluras durante todo un año escolar. En cada ejemplo la maestra impuso la paz.

La primera maestra, profundizó con exceso, no cuidó de si los chicos progresaban. No planteó metas para ellos. No les estimuló. No controló su propio temperamento. No le gustaba enseñar y así a sus discípulos no les gustaba aprender.

Pero la segunda maestra adujo normas elevadas y positivas. Simpatizó sinceramente con los niños y quería que realizasen mucho. Consideraba a cada uno como un individuo. Obtuvo disciplina fácilmente porque en todas las cosas que hizo, ella estuvo bien disciplinada. Y en cada caso, los pupilos ajustan su conducta a los ejemplos sentados por los maestros.

Encontramos esta misma forma de ajuste que toma forma diaria en grupos de adultos. Durante la Segunda Guerra Mundial los jefes militares observaron que la moral más alta no se encontraba en unidades donde los comandantes eran holgazanes, relajados o indiferentes. Las unidades de choque las conducían oficiales con altas dotes que reforzaban las regulaciones militares recta y limpiamente. El personal militar sencillamente no respeta ni admira oficiales con bajas cualidades.

Los estudiantes universitarios, también, siguen la disposición de los ejemplos dados por sus profesores. Los estudiantes bajo un profesor faltan a clase, copian apuntes y se confabulan por diversos medios para no pasar estudios formales. Pero los mismos estudiantes bajo otro profesor trabajan extra voluntariamente muy duro para dominar el tema.

En las situaciones de negocios encontramos más de una vez individuos que norman su pensamiento según el de su superior. Estudie un grupo de empleados de cerca. Observe sus hábitos, modismos, actitudes hacia la compañía, ética, autocontrol. Entonces compare lo que encuentre con el comportamiento de su superior y descubrirá singularidades asombrosas.

Todos los años muchas corporaciones que han crecido perezosamente y han ido de cabeza, son reconstruidas. ¿Y cómo? Cambiando un puñado de ejecutivos de arriba. Las compañías (y universidades, iglesias, clubes, sindicatos y demás tipos de organización) se reconstruyen exitosamente de arriba hacia abajo, no de abajo hacia arriba. Cambie el pensamiento en la cima y automáticamente cambiará el pensamiento en la parte inferior.

Recuerde esto: cuando asuma el liderazgo de un grupo, las personas de ese grupo comienzan a ajustarse por sí mismas a las normas que usted establezca. Esto es más perceptible durante las primeras semanas. Su gran interés es guiarse por usted, con la mirilla a cero, entender lo que usted espera de ellos. Observan cualquier movimiento que usted haga. Piensan: ¿Cuánta cuerda me dará?, ¿Qué desea que sea hecho?, ¿Qué emprender para agradarle?, ¿Hasta qué punto será indulgente?, ¿Cómo actuará si llego tarde?, ¿Qué dirá si hago esto o aquello? Una vez lo saben, actúan de acuerdo.

Coteje el ejemplo que usted pone. Use este viejo pero siempre exacto cuarteto como guía:

¿Qué especie de mundo

podría ser es éste,

si a cuantos lo habitan

yo grato les fuere?

Para añadir significado a esta prueba autoimpuesta, substituya la palabra compañía donde dice mundo y léalos así:

¿Qué especie de compañía

podría ser ésta

si a cuantos la habitan

yo grato les fuera?

Así por un estilo similar, pregúntese qué clase de club, comunidad, escuela, iglesia sería si todo el mundo en ellos, actuase con agrado hacia usted.

Piense, hable, actúe, viva del modo que usted desearía que sus subordinados pensaran, hablasen, actuaran, vivieran –y lo harán. Transcurrido un período de tiempo, los subordinados tienden a ser copias al carbón de su jefe. El medio más sencillo de conseguir un alto nivel de actuación es estar seguro de que el original es válido para ser duplicado.

¿Soy un pensador positivo?

A. ¿Pienso progresivamente hacia mi trabajo?

1. ¿Aprecio mi trabajo con la actitud "Cómo puedo hacerlo mejor"?
2. ¿Enriquezco a mi compañía, a su gente, y a los productos que vende en toda oportunidad posible?
3. ¿Son mis normas personales con frecuencia a la cantidad y calidad de mi rendimiento, más altas ahora que 3 ó 6 meses atrás?
4. ¿Estoy dando un ejemplo excelente a mis subordinados, socios y otros con quienes trabajo?

B. ¿Pienso progresivamente hacia mi familia?

1. ¿Es más feliz mi familia hoy que hace 3 ó 6 meses?
2. ¿Estoy siguiendo un plan para mejorar el modo de vivir de mi familia?
3. ¿Tiene mi familia una amplia variedad de actividades estimulantes fuera del hogar?
4. ¿Siento un ejemplo de "progresivo", partidario del progreso para mis hijos?

C. ¿Pienso progresivamente hacia mí mismo?

1. ¿Puedo decir honradamente que soy una persona más valiosa hoy que hace 3 ó 6 meses?
2. ¿Estoy siguiendo un organizado programa de automejora para aumentar mi validez ante los otros?
3. ¿Tengo fijadas metas mirando hacia adelante para lo menos 5 años en el futuro?
4. ¿Soy un impulsador en toda organización o grupo al cual pertenezco?

D. ¿Pienso progresivamente hacia mi comunidad?

1. ¿He hecho alguna cosa en los últimos seis meses que honradamente siento que ha mejorado mi comunidad (vecindario, iglesias, escuelas, etc.)?
2. ¿Impulso proyectos que valgan la pena para la comunidad, más que objetar, criticar o lamentar?
3. ¿He tomado alguna vez la dirección para llevar a cabo alguna mejora válida para mi comunidad?
4. ¿Hablo bien de mis vecinos o conciudadanos?

Regla de liderazgo número 4: Tómese tiempo para conferenciar consigo mismo y aplaudir su poder supremo de pensar.

Por lo común pintamos a los líderes como gente excepcionalmente ocupada. Y lo están. El liderato requiere estar en lo más reñido de las cosas. Pero mientras esto es usualmente pasado por alto, es digno de notarse que los líderes consumen un tiempo considerable solos, con nada más que su propio aparato pensante.

Compare las vidas de los grandes líderes religiosos y verá que cada uno de ellos invirtió considerable tiempo en la soledad. Moisés, con frecuencia estaba solo, a menudo por algunos períodos de tiempo. Así fueron Jesús, Buda, Confucio, Mahoma, Gandhi —todos ellos sobresalientes líderes religiosos en la historia, pasaron mucho tiempo en la soledad alejados de las distracciones de la vida.

Los líderes, políticos, que pronunciaron palabras perdurables en la historia para bien o para mal, también ganaron penetración a través de la soledad. Es interesante preguntar si Franklin D. Roosevelt pudo haber desarrollado sus excepcionales capacidades de liderazgo por haber pasado mucho tiempo solo mientras se recuperaba de su ataque de poliomielitis. Harry Truman gastó mucho tiempo de muchacho y de adulto en una granja de Missouri.

Es muy posible que Hitler nunca hubiese alcanzado el poder de no haber estado meses enteros en la cárcel, solo, donde tuvo tiempo de elaborar Mein Kampf, aquel brillantemente inicuo plan para la conquista del mundo, que vendió a los alemanes en un momento de ceguera.

Muchos de los líderes del comunismo que han probado ser tan diestros diplomáticos –Lenin, Stalin, Marx y tantos otros– estuvieron algún tiempo en la cárcel donde pudieron, sin ser distraídos, planear sus movimientos futuros.

Dirigir universidades requiere a los profesores asistir a conferencias por lo menos cinco horas por semana para que el profesor tenga tiempo de pensar. Muchos destacados ejecutivos de negocios están todo el día rodeados por ayudantes, secretarias, teléfonos e informes. Pero sigámosles sus pasos 168 horas a la semana o 720 al mes y descubriremos que dedican una cantidad sorprendente de tiempo a pensamientos ininterrumpidos.

El punto es este: la persona afortunada en todos los campos encuentra tiempo para conferenciar consigo misma. Los líderes emplean la soledad para juntar las piezas de un problema, sacar adelante soluciones, planear, y, en una palabra para configurar sus súperpensamientos.

Mucha gente fracasa al atribuir el poder creativo de su liderazgo a que conferencian con todo el mundo más que con ellos mismos. Usted conoce bien esta clase de persona. Es aquella que va a grandes distancias por no estar sola. Llega a extremos para rodearse de gente. No puede estar sola en su oficina y va a rondar para ver otras personas. Raramente pasa sus noches sola. Se siente compelida por la necesidad de hablar con los demás en cada momento de vigilia. Devora una inmensa dieta de comidillas y chismorreos.

Cuando esta persona se ve obligada por las circunstancias a estar físicamente sola, encuentra medios para guardarse de estar mentalmente. A veces apela al recurso de la televisión, la radio, los periódicos, el teléfono, cualquier cosa que se haga cargo de su proceso pensante en lugar suyo. En efecto, dice: "Aquí, el señor TV, el señor periódico, ocupa mi mente por mí. Tengo miedo de ocuparla con mis propios pensamientos".

El señor "No puedo estar solo" esquiva el pensamiento independiente. Conserva su propia mente bloqueada. Está, psicológicamente asustado de sus propios pensamientos. Al correr el tiempo, el señor "No puedo estar solo" se vuelve cada vez más superficial. Hace muchos actos apresurados. Fracasa en cuanto a desarrollar firmeza o propósito, estabilidad personal. Es, desgraciadamente, un ignorante del súperpoder que yace sin ser usado, precisamente detrás de su frente.

No sea un "No puedo estar solo". Los líderes afortunados derivan su súperpoder del hecho de estar solos. Usted puede también hacerlo. Veamos cómo:

Formando parte de un programa de desarrollo profesional, pedí a 13 participantes que se concentrasen en sí mismos una hora cada día, durante dos semanas. Ellos fueron invitados a mantenerse fuera de toda distracción y pensar constructivamente sobre cualquier cosa que les viniese a la mente.

Al cabo de dos semanas, cada estudiante, sin excepción, informó que la experiencia resultó sorprendentemente práctica y valiosa. Uno de ellos expuso que antes del experimento de soledad dirigida se hallaba al borde de una ruptura aguda con otro ejecutivo de la compañía, pero por medio de un pensamiento claro encontró la fuente del problema y el modo de corregirlo. Otros informaron haber resuelto problemas relacionados con la variedad de cosas como cambios de empleo, dificultades matrimoniales, compra de una casa y elección de instituto para su hijo adolescente.

Cada participante declaró, con entusiasmo, haber ganado un conocimiento mucho mejor de sí mismo —sus fortalezas y debilidades— del que había tenido antes.

Los participantes descubrieron también alguna cosa más que es tremendamente significativa. ¡Descubrieron que las decisiones y observaciones hechas a solas baja soledad dirigida poseían un medio misterioso de ser cien por ciento exactas! Los participantes descubrieron que cuando la niebla se levanta, la elección correcta se vuelve clara como cristal. La soledad dirigida rinde resultados.

Un día reciente un asociado mío reajustó por completo su posición en un enojoso punto de litigio. Tuve curiosidad de saber por qué había conectado su pensamiento, puesto que el problema era muy básico. Su respuesta vino a ser esta: "Bueno, yo no había visto del todo claro en mi mente lo que debía hacer. Así, me levanté a las 3.30 de esta mañana, tomé una taza de café, y, sentado en el sofá, pensé hasta las siete. Vi el asunto muchísimo más claro ahora. La única cosa que me cabe hacer es adoptar una posición inversa".

Esta nueva posición demostró ser correcta por completo.

Resuelva ahora sentarse aparte algún tiempo cada día (por lo menos treinta minutos) y dedicarlos por completo a usted.

Quizá por la mañana temprano antes de que nadie más se mueva será lo mejor para usted. O tal vez a última hora de la tarde sea mejor todavía. Lo importante es escoger una hora en que su mente se halle fresca y pueda estar libre de distracciones.

Puede usted usar este tiempo para tener dos clases de pensamiento: directo o indirecto. Pensar directamente, sitúa el mayor problema frente a usted. En la soledad su mente estudiará el problema objetivamente y le guiará a la respuesta debida.

Pensar indirectamente, se limita a dejar que su mente seleccione sobre lo que desea pensar. En momentos parecidos a estos su mente subconsciente se conecta con su banco de memoria el cual a su vez alimenta su mente consciente. Pensar indirectamente es muy provechoso para hacer una autoevaluación. Le ayudará a asimilar materias muy básicas parecidas a: «¿Cómo puedo hacerlo mejor?", ¿Cuál deberá ser mi próximo paso?»

Recuerde, el principal objetivo del líder es pensar. Y la mejor preparación para el liderazgo es pensar. Gaste algún tiempo en la soledad con sus propios pensamientos y piense en el éxito de sí mismo.

Resumen

Para ser un líder más efectivo, ponga a trabajar estos cuatro principios del liderazgo.

1. Intercambie ideas con la gente a quien desea influenciar. Es fácil a los demás hacer lo que usted desea que hagan si ve las cosas a través de los ojos de ellos. Hágase esta pregunta antes de actuar: "¿Qué pensaría yo de esto si cambiara mi lugar con las demás personas?"

2. Aplique la regla "Sea humano" en sus tratos con la gente. Pregúntese: "¿Cuál es el medio humano de hacer esto?" En cualquier cosa que haga demuestre que pone primero a los otros. No dé a la gente otro tratamiento que el que usted desearía recibir. Será recompensado.

3. Piense en el progreso, crea en el progreso, impulse el progreso. Piense en el mejoramiento en todo lo que haga. Utilice altos parametros para todo lo que haga. Pasado un período de tiempo los subordinados tienden a llegar a ser copias idénticas de su jefe. Esté seguro de que la copia original vale ser duplicada. Haga de esto una resolución personal: "En la casa, en el trabajo, en la vida en comunidad, si existe progreso, estoy con él".

4. Tómese tiempo para conferenciar consigo mismo y conecte su poder supremo de pensar. La soledad dirigida rinde resultados. Úsela para liberar su poder creativo. Úsela para encontrar soluciones a sus problemas personales y de negocios. Así, pase algún tiempo solo todos los días exclusivamente para pensar. Use la técnica de pensar que usan los grandes líderes. Conferencie consigo mismo.

Cómo usar la magia de pensar en grande en las situaciones más cruciales de la vida

Hay magia al pensar en grande. Pero es muy fácil olvidar. Cuando choca con algunas dificultades rudas existe el peligro de que su pensamiento se encoja de volumen. Y cuando lo hace, usted pierde.

Más abajo van algunas guías para mantenerse grande cuando se siente tentado de emplear los recursos pequeños. Quizá desee poner estas guías en tarjetas, inclusive para una más fácil referencia.

A. Cuando la gente pequeña trata de empujarle abajo, piense en grande. Esté seguro de que hay personas que desean que usted pierda, que experimente infortunios, que sea reconvenido. Pero esa gente no podrá dañarle si recuerda estas tres cosas:

1. Usted ganará cuando rehúse luchar con gente mezquina. Luchar con la gente pequeña lo rebaja a su nivel. Manténgase grande.
2. Espere ser "tijereteado". Será prueba de que es grande.
3. Acuérdese de que los criticones están psicológicamente enfermos. Laméntelo por ellos. Piense en grande lo bastante para estar inmune contra los ataques de la gente ruin.

B. Cuando ese pensamiento de "yo no tengo lo que necesitaba" se deje sentir dentro de usted, piense en grande. Recuerde: si piensa que está enfermo, lo está. Si piensa que es un inadaptado, lo es. Si piensa que es segunda clase, lo es. Venza esa tendencia natural a venderse a bajo precio con estos instrumentos:

1. Luzca importante. Le ayudará a pensar importante. El modo con que luzca en lo exterior tiene mucho qué hacer en el modo con que sienta en su interior.
2. Concéntrese en sus ventajas. Elabore un comercial para promover su imagen y úselo. Aprenda a sobrealimentarse. Conozca su yo positivo.
3. Sitúe a los demás en la perspectiva adecuada. La otra persona es no más que un ser humano, entonces, ¿por qué tener miedo

de ella? ¡Piense lo bastante en grande para ver cuán importante realmente es usted!

C. Cuando una disputa o querella parezca inevitable, piense en grande. Resista felizmente la tentación de argüir y pelearse:

1. Pregúntese a sí mismo: "Honradamente ahora ¿esto es en realidad lo bastante importante para argüir acerca de eso?"
2. Acuérdese que nunca se gana cosa alguna con una disputa sino que siempre se pierde algo.

Piense lo bastante en grande para ver que las querellas o disputas nunca le ayudarán a llegar a donde desea ir.

D. Cuando se sienta derrotado, piense en grande. No es posible realizar un gran éxito sin penalidades y reveses. Pero es posible vivir el resto de su vida sin la derrota. Los grandes pensadores reaccionan ante los fracasos como sigue:

1. Miran el revés como una lección. Aprenden de él. Lo investigan. Úselo para que lo propulse hacia adelante. Rescate alguna lección de cada descalabro.
2. Mezcle la persistencia con la experimentación. Respáldese y comience de nuevo con un nuevo recurso.

Piense lo bastante en grande para ver que la derrota es un estado de la mente. Nada más.

E. Cuando el romance comienza a marchitarse, piense en grande. El tipo de pensamiento negativo de, "ella(él) es desleal conmigo así que haré lo mismo", es un tipo de pensamiento que mata el romance, destruye el afecto que puede ser suyo. Haga esto cuando las cosas no anden bien en el área del amor.

1. Concéntrese en las mejores cualidades de la persona que desea que le ame. Sitúe las pequeñeces en el lugar que les corresponde, en segundo lugar.

2. Haga algo especial por su cónyuge –hágalo a menudo. Piense lo bastante en grande para encontrar el secreto de los goces maritales.

F. Cuando sienta que su progreso en el trabajo va despacio, piense en grande. No importa lo que usted haga y sin tener en cuenta su ocupación, la alta condición, la paga elevada, son el resultado de incrementar la calidad y cantidad de su rendimiento. Piense: "Puedo hacerlo mejor". Lo mejor no es inalcanzable. Hay lugar para hacer mejor todas las cosas. Nada en este mundo está siendo hecho tan bien como puede ser hecho. Y cuando usted piensa "Puedo hacerlo mejor", le aparecerán los medios de hacerlo. Pensar "Puedo hacerlo mejor" le conecta con su poder creativo. Piense lo bastante en grande para ver que si pone primero el servicio, el dinero llegará solo.

En las palabras de *Publilius Syrus:*

"Un hombre juicioso será el dueño de su mente, un loco será su esclavo".

www.ingramcontent.com/pod-product-compliance
Lightning Source LLC
Chambersburg PA
CBHW030512080526
44586CB00011B/166